프란시스 쉐퍼 시리즈
제21권

Whatever Happened to the Human Race

낙태, 영아살해, 안락사에 대한 그리스도인의 자세

에버리트 쿠프 · 프란시스 쉐퍼 지음
김기찬 옮김

Francis A. Schaeffer

생명의말씀사

Whatever Happened to the Human Race?
by Francis A. Schaeffer and C. Everett Koop, MD

Copyright ⓒ 1979, 1983 by Francis A. Schaeffer
This Korean edition copyright ⓒ 1995 by Word of Life Press, Seoul, Korea.
Translated and published with permission of Crossway through rMaeng2.
All rights reserved.

이 한국어판의 저작권은 알맹2를 통하여 Crossway와 독점 계약한 생명의말씀사에 있습니다.
신저작권법에 의하여 한국 내에서 보호받는 저작물이므로 무단전재와 무단복제를 금합니다.

프란시스 쉐퍼 시리즈 제21권
낙태, 영아살해, 안락사에 대한 그리스도인의 자세
ⓒ 생명의말씀사 1995

1995년 4월 20일 1판 1쇄 발행
2023년 10월 24일 3쇄 발행

펴낸이 | 김창영
펴낸곳 | 생명의말씀사

등록 | 1962. 1. 10. No.300-1962-1
주소 | 서울시 종로구 경희궁1길 6 (03176)
전화 | 02)738-6555(본사) · 02)3159-7979(영업)
팩스 | 02)739-3824(본사) · 080-022-8585(영업)

인쇄 | 주손디앤피
제본 | 주손디앤피

ISBN 89-04-04038-8 (04230)
ISBN 89-04-18028-7 (전22권)

저작권자의 허락 없이 이 책의 일부 또는 전체를
무단 복제, 전재, 발췌하면 저작권법에 의해 처벌을 받습니다.

낙태, 영아살해,
안락사에 대한
그리스도인의 자세

서 문

오늘날 우리가 사는 세상에는 상상할 수도 없는 사건들이 일어나고 있다. 한때는 생각조차 할 수 없었던 일이 이제 생각해 볼 수 있는 일이 되었고, 더 나아가 실제로 일어나고 있다.

● 1982년 미국에서는 160만 명 이상의 태아들이 어머니 태 속에서 죽음을 당했다. 한 가지 사건을 들자면, 어느 저명한 뉴욕 의사는 태어나지 않은 쌍둥이 가운데 한 남자 아이의 심장에 바늘을 찔러 아이가 죽기에 충분한 만큼 피를 뽑아냈다. 이 남자 아이의 어머니는 쌍둥이 가운데 한 아이가 장애아였다는 사실을 알고 있었다. 이 어머니는 그저 "완전한 아이"만 살기를 바랐던 것이다. 많은 의사들은 이 사건을 의학계의 이정표라고 환영했다.

● 같은 해 인디애나 주 블루밍턴의 어느 병원에서는 갓 태어난 남자 아이가 굶주려 죽었다. 명백히 영아 살해 사건이었다. 이 아이는 비록 아주 심각하지는 않았으나 장애아였고, 그 부모는 장애를 가지고 사느니 굶주려 죽는 편이 더 낫다고 생각했다. 몇몇 의사들과 법률가들은 우리가 "참된 인간"이라고 확인하기 전에 모든 신생아에 대하여 며칠간 대기 시간을 둘 것을 제안하기도 했다. 그리

하여 우리는 법률에 따라 아무런 처벌도 받지 않고서 생명을 가진 처음 며칠 안에 "불완전한" 아이를 죽일 수 있다.

● 영국에서는 노인들에게 죽음의 알약을 소개했다. 의사들은 금세기 말에는 이 알약을 사용할 것이며 아마도 의무적으로 사용해야 할 것이라고 예견하고 있다. 스웨덴에서는 한 의사가 같은 스웨덴 사람들이 어떻게 좀더 효과적으로 자살할 수 있는지 알 수 있도록 도와주려고 "자살 의료소"를 개입하기를 바라고 있다.

우리는 대규모로 일어나는 무고한 사람들에 대한 멸시와 파멸을 눈으로 보고 있다.

우리는 어떻게 이런 일이 일어났는지 자문한다. 어떻게 우리 사회는 160만 명의 아이를 낙태시키고, 장애아들을 병원 육아실에서 죽도록 내버려 둘 수 있는 이런 지경에 이르게 되었단 말인가? 우리는 자주 사태를 충분히 이해하지 못하고 있음을 고백한다. 우리에게 남은 것은 오직 텔레비전과 라디오에서 흘러나오는 이 문제들의 자질구레한 단편들뿐이다. 우리는 우리들 주위에서 일어나고 있는 일의 원인과 결과를 볼 수 없다.

그러나 사건들은 진공 속에서 일어나지 않는다. 이념들은 결과를 가지며, 낙태와 영아 살해와 안락사는 몇몇 강력한 이념들의 필연적 결과이다. 우리는 사람이 하나님께 책임을 질 필요가 없고, 우리가 우리의 형상대로 사람을 다시 만들 수 있다는 말을 듣는다. 많은 사람들은, 어떤 인간의 생명은 보호할 가치가 없으며 인류는 어떤 사람이 인류 가족의 일원이 되기 전에 어떤 기준에 적합한지 재 보아야 한다고 믿는다.

이런 이념들은 미국 사회에 뿌리를 내렸다. 이 이념들은 많은 무고한 인간 생명의 평가절하와 파괴를 가져왔다. 이런 생명 문제를 이해하기 위하여, 우리는 이 문제 뒤에 있는 이념들과 그 이념들의 힘을 이해하고, 이 이념들이 우리와 함께 있다는 사실을 알아야 한다.

　중요한 것은 우리가 이해하고 행동해야 한다는 점이다. 시대마다 자기 나름대로의 도덕적 문제를 가지고 있는데, 이 문제들은 그 시대를 정의하고, 사람들로 하여금 역사를 뒤돌아 보고서 "이 시대는 고상하고 인정 많은 시대이다, 혹은 독재와 비인간성의 시대이다"고 말하게끔 한다. 인간 생명의 문제는 우리 시대를 정의할 것이다. 왜냐하면 낙태와 영아 살해와 안락사는 한 가지 문제에 불과한 것이 아니라 하나님과 사람에 대한 우리의 가장 기본적인 신념을 정통으로 치고 있기 때문이다.

　우리가 궁극적으로 이 문제를 어떻게 해결하는가에 따라 우리 모두의 미래는 정해진다. 테레사 수녀가 말했듯이, "만일 어떤 어머니가 자기 아이를 죽일 수 있다면, 그 다음에는 어떤 일이 일어날 수 있겠는가?" 실로, 우리 모두를 기다리는 그 다음 일은 어떤 것이 될 것인가? 만일 우리가 우리의 완전한 기준에 이르지 않는다고 하여 한 생명을 빼앗을 수 있다면, 단지 우리의 편의를 위하여 우리가 어떤 생명이라도 죽이는 일을 멈추게 할 수 있겠는가? 낙태와 영아 살해는 미끄러운 비탈에 서서, 우리 사회의 계획되고 완전한 구성원을 제외한 모든 사람을 죽음에 이르게 하는 그 첫단계일 뿐이다.

　이런 문제들은 우리에겐 하나의 분수령이 된다. 우리는 이제 모든 생명의 존엄성을 보호하기 위해 나서야 한다. 이 생명은 하나님의 형상으로 지음받은 것이다.

　이 책은 우리가 이해하고 행동을 취하는 데 필요한 토대를 주는 책이다. 우리는 낙태와 영아 살해와 안락사의 사실들뿐만 아니라, 이런 생명과 죽음의 문제 뒤에 있는 이념들도 살펴볼 것이다. 쉐퍼 박사와 쿠프 박사는 오늘날 우리 사회를 지배하는, 하나님과 생명을 대적하는 태도를 우리에게 조명해 주고 있다. 이 책을 읽으면서 우리는 미국에서 일어나고 있는 일을 변화시키게 하는 행동에 필요한 도구를 발견하게 된다. 우리는 모든 생명의 존엄함과 신성함을 회복시키는 데 필요한 해답을 발견하게 된다.

발행인

목 차

서 문 ··· 5

제1장 낙태 ··· 11
생각할 수 있는 것과 생각조차 할 수 없는 것／사회학적
법률과 인간의 잔인성／유전학 지식의 남용／아동 학대／
낙태／사람의 생명의 자라남／낙태 기술／낙태 시술을
받은 후에 산 채로 태어나는 경우／마지막 세 가지 문제

제2장 영아 살해 ·· 63
영아 살해에 대한 전문 의학계의 견해／살인 결정／선천성
장애와 치료／영아 살해의 옹호자들／의미있는
인간다움／영아 살해와 오늘의 미국／영아 살해와
교회／인류에게는 어떤 기회가 있는가

제3장 안락사 ·· 106
타인의 선택에 의한 죽음／안락사 : "존엄한 죽음"／카렌
퀸란 사건／어느 누가 죽음을 원하랴／안락사와 법／신문
보도／유태인 대학살／주요 관심사／대안

제4장 인간 존엄성을 위한 기초 ························· 146
유물론적 인본주의 : 우리 시대의 세계관／적절한 세계관
찾기 : 방법의 문제／우리가 안다는 것을 우리는 어떻게
아는가／모든 사물의 무의미함／도덕의 상대성／서양에서
생긴 이 긴장을 완화하기／동양에서 생긴 이 긴장을

10 낙태, 영아 살해, 안락사에 대한 그리스도인의 자세

완화하기/이성은 죽었다/경험만세/새로운 신비주의/
진리를 드러냄/인간의 인격적 기원/형식 안에서 누리는
자유/창세기의 중요성

제5장 역사와 진리 ··· 205
모세와 여호수아/아브라함과 이삭/고린도의 바울/
부활과 역사/도마와 부활하신 그리스도

제6장 개인적인 대응과 사회 참여 방법 ········· 243
문제 해결을 향한 첫번째 발걸음/그리스도의 주 되심/
우리 앞에 놓인 도전

제7장 우리는 어떻게 도울 수 있는가 ············ 251
우리는 영향을 미칠 수 있다/관련 정보

제 1 장
낙태

우리는 여러 가지 방법으로 문화를 평가할 수 있으나, 결국 모든 시대의 모든 국가는 "그 국가가 사람을 어떻게 대했는가?"라는 평가 기준을 통해서 판단해야 한다. 인류의 각 시대는 각각 자기 앞 세대를 바로 이런 기반 위에서 평가한다. 인류의 인간성을 평가하는 마지막 척도는 사람이 서로를 얼마나 인간답게 취급하는가 하는 점이다.

역사의 위대한 극적 순간들은 인간의 상호 작용을 아주 많이 지배하고 있고 아주 널리 퍼져 있는 악의를 중단시키는 온정과 사랑과 이타심(unselfishness)에 대한 기억과 자취를 남겨 놓았다. 이렇게 조금이나마 악을 억제하게 된 것은 사람을 그릇되게 대하고 나쁘게 이용하는 처사에 대하여 자신의 철학에 근거한 반대 운동들을 벌여 온 몇몇 용기 있는 사람들 덕분이다. 시대마다 그 시대 나름대로의 독특한 문제에 직면한다. 바로 우리 시대 역시 예외가 아니다. 이 시대에는 개인을 마음대로 주무르고 착취하고 그 다음에는 내버려도 좋을 소모품 원료 정도로 여기는 사람들이, 각 개인을 유일 무이하고 특별하며 가치 있으며 결코 다른 무엇과 바꿀 수 없는 그런 존재로 여기는 사람들과 많은 전선에서 전투를 벌이고 있다.

  이 책을 쓰는 이유는 오늘 우리가 커다란 심연의 언저리에 서 있다는 사실을 강력하게 느끼고 있기 때문이다. 이 결정적인 시기에 장차 수년 동안 인간을 대하는 방식에 영향을 미치게 될 여러 선택들이 이루어지고 있으며 또 우리 앞에 쇄도하고 있다. 이 시점에서 필자는 인간 개인이 유일 무이하고 특별하며 위대한 존엄성을 지닌 존재라고 믿는 사람들의 편에 서서 그들을 도와 그들의 주장이 우세해지게 하려는 것이다.

  야드 바쉠(Yad Vashem)은 나치의 대학살 때 죽음을 당한 600만 명의 유대인들과 그 밖의 사람들을 추모하려고 예루살렘에 세워진 추모비이다.[1] 이 추모비는 미쳐 날뛰는 악―사람들이 서로서로를 특별한 관심과 배려를 받기에 합당한, 그런 경이로운 피조물로서 여길 만한 기초를 더 이상 가지지 못하게 되었을 때 그들을 휩쓸어 가버리는 그런 악―의 극성기에 희생당한 사람들을 위해 세계 도처에 세운 많은 추모비 가운데 하나이다. 야드 바쉠은 비록 언짢기는 하지만 인간의 행동에 어떤 가능성이 있는가를 우리에게 상기시켜 주기 때문에 적절한 출발점이라 할 수 있다. 학살당했던 사람들은 모두 우리와 똑같은 사람들이었다. 그리고 더 중요하게 깨달

---

[1] 야만적인 대학살은 유럽의 유대인들에게만 자행된 것은 아니었다. 집시, 슬라브족, 러시아인, 정치적 종교적 이유로 반대한 독일인들, 점령된 유럽 국가의 레지스탕스 지도자들, 일반 전쟁 포로들, 심지어 위의 범주에 속하는 아이들도 제거 대상이었다. 하지만 유대인들은 특별히 멸종시킬 예정이었다. 1943년 10월 10일 하인리히 히믈러(Heinrich Himmler)는 포즈나니(Poznan)에 있는 친위대 장성들 모임에서 연설했다. 이 때 히믈러와 청중들은 독일이 전쟁에서 이길 수 없다는 것을 알았던 것이 분명하다. 히믈러는 이렇게 말했다. "우리 사이에서는 이 말을 아주 분명하게 해두어야 할 것이지만, 우리는 결코 공개적으로 말하지 않을 것입니다……이 말은 무슨 뜻이냐 하면……유대 인종의 절멸이며……이것은 이전에도 기록된 적이 없고 이후로도 결코 기록되지 않을 우리 역사에서 위대한 한 페이지를 장식하는 것입니다."

아야 할 사실은 그들을 학살한 사람들 역시 우리와 똑같은 사람들이었다는 점이다. 지금 우리는 일단 어떤 행동 제한선을 제거하게 되면 거의 무제한적으로 악을 저지를 수 있다는 사실을 망각하는 위험에 처한 것 같다.

어느 시대이건 선택을 한다. 그리고 우리의 됨됨이는 우리가 하는 선택에 달려 있다. 장차 우리는 어떤 선택을 내릴 것인가? 우리가 어떤 한계를 고수해야 사람들이 도덕적으로 잔학 행위는 말 그대로 참으로 악이라고 확신 있게 말할 수 있게 되겠는가? 우리는 어느 편에 서게 될 것인가?

생각 할 수 있는 것과 생각조차 할 수 없는 것

시대마다 "생각할 수 있는 것"과 "생각조차 할 수 없는 것"이 있다. 한 시대는 허용될 수 있는 것이 무엇인지 지적으로나 정서적으로 상당히 확신을 지니고 있다. 하지만 다른 시대는 이러한 "확신들"을 도저히 생각조차 할 수 없는 것으로 결정하고서 다른 가치 체계를 실천한다. 사람들은 어떤 인본주의적 기반 위에서, 이 세대에서 저 세대로 표류하고 있으며 해를 거듭함에 따라 도덕적으로 생각조차 할 수 없는 일이 생각해 볼 수 있는 일로 바뀐다. 여기에서 "인본주의적 기반"(humanistic base)이라는 말은 인간이 자신들을 출발점으로 삼아 모든 문제들을 판단하는 기준을 이끌어 낼 수 있다는 근본적인 사상을 의미한다. 그러한 사람들에게는 확고한 행동 기준, 다시 말해 필요나 편의 심지어 유행에 따라 바꾸거나 침해할 수 없는 그런 기준이 전혀 없다.

역사상 현시점이 지니고 있는 가장 충격적이고도 예사롭지 않은 특징을 든다면 아마 한 시대가 다음 시대로 바뀌는 속도를 들 수 있다. 역사를 돌아볼 때 인더스 강 문명(하라파 문화)과 같은 여러

문화들은 거의 천 년 정도 존속하였음을 알 수 있다. 오늘날에는 각 시대의 경과가 너무도 빨라서 1960년대의 입장과 1970년대의 입장이 뚜렷하게 대조를 이루게 되었다. 70년대의 젊은이들은 60년대를 살았던 형과 누이들을 이해하지 못한다. 60년대에는 도저히 생각조차 할 수도 없었던 것을 지금은 충분히 생각할 수 있다.

이것의 한 요소로 작용해 온 것은 의사소통(communication)의 용이성과 신속성이다. 예를 들어 남아프리카 공화국에서 발생하는 항의 데모가 불과 수시간 내에 미국의 뉴욕에 있는 그 동조자들의 입에서 메아리칠 정도이다. 사회적 관습도 전례 없이 빠른 속도로 나타났다가 사라진다.

80년대와 90년대에 생각할 수 있게 될 것 가운데, 분명 사람들이 대부분 생각할 수 없고 비도덕적이며 도저히 상상조차 할 수도 없는 얼핏 암시만 해도 지나치다고 할 만한 것들이 포함될 것이다. 그렇지만—사람들이 상대주의적인 사고 방식을 뛰어 넘도록 할 만한 우선적이고도 우월한 원칙을 지니고 있지 못하기 때문에—80년대와 90년대에 이런 사실들을 생각할 수 있고 받아들일 수 있는 것이 되었을 때, 그런 것들의 대다수가 70년대에는 생각할 수조차 없었던 것들이라는 사실을 기억하지도 못할 것이다. 사람들은 별다른 마찰 없이 새로이 등장한 생각조차 할 수 있는 것 속으로 미끄러져 들어가게 될 것이다.

서구에서는 인간의 생명을 우리가 어떻게 다루어야 하는가에 대하여 생각할 수 있는 것과 생각조차할 수 없는 것으로 여기는 것이 급격하게 뒤바뀌었다. 수세기 동안 서구 문화는 인간의 생명과 개인의 생명의 가치를 특별한 것으로 여겨 왔다. "인간 생명의 신성함"에 대하여 말하는 것이 보편적인 사실이었다.

예를 들어, 미국의 각 의과 대학 졸업생들은 전통적으로 졸업식에서 히포크라테스 선서(Hippocratic Oath) — 이 선서의 기원은 2천 년 전 이상으로 거슬러 올라간다 — 를 맹세했다.[2] 또 제네바 선언(The Declaration of Geneva, 1948년 9월 제네바에서 열린 세계 의학회 총회에서 채택된 선언문으로 거의 히포크라테스 선서를 토대로 하여 만든 것임)은 많은 의과 대학에서 졸업생 선서로 사용

---

² 다음의 내용은 최근에 의학도들이 하는 히포크라테스 선서의 표준 형식이다. 소위 이 선서의 "원래" 형식은 종종 의사 아폴로와 다른 신들을 언급하지 않곤 하지만, 가장 널리 사용하는 것이다.

나는 아폴로 의사와 아스클레피우스와 건강의 신과 만병통치약과 모든 신들과 여신들에게, 나의 능력과 판단에 따라 이 선서와 서약을 이행할 것을 선서한다.

이 기술을 나에게 가르친 분을 나의 부모처럼 똑같이 소중히 모시며, 필요하다면 나의 재산을 그와 나누고 그의 필요를 덜어주며, 그의 후손을 나의 형제와 같은 위치에 있는 자로 여기며, 이들이 이 기술을 배우고자 하면 이 기술을 그들에게 보수나 증서를 받지 아니하고 가르치되, 훈계와 강의와 모든 다른 형태의 가르침으로 하고, 나의 아들과 내 선생의 아들들과 제자들에게는 서약과 선서를 조건으로 이 기술에 대한 지식을 나누어 주겠지만 다른 어떤 이에게도 그런 조건으로 나누어 주지는 않겠노라.

나는 나의 능력과 판단에 따라 환자에게 이롭다고 생각하는 치료 방법을 따르며, 유해하고 해로운 것은 삼가 하겠노라. 나는 그 누가 원한다 해도 치명적인 의약을 주지 아니하며 그런 상담에 조언하지도 않겠노라. 더 나아가 나는 여성에게 낙태할 수단을 주지 않겠노라.

나는 순결과 거룩함으로 내 생활을 보내며 내 기술을 실천하겠노라. 나는 결석으로 고통하는 자에게 칼을 대지 아니하고, 이 일의 전문가에게 맡기겠노라. 내가 들어가는 집은 어디라도 병자의 유익을 위하여 들어가며, 온갖 고의적인 해로운 행위와 위법 행위는 삼가 하겠노라. 더 나아가 노예나 자유자나, 여성이나 남성이나 할 것 없이 유혹하지 않겠노라.

나의 전문적인 시술과 관계하여, 혹은 그 시술과 관계 없이, 사람들의 생활에서 널리 말해서는 안 되는 것을 보고 듣더라도, 그 모든 것은 비밀로 지켜야 할 것으로 여겨 누설하지 않겠노라.

내가 계속하여 이 선서를 깨뜨리지 않는 한, 생활과 이 기술 시행을 즐기며, 언제든지 모든 사람에게 존경을 받게 하시고, 이 선서를 범하고 깨뜨리면, 정반대의 운명을 내게 주소서.

하고 있다. 이 선언에는 "나는 수정된 그 순간부터 인간 생명에 대한 최고의 경외심을 유지하겠습니다"라는 항목이 포함되어 있다. 인간 생명의 보존이라는 이 개념은 전문 의학계와 사회 일반의 기초였다. 그런데 1971년 피츠버그 대학교가 히포크라테스 선서에서 제네바 선언으로 바꾸면서 학생들은 "나는 인간 생명에 대한 최고의 경외심을 유지하겠습니다"고 시작함으로써, 해당 구절에서 "수정된 그 순간부터"(from the time of conception)라는 말을 삭제한 사실은 대단히 의미심장한 일이다. 토론토 대학 의과 대학도 역시 지금 사용하고 있는 선서문 문안에서 "수정된 그 순간부터"라는 어구를 빼버렸다.[3]

물론 히포크라테스 선서는 그리스 시대로 거슬러 올라간다. 그러나 지금까지 우리가 알고 있었던 인간 생명의 신성함이라는 충분히 발전된 개념은 그리스 사상에서 온 것이 아니라, 수세기 동안 서구 사회를 지배해 왔던 유대-기독교적인 세계관에서 나온 것이다. 이 세계관은 근거없는 데서 생겨난 것이 아니었다. 성경의 가르침은 일종의 진리가 아니라, 유일한 진리로서 전파되었다. 이 가르침은 사회의 종교적 기반을 형성하였을 뿐만 아니라 문화적, 법적, 정치적 기반도 형성하였다. 이 세계관은 하나의 총체적 세계관으로서 인간이 항상 질문해 왔던 중요한 물음들에 해답을 주었다. 이 세계관은

---

[3] 1978년 5월 *Medical Forum*에 글을 쓴 야안 캉길라스키(Jaan Kangilaski)는 히포크라테스 선서에 관하여 1977년 시작한 관행을 비공식적으로 개괄한 것을 보고하였다. 132개 의학교를 조사했는데, 92개 학교가 대답해 왔다. 53개 학교는 히포크라테스 선언의 "원래" 형식을 사용했고, 26개 학교는 제네바 선언을 사용했고, 13개 학교는 마이모니데스(Maimonides)의 기도를 사용하고, 7개 학교는 여러 가지 선서문을 사용했고, 때때로 학생들이 쓴 것도 있었다.

때때로 이 선서는 학급에서 하기도 하고, 때로는 한 학생이나 한 교수가 선서문을 낭독하면 다른 사람들이 따라 하기도 하고, 때로는 다른 사람들이 침묵하고 있는 동안 한 사람이 선서문을 낭독한다. 예일 대학에서는 1977년 프로그램을 통하여, 선서하고 싶은 사람이 조용히 선서할 수 있도록 시간을 허락했다.

"하나님은 누구신가? 그는 어떤 분이신가?"와 같은 물음만 다룬 것이 아니라, "사람으로서 우리는 어떤 존재인가? 우리는 어떻게 더불어 살아야 하는가? 사람의 생명에는 어떤 뜻이 담겨 있는가?"와 같은 물음에 대해서도 역시 답변해 왔다. 이처럼 유대-기독교는 문화 일반의 합의를 형성하였다. 즉 그것은 사물을 판단하는 기본적인 도덕적, 사회적 가치들을 제공했던 것이다.

유대-기독교의 가르침이 결코 완벽하게 적용되었던 것은 아니다. 그러나 그 가르침은 개념과 실천에 있어서 인간 생명에 대한 수준 높은 견해를 갖도록 하나의 토대를 마련해 주었다고 할 수 있다. 사람들은 성경적 가치들을 알게 되면서 각 개인이 하나님의 형상으로 창조되었기 때문에 인간의 생명을 보호하고 사랑해야 할 독특한 것으로 바라보았다. 이러한 사실은 예를 들어 로마 문화와 큰 대조를 이룬다. 로마 세계는 낙태를 실행하였으며 영아들을 살해했지만 기독교 사회는 낙태와 영아 살해를 살인으로 보았다.

금세기에 들어와서 최근까지도 잘 알려진 유감스러운 몇몇 경우를 제외하고는, 일반적으로 인간은 특별하고 유일 무이하며 결코 소모품으로 이용될 수 없는 존재로 여겨져 왔다. 그러나 짧은 한 세대만에 일반적으로 높은 수준의 생명관이 저급한 수준으로 바뀌게 되었다.

우리 사회는 왜 이렇게 변질되었는가? 그 대답은 명백하다. 우리 사회의 합의가 더 이상 유대-기독교적 기반 위에 서 있지 않고, 오히려 인본주의적인 기반 위에 서 있기 때문이다. 인본주의는 인간을 "만물의 척도"로 만든다. 인본주의는 만물의 중심에 하나님 대신 오히려 인간을 갖다 놓는다.

오늘날 인간은 비인격적인 우주 속에서 우연에 의해 생겨난 우연의 산물이라는 견해가 철의 장막 양편(민주 진영과 공산 진영)을 모두 지배하고 있다. 이 견해는 세속화된 사회를, 그리고 교회의 많은 부분에서 자유주의 신학을 만들어 냈다. 다시 말해서 성경은 옆으로 제쳐지고 성경의 자리에 어떤 형식을 취한 인본주의(자신을 기점으로 하는 인간)가 자리잡게 되었다. 많은 교회들이 성경은 더 이상 하나님의 말씀이 아니라고 주장하고 있다. 교회는 교회 자체의 문화 생활을 판단하고 보존하는 "소금"이 되지 못하고 오히려 단순히 유행하는 사조(思潮)에 섞이고 있다. 불행하게도 이런 일부 교회들은 교회의 표준을 세속적인 표준으로 쉽게 바꾸고 있으며 인본주의적인 표준들은 차례차례 인간성을 상실하고 있다. 지금 우리가 목도하고 있는 이 현실은 세속적이며 신학적인 형식을 띤 인본주의의 당연한 결과이며 그렇게 하여 인류는 계속해서 그 가치를 잃어 가고 있다.

이 시대에 인본주의는 기독교를 대신하여 서구 사회의 합의점이 되었다. 이로써 많은 결과가 생겼는데 그 가운데 적지 않은 부분이 인간 자신에 대한 견해와 다른 동료 인간에 대한 태도에 변화를 일으켰다. 이제 그 변화가 어떻게 이루어지게 되었는가를 살펴보자. 인본주의적인 과학자와 철학자와 교수들은 하나님을 배격하고 수학적으로 측정할 수 있는 것만이 실재하는 것이요 모든 실재는 하나의 기계와 같다고 가르치기 시작하였다. 인간은 더 큰 우주라는 기계의 일부일 따름이다. 사람은 자신들이 만들어 내는 기계들보다 좀더 복잡하기는 하지만 그럼에도 불구하고 여전히 기계일 따름이다.

한 가지 예로, 1968년 영국 케임브리지 킹즈 칼리지의 학장이었던 에드먼드 리치(Edmund R. Leach) 박사는 런던 타임즈(*London Times*)지에 다음과 같은 내용의 글을 기고하였다.

> 분자 생물학자들이 신속하게 모든 생명체의 유전 화학을 해명해 가고 있고, 한편으로는 전파 천문학자들이 진화하고 있는 우주의 진행 과정을 해독해 내고 있는 오늘날에 이르러서는 창조계의 모든 경이는 신비라기보다는

오히려 기계적 작용으로 여겨진다. 인간의 두뇌조차도 대단히 복잡한 컴퓨터와 다른 것이 아니기 때문에, 두뇌의 작용을 설명하기 위하여 더 이상 형이상학을 끌어들일 필요가 없게 되었다. 이와 같은 기계적인 우주에서 신성한 의지의 찌꺼기는 결국 인간 자신의 도덕적 의식뿐이다.

이 평가가 얼마나 불만족스러운 것인가 하는 것은 20여 년이 지난 지금에도 에드먼드 리치가 주장했던 모든 요점들이 여전히 해결되지 않은 채로 남아 있다는 사실에서 알 수 있다.

그럼에도 불구하고 해가 바뀌고 리치와 같은 사람들이 자기들의 주장을 여전히 증명하고 있지 못하지만, 인간을 단지 복잡한 기계로만 보는 순전히 기계적인 우주관은 많은 사람들의 생각에 침투해 있다. 사람이 하나의 기계에 지나지 않는다는 사상은 계속해서 되풀이되고 또 되풀이되어 대중의 마음을 사로잡았다. 이 사상은 근거도 없고 증명되지도 않은 가설이면서도 해마다 학교에서 그리고 대중매체를 통해서 계속하여 제시되고 있다. 일반적으로 이것을 당연하게 생각하게 된 후, 점차 이 사상은 맹목적으로 수용되고 있다. 이는 마치 "지구는 평평하다"고 수년 동안 가르쳐진 후, 단지 그 가르침이 널리 퍼졌다는 사실 하나만으로 사람들이 그 생각을 받아들였던 것과 마찬가지다. 그러나 인간에 대한 그릇되고 결함이 있는 가르침은 지구가 평평하다는 가르침보다 훨씬 심각한 영향을 미치게 된다. 결국 그 가르침들은 우리를 놓고서 이야기하고 있는 것이다.

얼마 동안 서구 문화는 점차적으로 기계론적이며 시간 더하기 우연의 결과라는 인간관을 수용하는 동안 - 순전히 관성의 법칙에 의하여 - 전시대의 기독교 윤리에 의하여 지탱되었다. 사람들은 계속하여 더욱더 우주는 본질적으로 그리고 애초부터 마치 돌이 비인격적이듯이 그렇게 비인격적이라고 주장하게 되었다. 이처럼 우연히 지구에서 생명이 시작되었으며 특별한 두뇌를 지닌 인간이 존재하게 되기까지 오랜 기간 동안 생명은 우연히 더 복잡한 것이 되었다. "우연"(chance)이란 말은 이런 것들이 발생할 이유가 없었다는 뜻이다. 그것들은 순전히 우연히 발생하였다. 아무리 이 말을 고상하게 진술한다 할지라도 이 견해는 타인의 가치에 대한 우리의 평가와 더불어 우리 자신의 가치에 대한 우리의 견해를 심각하게 깎아 내린다. 왜냐하면 우리가 우리 자신을 단지 우주의 우연한 존재들로 보고 있기 때문이다.

사회학적 법률과 인간의 잔인성

최근에 이 이론들을 실험실과 학교로부터 거리로 옮겨 놓은 세대가 일어났다. 이 세대에 속한 사람들은 인간 존재의 가치에 대한 격하 운동을 일상의 삶에서 실천하였다. 어느 날 갑자기 우리는 훨씬 일관성이 있지만 좀더 추악한 세계 안에 들어와 있는 자신의 모습을 발견하게 되었다. 훨씬 일관성이 있다 함은 수준 낮은 인간관에 걸맞는 당연한 결론이기 때문이요, 좀더 추악하다 함은 인간이 철저히 비인간화되었다는 뜻이다.

이 저차원적인 인간관을 실천한다는 사실이 무엇을 의미하는가를 표현하기 위해 불과 몇 년 전만 하더라도, 기독교적인 합의 내에서는 말할 것도 없고 기독교적 합의를 약간이라도 반영하고 있는 터 위에서조차 이런 일들은 도저히 생각할 수도 없는 그런 현실 몇 가지를 고찰해 보기로 하자. 기독교적인 합의는 우리 사회가 혼돈을 초래하는 그런 자유가 아닌 진정한 자유를 소유할 수 있도록 하는 터전과 틀을 제공하였다. 그것은 개개인의 가치를 강조하며, 그 개인은 곧 무한하고 인격적이신 하나님의 존재와 성경에 있는 그분의 가르침에 기초하여 사람과 사회에 대하여 판단을 내림으로써 도덕적인 선택을 하는 그러한 개인이다.

성경은 사람이 하나님의 형상으로 지음받았으며, 그러므로 독특한 존재라고 가르친다. 철의 장막 양편에서 인본주의가 행하였듯이 성경의 그 가르침을 제거하여 보라! 그러면 인간을 합당하게 대할 적절한 기초가 전혀 없게 될 것이다. 이제 도저히 생각할 수조차 없는 현실 몇 가지를 살펴보도록 하자. 기독교적 합의가 상실되자 언뜻 보기에는 무관한 듯이 보이지만, 실제로는 관계 깊은 비인간적인 행위들과 태도들이 허다하게 발생하게 되었다. 그것은 기독교적 합의의 상실에서 바로 생겨난 결과들이다.

첫째, 전체 법 개념의 변화이다. 기독교적 합의가 존재했을 때는 그것이 법의 기초를 제공하였다. 그러나 지금 우리는 자의적인 법 또는 사회학적 법 아래서 생활하고 있다. 미국의 대법원 판사인 올리버 웬델 홈즈(Oliver Wendell Holmes)는 사회학적 법으로 전환하는 데 있어서 일대 거보를 내디딘 인물이다. 홈즈는 "진리는 다른 모든 사람을 누를 수 있는 그 나라의 과반수의 득표이다"라고 말했다. 다시 말해 법은 역사상 그 시점에서 국민의 대다수가 생각하고 있는 것일 뿐 상위 법은 없다는 것이다. 물론 이 사실의 결과로 법은 현재 다수가 생각하고 있는 바를 반영하기 위하여 언제고 바뀔 수 있다.

더 정확하게 말해서 법은 당면한 사회적, 경제적 이익을 증진시키려는 소수의 정부 기관 종사자들이 생각하는 바가 되고 만다. 현실적으로 볼 때 대다수의 의지와 도덕 판단은 소규모 단체의 의견에 영향을 받은 것이거나 심지어는 그 의견에 지배당하고 있다. 이 말의 뜻은 해야 할 일과 해서는 안 될 일이라는 당위에 대한 전체 개념에 심대한 변화가 생길 수 있다는 것이다. 정말 가치라고 하는 것은 하룻밤 사이에도 거의 믿을 수 없는 속도로 변할 수 있게 되었다.

미국 대법원의 영향력에 관하여 생각해 보자. 1977년 7월 27일자 월 스트리트 저널(*Wall Street Journal*)지에서 랄프 윈터(Ralph Winter)는 얼 워렌 회고록(*The Memoirs of Earl Warren*)에 대하여 논평하면서, 상당수의 학자들의 비평에 따르면 워렌이 이끈 대법원은 전통적인 법적 기준과 절차에 거의 유의하지 않았으며, 대법원 구성원의 개인적 가치 기준에 따라 법을 고쳐 썼기 때문에 본질적으로 반민주적이었다고 주장되고 있다면서, "만약 대법원이 그렇게 했다면 그것은 정당하다"는 대법원 판사 더글러스의 개념으로 요약하였다. 예일 대학의 알렉산더 비클(Alexander M. Bickel)은, 대법원은 "표결이 잘못되었을 때 국민의 일반의사를 대변하는" 역할을 맡고 있다고 말했다. 그리고 비클은 "사실 우리는 지금 헌법을 개정하여 헌법의 의미가 대법원이 말하는 것과 같은 의미가 되도록 해야 한다"라고 비꼬는 말로 그 문제를 요약하였다.[4]

사회학적 법으로의 이행은 누가 살고 누가 죽어야 하는가를 포함한 일상 생활의 모든 것에 영향을 미칠 수 있다.

누가 살고 누가 죽어야 하는가 하는 문제를 포함하는 많은 변화를 주도하고 있는 자들은 입법 절차와 선거 과정을 통하여 자기들의 주장을 관철시키기보다는 오히려 (법원) 소송에 점점 의존하고 있다. 그들은 더욱 대표제적인 정치 제도들을 이용하여 다수의 의사에 의해서는 성취할 수 없는 변화들까지도 법정을 통해서는 종종 이룰 수 있기 때문에 이처럼 하는 것이다.

기독교적 합의는 다수도 엘리트도 절대적 존재가 아니라고 주장했다. 즉 하나님께서 가치 기준을 제공하시며 하나님의 절대 기준은 보통 사람이나 모든 권력을 가진 자들이나 할 것 없이 모두 구속하고 있는 것이다.

둘째로, 기독교적 합의가 도외시되었기 때문에 오늘날 우리는 홍수처럼 밀려드는 인간의 잔인성에 직면하게 되었다. 우리가 살펴보았듯이 기독교적 합의는 혼란에 이르지 않는 큰 자유를 주었다.

---

[4] George F. Will, *Newsweek*, April 4, 1977, p. 96.

이는 사회 일반이 성경에 제공되어 있는 가치들 속에서, 특히 인간 생명의 독특한 가치 속에서 활동했기 때문이다. 인본주의가 널리 퍼지자 예전의 자유가 함부로 날뛰고 있으며 가르침을 받은 대로 행동하는 개인들은 점점 억제함이 없이 그 잔인성을 발휘하고 있다. 그러면 그렇게 해서는 안 되는 이유가 무엇이란 말인가? 현대 인본주의의 인간관이 바른 것이어서 인간이 궁극적인 가치 따위는 전혀 없는 그런 우주의 우연적 산물이라면 자신의 길을 가로막는 것처럼 보이는 사람이 있을 때 그를 잔인하게 대해서는 안 될 이유가 무엇이란 말인가?

유전학 지식의 남용

한 개인이 다른 개인들에 대하여 잔인성을 발휘하는 것 외에 사회가 (그렇게 할 수도 있다면) 인간을 다른 어떤 것으로 바꾸어 버리지 않아야 할 이유가 있는가? 비록 그 결과 인간 생명으로 하여금 가치 있는 삶을 누릴 수 있도록 해주는 요소들이 사라진다 해도 말이다. 새로운 유전 정보는 유익하게 쓰일 수 있으며 또한 유용한 결과를 많이 낳을 것임은 의심할 나위가 없다. 그러나 일단 하나님이 지으신 자인 인간의 독특성이 제거되고 인류가 우연에 의해 지구 위에 출현하게 된 여러 유전 인자 형태 가운데 하나로만 비쳐지게 된다면, 사람을 실험 대상으로 취급할 뿐만 아니라 극소수의 결정에 따라 인간성 전체를 포기하지 않을 하등의 이유가 없게 된다. 만약 사람이 하나님의 형상으로 지음받은 그런 독특한 존재가 아니라면 울타리는 사라지게 된다. 일단 이 울타리가 사라지고 나면 어떤 사람이 인간을 유전학적으로 실험하여 인간을 사회적이고 경제적인 개선이라고 생각한 것으로 만들지 못할 하등의 이유가 없다. 이때 지불되는 대가는 가히 상상도 할 수 없을 만큼 엄청난 것이다. 만약 어떤 사람에게 일단 유전적 변화가 가해진다면 이 변화는 그 사람의 자녀에게 그대로 전해질 것이며 그렇게 된다면 그들은 다시는 돌이킬 수 없을 것이다.

현대의 인본주의는 인간의 본성을 포함하여 자연 과정을 조작하고 수선해야 할 내재적인 필요성을 가지고 있는데, 그 이유는 다음과 같은 인본주의의 성격 때문이다.

1. 인본주의는 창조 교리를 배격한다.
2. 따라서 인본주의는 인간의 본성에 어떤 불변의 요소나 "주어진" 요소가 있다는 사상을 배격한다.
3. 인본주의는 인간의 본성을 만물이 변화해 나가고 있는 길고 긴 발전의 전개 과정의 일부로 여긴다.
4. 인본주의는 결정론적-진화론의 전망이 일으키는 절망의 문제에 대한 해결책을 찾는다.
5. 인본주의는 오직 인간의 의지 활동에서만 해결책을 찾을 수 있는데, 인본주의는 이 해결책이―인본주의 자체의 체계와는 반대되는 것―거역할 수 없는 자연의 흐름을 넘어서서 자연에 작용할 수 있기를 바란다.
6. 그러므로 인본주의는 자연의 속박으로부터 탈출하기 위한 유일한 방법으로서 사람들을 개조하는 일을 포함하여, 자연의 조작을 고무한다. 그러나 이 조작은 자연을 다스릴 만한 확실한 수행 기준이 없다. 그 까닭은 하나님을 폐기해 버리고 오로지 잔존하게 된 유일한 기준은 자연이며(정확히 꼬집어 말하자면 이 자연은 인본주의자가 빠져 나오고 싶어하는 그 자연이다) 자연은 잔인하지 않기도 하지만 잔인하기도 하기 때문이다.

이런 내용은 인본주의가 사람의 본성에 대한 조작에 매력을 느끼는 이유를 설명해 준다.

인간의 구조를 가지고 장난치는 온갖 형태의 유전 공학에 반대하는 사람들은 기독교인들만이 아니다. 데오도르 로자크(Theodore Roszak)와 제레미 리프킨(Jeremy Rifkin) 같은 사람들 역시 이러한 유전 공학이 민주주의와 조화될 수 없는 것으로 보고 있다. 이 위협에 대항하여 그리스도인들은 이와 같은 사람들과 함께 그 목청을 높일 수 있다. 하지만 함께 공동 보조를 취한다고 해서 그런 사람들이 구해 내고자 애쓰고 있는 민주주의가 종교개혁의 기독교가 낳은 산물이며, 종교개혁의 기독교가 없이는 민주주의와 그 자유의 기초가 사라진다는 인식이 변화되는 것은 아니다.

　기독교적 합의가 사라져 버린 사회학적 법 안에서 법정이나 다른 정부 기관은 제멋대로 법률을 제정하고 있다. 하나님의 형상으로 지음받은 자라는 인간의 독특성을 내던져 버린 유전 공학의 개념에서는, 인간 그 자체는 이래야 한다고 생각하는 소수 몇 사람의 이미지대로 자의적으로 만들어질 위험에 처해 있는 것이다. 만약 소위 "사회 생물학"(sociobiology)과 같은 그러한 개념이 널리 받아들여지면 이 일은 실제로 엄청나게 문제가 될 것이다.

　유전 공학의 개념에 따르면 사람들은 어떤 행동을 취하는 것은 유전자들의 구조 때문이며, 유전자들은 종을 번식시키는 유전자 풀(pool)을 유지시키기 위해서는 무엇이 최선인지 (다소 신비스런 방법으로) 알고 있다. 사회 생물학자들은, 우리의 이성은 비이기적이라고 생각하는 것과 상관없이 실제적으로는 우리가 우리 자신의 유전자의 배열을 유지하며 미래에까지 번성하기 위해서는 무엇이 최선인가를 우리의 유전자가 알고 있는 대로 행위하고 있을 따름이라고 말한다. 이렇게 되는 까닭은 진화가 자동적으로 수학적 논리를 따라 움직이는 유기체들을 산출했기 때문이다. 유기체들은 동일한 유전 인자들을 많이 보유하고 있으며 자기들의 그 모양을 보전하기 위해 활동하는 유전자들을 도우려고 유전학적 비용과 수익을 수학적으로 계산한다. 그러므로 부모가 자기의 자녀들이 생존하도록 돕는 이유는, 부모의 유전 인자들이 부모로 하여금 유사한 유전 형질이 미래에 보존되도록 행동하게 만들기 때문이다.[5]

유전자들이 어떻게 이처럼 행동하기 시작했는지 우리에게 말해 주는 사람은 없다. "어떻게"는 알려져 있지 않다. 그리고 "어떻게"가 설명된다 해도 "왜"는 여전히 캄캄한 어둠 속에 남아 있게 될 것이다. "어떻게"도 "왜"도 모르는 채 인간의 모든 것은 폐기되었다. 모성애와 우정과 법과 도덕 모든 것에 교묘하게 구실이 붙었다. 사회 생물학적 견해를 취하는 자들은 가족의 갈등과 가족 이외의 사람들 사이의 갈등이 삶의 본질이라고 믿는다. 이러한 생각은 소름끼치는 히틀러 치하의 독일을 생각나게 하는데, 그때의 독일은 다윈주의의 적자생존 개념을 논리적으로 사회에 적용한 결과로 세워진 것이다.

사회 생물학 : 새로운 종합(*Sociobiology:The New Synthesis*)을 저술한 하버드 대학의 동물학자 에드워드 윌슨(Edward O. Wilson)은 562페이지에서 다음과 같이 말하고 있다. "우리는 우리가 가장 깊이 동경하고 있는 바 자연에 대하여 어떤 과대 평가가 있다고 본다." 그리고 그는 "윤리학을 철학자들의 손에서 잠시 빼앗아 생물학화할 것"을 요청하고 있다.[6]

인본주의 철학자들은 윤리학을 성경의 가르침에서 독립시키려고 노력하였다. 따라서 현재 당면하고 있는 비극적 결과는 도처에서 벌어지는 인간성의 상실이다. 이런 판국에 윌슨은 윤리학과 행동 유형들을 이러한 인본주의 철학자의 손에서 벗어나게 하여 순전히 기계적인 영역으로 옮겨 놓아야 한다고 주장하는데, 이런 상황에서

---

[5] *Time*, August 1, 1977, p. 54.

[6] 에드워드 윌슨은 1975년에 사회 생물학 : 새로운 종합(*Sociobiology : The New Synthesis*. Belknap Press of Harvard University)을 썼다. 그가 좀더 최근에 쓴 책(1978)인 인간의 본성에 대하여(*On Human Nature*, Harvard University Press)는 특별히 인간 행동에 대하여 자기 생각을 적용했다.

윤리는 유전자들의 생존 경쟁을 반영할 뿐이다. 이렇게 되면 윤리는 윤리가 아닌 것이나 마찬가지이다.

타임지는 사회 생물학에 대해 "실로 극소수의 학술 이론들이 거의 명확한 증거 없이 대단히 빠르게 퍼졌다"고 말했다. 확실한 증거가 전혀 없는데 지난 세월의 인본주의적 유물론에 의해 그런이론을 받아들일 준비가 되어 있었기 때문이다. 결코 증명된 것이 아니지만, 권위를 갖고 있는 성명이 사방에서 계속 발표되고, 사람들은 점차적으로 자신과 다른 사람들을 단지 기계와 같은 물건으로 받아들이고 있다. 사람이 고작 비인격적인 우주 안에서의 우연의 산물이라고 한다면, 그리고 그것이 전부라고 한다면 이러한 가르침은 그 사실을 논리적으로 연장한 것이다.[7]

이를 요약하면 첫째, 인류가 DNA 형질을 형성하고 있는 유전자들의 집합체에 불과하다는 사상은 자연스럽게 유전 공학을 이용하여 인간의 모든 것을 다시 만든다는 개념에 도달한다. 둘째, 그러한 사상은 처음에 범죄와 잔인함을 일으키는 가르침을 가르치는 바로 그 당사자들을 괴롭히고 있는 그런 범죄와 잔인성에 도달한다. 이 사람들 가운데 많은 사람들은 자기들의 가르침의 결말에 대해서 도외시하고 있다. 판단의 기초로서 인간의 의견 이상의 것을 인정하지 않고 윤리를 몰윤리와 같은 것으로 봄으로써 범죄와 잔인성을 혼란을 일으키는 것으로 볼 수 있게 하는 정당성은 파괴되고 말았다. 죄라는 그 말, 심지어 잔인함이라는 말까지도 의미를 잃었다. 어떤 일을 금할 최종적인 근거가 전혀 없다. "전혀 금하지 않으면 그 때는 어떤 것이든 가능하다."

사람이 하나님의 형상으로 지음받지 않았다면 비인간화의 길을 가로막을 것은 하나도 없다. 인간을 무엇인가 특별한 것으로 여겨야 할 이유도 없다. 인간의 생명은 싸구려가 되고 말았다. 낙태, 영아

---

[7] *Time,* August 1, 1977, p. 54.

살해, 안락사, 아동 학대 및 온갖 종류의 폭력의 증가, 포르노(새도 매조키즘〈새디즘 + 매조키즘, 가학피학성 성욕〉에서 뚜렷이 나타나는 일종의 특별한 폭력), 세계 도처에서 파행되는 정치범 고문, 범죄의 폭증, 우리를 노리는 많은 이유없는 폭력 등 오늘날 우리 사회에서 토론되고 있는 주요 문제들에서 우리는 이 점을 엿볼 수가 있다.

유물론과 인본주의적 사고가 수세대 이상 지배해 온 공산주의 국가에서는 수년에 걸쳐 수준 낮은 인간관이 그 기준이 되어 왔다. 이 점은 낙태에 관한 초기의 입법에서는 물론 공산주의 구조의 일부로서 조직적으로 압제당하고 고문당하고 살해당했던 수천 수만의 정치범들을 볼 때도 명백하게 드러난다. 그러나 인본주의가 서구 사회를 지배하게 되자, 서방 사회 역시 저급한 인간관을 갖게 되었다. 이제부터 비공산권 안에 속한 우리 사회에 저급한 인간관이 몰고 온 직접, 간접적인 결과를 좀더 살펴보도록 하자.

아동 학대

콜로라도 대학교 의과 대학 소아과 담당 교수인 헨리 켐프(C. Henry Kempe) 박사는 처음으로 "피학대아 증후군"(battered-child syndrome)이라는 용어를 사용하였다. "아동 학대"에는 적어도 다음과 같은 세 가지 내용이 들어 있다 : 신체 폭행(Physical assault)과 신체적 방치(Physical neglect)와 정서적 학대 및 정서적 방치(emotional abuse and neglect). 이 중 첫번째 경우에서 아동은 공격적 행동의 희생물이다.[8] 다음의 두 가지 사례는 수천 건

---

[8] 1976년 5/6월호 *Challenge*에 글을 쓴 조안 허치슨(Joan Hutchison)은 아동 학대의 역사를 다루는 논문을 이렇게 시작했다. "(아동들은) 불에 데이고, 맞고, 짓밟히고, 목졸리고, 숨막히고, 독약을 강제로 먹게 하고, 목졸라 기절시키고, 옷벗기고, 껍질당하고, 끓는 물에 넣고, 손발이 잘리고, 물리고, 강간당하고, 곤봉으

가운데 전형적인 것이다.

　　사례 1 : 경찰은 가로 58cm, 세로 132cm 되는 한 벽장 안에서 9살 가량된 소녀를 발견하였다. 그 아이는 인생의 절반을 그 속에서 갇혀 지냈다. 그 아이의 몸무게는 겨우 9kg 정도였고 키는 90cm 정도였다. 부모의 매질 때문에 상처 투성이인 이 아이는 정신적으로도 돌이킬 수 없는 상처를 입었다.
　　사례 2 : 열한 살 난 어느 소년이 심한 영양 실조로 고생하다가 샌프란시스코의 어떤 종합 병원에 후송되었다. 이 소년의 몸무게는 20kg, 체온은 29도였으며 혼수 상태였다. 이 소년의 손목과 발목에 나타난 의심쩍은 자국으로 보아 그의 어머니나 정부(情夫)가 여러 시간 동안 계속 수갑이나 쇠사슬, 자물쇠로 채워 놓았음을 알 수 있었다.

　아동 학대의 두번째 양상인 신체적 방치는 아마도 전문 의료인이나 경찰이 집계한 것보다 몇 배나 더 많을 것이다. 또 세번째 형태인 정서적 학대는 규정하기도 어려울 뿐만 아니라 추적하여 입증하기는 더욱 어렵다. 설사 발견하더라도 아주 힘든 치료, 회복이라는 과제가 남아 있다.
　지금까지 가장 극심한 비인간화의 대접을 받은 사람은 바로 어린 아이들이다. 아동을 비인간화하고 착취한 점을, 어린 아이를 포르노 (pornography)에 등장시킨 것보다 더 잘 보여주는 예는 없을 것이다. 왜 여론은 어린 아이를 성적 희롱의 대상으로 삼고 있는 퇴폐적인 영화들을 금지시키고 압수하라고 하지 않는가 ? 그 이유는 그러한 영화들이 결단코 흥행에 실패하지 않으리라는 것을 제작자

로 맞고, 두들겨 맞고, 머리카락을 뜯기는 일을 당했다. 무시되고, 굶주리고, 내버려지고, 착취당하고, 욕먹고, 조롱당하고, 냉대와 무관심으로 대접받고 이해할 수 없을 정도로 당했다."

들이 알고 있기 때문이다. 성인들과 아동들을 모두 비인간화하는 것이 갑작스럽게 가속화되고 있다. 이 상상조차 할 수 없는 일은 급속도로 심지어 오락으로 환영받기까지 하고 있다. 그리고 이것은 즐길 수 있는 오락으로 받아들여지면서 지금 진행 중인 개인적, 사회적 관행을 선전하는 강력한 선전 도구가 되어 젊은이나 노인이나 할 것 없이 더 심하게 비인간화되고 있다.

이 문제가 중대한 범죄라는 사실을 파악하기 위해서는 우선 1972년 미국에서 공식적으로 집계된 아동 학대 사건의 수가 6만 건이었던 것이 그로부터 4년 후인 1976년에 이르러서는 50만 건에 달하게 되었다는 사실에 주목하기 바란다. 보고된 이 아동 학대의 건수는 아마도 실제 발생했던 건 수의 약 절반 정도 될 것이다.

아동 학대는 다섯번째로 자주 일어나는 아동 사망 원인이다. 유에스 뉴스 월드 리포트(*U. S. News and World Report*, 1976. 5. 3)지는 마이애미 잭슨 기념 병원에서 아동 학대를 조사하고 있는 어윈 헤들레너(Irwin Hedlener) 박사의 말을 다음과 같이 보도하였다. "만약 아동 학대가 척수성 소아마비라면 그 해결책을 찾으려고 전국이 떠들썩할 것이다."

특히 충격적인 비인간화 형태는 근친 상간의 뚜렷한 증가이다. 캘리포니아주 산호세에 있는 아동 성적 학대 치료 센터(Child Sexual Abuse Treatment Center)의 대표인 해리 지아레토(Harry Giarretto) 박사는 근친 상간이 미국에서 유행병처럼 번지고 있다고 말했다.[9] 세인트 루이스에 있는 성적 학대 조사 위원회(Sexual Abuse Committee)의 회장인 아마나트(Amanat) 박사는 한 해에 생기는 백만 명 정도의 성 범죄 희생자 가운데 4만여 명 정도가 근친 상간의 희생자라고 믿고 있다. 어떤 사람은 근친 상간이 미국에서 가

---

[9] Gay Pauley, "Of Cries, Whispers, and Incest," *Philadelphia Evening Bulletin*, October 3, 1977.

장 빈번하게 발생하지만, 기록되지 않은 죄로 전반적인 아동 학대나 아동 방치보다 훨씬 더 퍼져 있다고 주장한다.[10]

우리는 섹스 영화가 어린이들을 이용하는 일이 늘어나면서 아동에 대한 성적 학대에 기여하게 되었다고 믿는다. 성(性)에 대한 절대적 기준이 상대적 기준으로 바뀌고, 이 상대적인 성의 기준이 현재 인본주의자들이 가르쳐 왔던 전반적으로 저급한 인간관과 어우러지게 되자 이 사회에는 아동들에 대한 성적 학대를 저지할 방어선이 남아 있지 않게 되었다. 높고 거룩한 생명관이 형성해 내는 심리적, 도덕적 저지선을 인간이 제거하고 나자, 아동 양육 특히 오늘날의 반가정적(antifamily) 분위기 속에서 아동 양육을 강조하더라도 온갖 종류의 아동 학대가 매우 용이하게 되었다.[11] 낙태 및 누가 "사람"이며 누가 사람이 아닌가를 결정하는 임의성에 대한 입법을 주도한 대법원은 여러 방어선들을 무너뜨렸다. 미국 내에서는 낙태에 대한 요구(abortion-on-demand)가 합법적인 것이 된 이래 아동들에 대한 범죄는 놀라우리만큼 급증하고 있다. 우리는 이와 같은 증가가 낙태 자유화 법률에 그 부분적인 원인이 있으며 그 결과 일반적인 인간 생명과 특별히 아동들의 삶이 가지는 가치가 급격히 떨어진 것에도 그 원인이 있다고 확신하는 바이다.[12]

---

[10] Gay Pauley, "Incest : Healing Taboos, Harsh Wounds," *Philadelphia Evening Bulletin*, October 4, 1977.

[11] 미국에서 활동하는 수많은 세력들이 반가정적이다. 이 세력들 가운데 꾸준히 증가하고 있는 이혼률, 동성연애 운동, 극단적인 여성해방 운동, 낙태 요구가 있다. 6명 가운데 한 아이가 결손 가정에 살고 있다. 아이를 낳은 8명 가운데 한 여성이 미혼모이다(1960년대에는 20명 가운데 한 명이었던 것과 비교해 보라). 6세에서 17세 나이의 아이를 가진 혼인한 미국 여성 가운데 절반 이상이 이제 취업 인구에 속한다(1948년의 두 배이다). 세 살 이하의 아이를 가지고 있는 미혼모의 1/3이 직업을 가지고 있다.

[12] 메릴랜드에 있는 프린스 조지 카운티 종합 병원(Prince Georges County General Hospital)의 소아 전문 정신 의학자인 버턴 쇤펠드(Burton G. Schoenfeld) 박사가 한 연구에 따르면, 여러 번 낙태한 어머니들은 다른 사람들보다 훨씬 더 아이들을 잘 때린다고 한다.

인본주의 세력들은 기독교의 인간관뿐만 아니라 기독교적인 도덕과 윤리도 비웃고 있다. 소위 성경의 절대기준에서 벗어나자고 부르짖는 이 이론들은 그 열매를 맺어가고 있다. 그러나 인본주의자들은 사태가 악화 일로에 있는 지금, 자기들 입장이 취하고 있는 그 기초를 재검토하기는커녕 (과거와 똑같은 기반 위에서) 완고하게도 인본주의 철학 자체가 만들어 낸 그 문제에 대하여 개선 행위를 제안하고 있는 실정이다. 이 개선 행위는 앞으로 우리가 살펴보게 되겠지만, 그 결과에 있어 훨씬 더 비인간화만을 초래하는 것이다.

낙태

인간 생명의 신성함을 침식시키고 있는 일에 관련 있는 모든 주제들 중에서도 낙태는 핵심적인 위치에 있다. 낙태 문제는 생명 일반의 가치에 대한 태도를 변화시키는 일에 있어서 주도적인 역할을 해온 최우선적이며 중차대한 문제이다. 1973년 1월 22일 미합중국 대법원은 "로 대 웨이드"(Roe v. Wade) 사건 및 "도 대 볼턴"(Doe v. Bolton) 사건을 판결하면서, 헌법 안에는 새로운 개인의 권리나 자유가 존재한다고 했는데 이 권리는 여자가 어느 때에든지 낙태를 할 수 있는 권리이다. 이리하여 프라이버시에 관한 권리는 완전히 새로운 해석을 얻게 되었다.[13]

---

[13] 1977년 1월자 *National Right to Life News* 에서 제시 잭슨(Jesse L. Jackson)은 프라이버시에 관한 권리에 대하여 다음과 같이 말했다. "프라이버시에 관한 권리는, 노예 제도의 전제가 되었던……생존권보다 좀더 위에 속하는 것이다. 여러분은 대규모 농장에서 일하는 노예들의 존재나 대우에 대하여 항변할 수 없는데, 이 일은 사적인 것이고, 따라서 여러분이 관여할 권리를 넘어선 것이다……헌법은 3/5짜리 인간이라고 불렀고, 백인들은 우리를 '검둥이'라고 불러 더욱 인간답지 못하게 만들었다. 이것은 비인간화하는 과정의 일부였다……탄생하기 전에 생명을 빼앗아 가버리는 저 지지자들은 이를 살인이나 살해라고 부르지 아니하고,

대법원은 대법원 고유의 사법 기능을 지나치게 넘어서서 연방 모든 주의 낙태 금지 규정을 무효화했던 것이다. 캘리포니아주 버클리 대학의 법학 교수인 존 누난(John T. Noonan) 2세는 다음과 같이 말했다.

> 관련 법령 중 일부는 19세기 중엽으로 거슬러 올라가는 옛 것이었고, 일부는 최근의 것으로서 미국 법률 연구소(American Law Institute)의 조언을 반영하고 있거나, 태아를 보호한다는 의도를 명백히 진술하고 있는 내용을 포함하고 있었다. 미시간과 북다코타(North Dakota)에서처럼 어떤 법령은 최근에 실시된 주민 투표에 의해 확정된 것이었으며, 다른 법령은 뉴욕의 경우에서와 같이 폐지되는 과정에 있었다. 옛 것이었든지 새 것이었든지, 절충안이었든지 수태 순간부터의 완전한 보호였든지, 19세기에 남자들에 의해서 통과된 법안이었든지, 그 후에 남녀 모두의 보통 투표로 확정된 법안이었든지, 무관심하게 처리 됐든지, 격렬한 민주적 투쟁을 통하여 재확정되었든지간에 낙태에 관한 기존의 법조문들은 그 어느 것도 대법원의 기준을 따르지 않았다. 이 기본적인 사실만으로도 로 대 웨이드 및 도 대 볼턴 사건은 대법원이 내렸던 그 어떤 판결보다도 가장 극단적인 결정이었다고 볼 수 있다.[14]

낙태라고 부른다. 이들은 아이를 낙태하는 것에 대하여 결코 이야기하는 법이 없으니, 이 아이는 인간다운 무엇을 담고 있기 때문이다······ 태아(fetus)라는 말은 인간 이하의 뜻으로 들린다. 그러므로 정당화할 수 있는 것이 된다······.

"아이의 생명을 낙태하는 일을 양심의 가책 없이 받아들이는 그런 사람의 마음과 그런 나라의 도덕 구조에서는 어떤 일이 벌어지겠는가? 만일 생명을 그렇게 무심하게 빼앗아 가버린다면, 지금부터 20년 후에는 어떤 사람, 어떤 사회가 될 것인가? 인류가 직면한 중심 문제는 바로 이 문제, 우리의 태도의 문제, 즉 우리의 가치 체계, 생명의 본질과 가치에 대하여 취한 우리의 마음이다. 이 문제에 바로 대답하지 못하면 우리에게 남는 것은 바로 이 땅에서 나타나는 지옥이다."

대법원의 결정은 미국 내에 있는 낙태 찬성론을 주장하는 엘리트들이 기대조차 하지 않았던 그들의 바람을 훨씬 넘어서는 것이었다. 누난 교수는 그 상황을 다음과 같이 요약하였다. "그 판결 때문에 미국 유사 이래 그 어느 때보다도 현재의 미국에서는 사람의 생명이 더욱 보호받지 못하게 되었다. 그 견해 덕택에 미국은 서방 어느 나라보다도 사람의 생명을 보호하지 않는 나라가 되었다."[15]

워터게이트 기소 사건으로 유명해진 아키발드 콕스(Archibald Cox)는 미국 정부 내에서의 대법원의 역할(*The Role of the Supreme Court in American Government*)에서 다음과 같이 피력하였다.

---

[14] John T. Noonan, Jr., "Why a Constitutional Amendment?" *Human Life Review* 1 : 28 (1975).
[15] Ibid.

법정이 참으로 그렇게까지 나아갔는가? 여기에 법정이 주장하는 바를 싣는다 :

> 한 인간이 "살아남을 수 있는" 혹은 "의미 있는 생활을 할 수 있는" 존재가 될 때까지, 주(州)는 태아를 위하여 어떤 식으로든지 한 여성의 근본적이고 개인적인 낙태 자유를 주가 제한하는 것을 정당화하는 "강제적 이해 관계"를 가지지 못한다. 육 개월 동안 혹은 "보통" 칠 개월 (법정의 계산) 동안, 태아는 수정 9조나 수정 14조 때문에 법의 보호를 받지 못한다.
> 살아남을 능력이 있게 된 후에, 그 인간은 "전적인 의미에서" 인격은 아니다. 그래서 살아남을 능력이 있게 된 후에도 이 사람의 생명은 법의 절차 없이 빼앗아서는 안 된다는 수정 14조의 보호를 받지 못한다. 하지만, 이 시점에서 이 사람은 법적으로 "잠재적 생명"으로 인정받을 수는 있다.
> ……주(州)는, 처음 삼 개월 지난 후에는 허가받은 "시설"에서 낙태를 시행할 것과, 살아남을 능력이 있을지라도 후에 "건강"상의 문제를 위한 낙태를 제외하고는 낙태를 규제할 것을 요구할 수 있을 것이다. 하지만 주는 헌법상 병원 위원회의 낙태 결정에 대하여 재고를 요구하거나 참석한 의사 외에 두 명의 의사의 결정에 대한 동의서를 요구하는 일을 할 수 없다. 헌법은 또한 주가 Joint Committee on Accreditation of Hospitals의 허가를 받은 병원에서 낙태할 것을, 혹은 낙태를 좌우간 병원에서 할 것을 요구하는 일을 금하고 있다.

"그 판결은 명백히……활발하게 여론에 의하여 토의되고 있던 현안에 대해 대법원이 취한 견해가 좀더 현명하다는 것을 과시하기 위하여, 일세기 이상이나 미국인의 생활을 지배해 왔던 도덕적인 주제들에 의하여 지지를 받고 있었던 기존의 법을 깡그리 무시한 것이었다……그 판결에 대한 본인의 비평을 말하자면 대법원은 판결의 합법성을 세우지 못하였으며……정치적 차원 이상을 넘어선 판결을 내리지 못하였다는 것이다."[16]

1977년 하이드 개정안(the Hyde Amendment)으로 알려지게 된 법안이 하나 상정되었는데, 이 법안은 낙태 요구에 대해서는 국민의 세금 사용을 금할 것을 규정하자고 했다. 그러나 이 개정안은 계속해서 의회의 절차상 문제로 통과되지 못하였다. 하이드 개정안에 대한 논쟁은 1976년 6월에 시작되어 10월 말까지 계속되었고, 그후 이 개정안은 양원에서 통과되었으나 존 둘링(John F. Dooling)이라는 브루클린 연방 판사 단 한 사람 때문에 시행되지 못했는데, 둘링은 하이드 개정안이 위헌이라고 판결하였다. 또한 대법원은 둘링의 판결을 번복하지 않음으로써 결과적으로 "세금 지출 승인 문제에 대하여 뚜렷이 명시되어 있는 의회의 권한을 무효화시킬 수 있는 힘을 일개 지방 법원 판사에게 부여하였고, 이는 삼권분립론을 송두리째 무시한 처사이다"(하이드 의원의 말).

대법원은 1976년 여름에 잇따라 있었던 판결로 그 입장을 돌이킬 수 있는 기회를 가졌지만, 오히려 그 입장을 확고히 하면서, 의사는 아이를 가지려는 의도로 임신하여 분만된 아이에게 보여야 할 그런 배려를 낙태시킬 생명체(a living product)에 대하여 제공할 필요는 없다고 판시하였다.[17]

---

[16] Archibald Cox, *The Role of the Supreme Court in American Government*(New York : Oxford University Press, 1976).

[17] 주목해 볼 만한 점은, 백만 명의 태어나지 않은 아이들이 매년 태 속에서 파멸되고 있는 동안, 이 대살육을 가능하게 한 대법원이 테네시에서 일억 천

한편에서는 소아과 의사들이 일반적인 관례처럼 조산아를 보호하고 살려내려고 신생아 육아실에서 최대의 노력을 기울이고 있는가 하면, 같은 병원의 다른 한쪽에서는 산부인과 의사들이 극히 정상적이고 상당히 자란 수많은 태내의 태아들을 일상적으로 살해하고 있는데, 이로써 우리 사회의 정신 분열 증세는 더 자명해졌다. 게다가 법적으로 술이나 담배를 구입할 수 없는 미성년자들이 부모의 동의나 인지 없이도 낙태를 요구할 수 있게 되었다.[18]

육백만 달러가 드는 텔리코 댐 건설을 중지했다는 점이다. 그런데 그 이유는 이 댐이 스네일 다터(snail darter)라는 7.6cm짜리 고기를 멸절시킬지 모른다는 것 때문이다. 그 다음에 송이풀(lousewort plant)에 위협이 된다 하여 메인(Maine)에 발전소를 세우는 것에 대하여 법적인 문제가 제기되었고, 오렌지색의 배를 한 쥐가 샌프란시스코 근교에 있는 발전소에 대한 소환 요구 조건을 복잡하게 만들었다. 캘리포니아에 있는 스태니슬라우스 강에 세우던 삼억 사천만 달러짜리 댐이 법적인 난점에 부딪쳤는데, 그 이유는 12.7/20.3cm의 장님 거미가 그곳에 살고 있었기 때문이다. 고래나 거북이에는 쿼터가 정해져 있지만, 태어나지 않은 아이를 죽이는 데는 언제나 성시를 이룬다. 환경을 보존하려는 노력에는 찬사를 보낼 수 있지만, 이는 우선순위를 혼란스럽게 한 것으로 보인다.

[18] 반면에 가족 계획 협회 조직은 번창하고 있다. 납세자들이 내는 수백만 달러의 돈(개인 기금 조성을 포함한 상당한 금액)을 가지고, 보통은 미국 시민 자유 조합(American Civil Liberties Union)과 함께 일하는 가족 계획 협회는 생명 옹호 노력을 향하여 전면전을 시작했다. 이 조직이 "산아 제한"의 적극적인 지지자가 되었을 때 취한 이런 태도는 창설자 마가렛 생어(Margaret Sanger)가 염두에 두고 있던 것과 다른 생각이다. 생어 부인은 언제나 낙태는 살인이라고 믿었다.

가족 계획 세계 인구 협회는 "재생산 능력을 가진 건강과 복지의 영역에 관한 한 사회 변화의 최선진 수행자"라고 스스로를 표현한다. 1976년 이들의 회계 보고서는 수입이 팔천구백구십만 달러라고 했다. 사실상, 모(某)기관 기금들을 고려할 때, 가족 계획 협회는 그 목적을 추구하는 데 매년 미국 정부로부터 상당한 수준인 삼억 달러를 지급받는다.

법률은 낙태를 위한 모기관 기금의 사용에 대하여 분명한 태도를 보인다. 모기관의 명목으로 된 기금은 낙태가 가족 계획의 한 가지 방법이라고 하는 프로그램에 사용할 수 없다. 그런데 가족 계획 협회의 지니 로소프(Jeannie Rosoff)는 이렇게 주장한다. "모기관 기금을 가족 계획의 한 가지 방법인 낙태에 사용하지 못하게 금하는 것이 그런 기금을 낙태 상담과 위탁, 심지어 낙태 증진과 권장에 사용하는 것을 금할 의도였다고 믿을 근거는 없다."

이전 사회가 흑인 노예를 비인격체로 보았기 때문에, 우리 시대에는 커다란 저항이 있었고, 이는 지극히 온당한 일이었다. 이제 인본주의적인 흐름 속으로 흘러들어 간 어떤 자의적, 독단적 절대 기준에 의해, 비슷한 형태의 법이 피부색을 불문하고 수백만의 태아들을 비인격체로 천명하고 있다. 낙태 요구가 이 나라의 법이고, 인간 생명의 신성함에 대한 우리 사회의 신념은 무너져서 한 해에 백만 명 이상의 태아들을 살해하는 일이 생겨났다.

여기서 반드시 짚고 넘어가야 할 사실은 낙태 찬성론자들이, 만일 낙태가 시행된다면 아동 학대는 감소할 것이라고 주장한다는 점이다. 태어나서 대접받지 못하느니 차라리 아직 태어나지 않은 태내의 아이를 낙태시키는 편이 더 친절하다고 그들은 가정한다. 자유 낙태 정책을 쟁취하였던 사람들은 자기 멋대로 행하고 있고, 그리하여 1970년 이래 지금까지 한 살에서 일곱 살 사이의 어린 아이가 되었을 약 천만 명 이상의 태아가 미국 내에서 살해당했을 것이라고 잠정적으로 추정된다. 이 천만 명의 아이들은 "부모가 원하지 않아서" 아마도 아동 학대의 첫번째 목표물이 되었을 것이기 때문에, 바로 이 기간에 아동 학대 건수가 급격히 줄었을 것이라고 생각하는 것은 합리적인 것으로 보일는지 모른다. 그러나 실상은 낙태 요구안이 합법화된 이래 아동 학대는 현저하게 증가하였고, 그렇게 된 것이 단지 좀더 효율적인 사례 집계 때문만은 아니다.

이는 범국가적인 낙태할 권리가 지니고 있는 소위 "교육적 효과" 때문이다. 서독의 대법원에 해당하는 연방 헌법 법원(Federal Constitutional Court)은 1975년 2월, 임신초 12주간 내에 제기되는 낙태 요구를 금하는 판결을 내리면서 이렇게 판시하였다. "우리는 낙태가 생명 존중에 대하여 끼치는 교육적 영향력을 결코 무시할 수 없는 바이다." 서독의 대법원은 만일 어떤 이유로든지 임신 후 처음 3개월 이내에 행하는 낙태가 합법화된다면 불과 며칠, 몇 주일을 더 뱃속에서 지냈다는 이유만으로 3개월 또는 6개월을 넘어선 태아는 보호되어 마땅하다고 사람들을 설득하기에는 미흡하다는 논거를 제시하였다. 그 법원은 3개월 이상된 태아들에 대하여 생길지 모르는 일이 출생 이후의 아이들에게도 생길 수 있다고 명백히 우려를 나타냈다.[19] 해럴드 브라운(Harold O. J. Brown)이 관찰하고 있는 것처럼, 부모는 아마도 무의식적으로 "내가 그 애를 꼭 가져야 할 필요는 없었어. 그 애가 태어나기 전에 나는 그 애를 지워버릴 수도 있었지. 그러니 그 애가 태어난 지금에라도 내가 그 녀석을 좀 학대하고 싶다면 그것은 나의 권리가 아닐까?"[20]라고 생각할 수 있는 것이다.

결국 출생하기 몇 개월 전에 아이를 살해해도 그것이 합법화될 수 있다면, 그 애가 태어난 뒤에 그 애를 죽이지 않고 좀 심하게 다룬다 해도 나쁜 일로 여기지 않아도 되는 것이 논리적이지 않은가? 자녀 학대 때문에 체포된 부모들은, 태어나기 앞서 ("좀더 일찍") 자기네 애를 죽인 사람들은 처벌을 받지 않고—사실상 사회의 인정을 받고—반면에 자기들은 자기 애를 좀 때렸다고 체포되어야 하는 이 체제가 틀림없이 다소 불공평하다고 느낄 것이다.

---

[19] 해럴드 브라운은 미국 대법원의 행위와 서독 연방 헌법 재판소의 행위 (이는 1974년 6월에 일어난 행위)를 비교하면서 이렇게 말했다. "서독 연방 헌법 재판소는 인간의 본질과 정의의 요구 조건에 대한 근본적인 문제를 제기하는 것을 기초로 하여 무제한적인 낙태 요구권의 문제를 다루었다. 미국 법원의 결정은 독일 재판소가 몰두하고 있던……좀더 큰 도덕적, 윤리적, 인간학적 문제를 고의적으로 회피하고 있음을 나타낸다. 이 문제에 대한 미국 법원과 독일 법원의 사고 방식을 비교해 보면, 특히 실망된다. 로 대 웨이드 사건을 잘 알고 있는 사람이라면, 이 사건에서 미국 최고 법원이 기본적인 도덕적 문제를 피해가면서, 오직 기술적인 법적 구성에 기초를 두고서 근본적인 문제를 해결했음을 알아차리지 않을 수 없다" (참조. Harold O. J. Brown, "Abortion : Rights or Technicalities," *Human Life Review*, Vol. 1, No. 3, 1975, pp. 72, 73).

[20] Harold O. J. Brown, "Abortion and Child Abuse," *Christianity Today*, October 7, 1977, p. 34.

우리 사회가 이런 문제들에 대하여 정신 분열 증상을 띠고 있다는 또 하나의 증거가 있다. 장애자들을 위하여 공공시설이 마련되어 있는 특수 설비들을 생각해 보자. 휠체어를 타고서도 이용할 수 있는 화장실, 공공 건물 내부의 계단 대용의 경사로, 버스나 기차를 타는 장애자들을 위한 승강기 등을 우리는 장애자들을 위해 마련하고 있다. 이 모든 것들은 우리가 장애자들을 위해 그들을 보살펴 줄 방책과 대비 시설을 마련하고 있다는 것뿐만 아니라 그들에 대하여 깊은 동정심을 지니고 있음을 보여 주고 있다. 그러나 동시에 그런 장애자가 될 가능성이 있는 신생아를 살해해 버리는 경향이 우리 가운데 날로 심해지고 있다.

이러한 정신 분열적 증상에 대한 훨씬 더 심각한 한 가지 예는 조산아인데 도저히 살 가망이 희박한 결함이 있는 신생아를 상당히 먼 거리, 이를테면 다른 주, 다른 나라에 있는 병원에까지 보내어 고도의 기술을 가진 의사와 간호사로 된 팀으로 하여금 그 결함을 고치고 그 어린 아이의 갱생을 위한 계획을 짜도록 하고 있는 반면, 그런 병원 바로 옆에 있는 다른 수많은 병원들에서는 또 다른 의사들이 태 속에 있는 완전히 정상인 아이를 살해하고 있다는 사실이다.

사람의 생명의 자라남

낙태를 반대하는 우리의 이유는 도덕적일 뿐만 아니라 논리적이다. 현재 자라나고 있는 태아가 어느 시점에서 생존할 수 있을 만큼의 능력을 보유하게 되었는가를 우리로서는 도저히 이야기할 수 없다. 해마다 조산아의 생존률이 점점 더 높아지고 있다. 한때는 1,000g 정도에 해당하는 미숙아는 살수 없었으나, 이제는 1,000g 이하에 해당하는 조산아, 미숙아도 절반 이상을 살릴 수 있게 되었다. 그러나 계속 기술이 발전하고 있으므로 그 한계가 어떻게 될는지는 알 수 없다! 최후의 가능성들이 왔다갔다 한다.

　논리적으로 접근하려면 먼저 정자와 난자로 돌아가야 한다. 한 개의 정자는 23개의 염색체를 가지며 난자를 수정시킬 수 있으나 결코 또 다른 정자를 만들 수는 없다. 마찬가지로 난자도 23개의 염색체를 가지고 있으나 또 다른 난자를 만들 수는 없다. 이처럼 우리는 그 둘이 결합하지 않고서는 재생산할 수 없는 난자와 정자를 가지고 있다. 일단 정자와 난자가 결합하게 되면 각각이 지니고 있는 23개의 염색체가 하나의 세포를 이루어 그 세포는 46개의 염색체를 지니게 되며 하나의 세포는 방해만 없다면 한 사람의 인간을 이루게 될 모든 DNA(전체 유전자 정보)를 갖추게 된다.[21]

　그렇다면 우리는 신생아는 죽이지 않을 것이라고 하는 낙태 찬성 의사에게 다음과 같이 질문하지 않을 수 없다. "그럼 당신은 이 어린애가 태어나기 1분 전, 아니면 2분 전, 아니면 3분 전, 아니면 4분 전이라고 해서 이 아이를 죽이겠는가?" 어느 시점 이전이라 해서 생명을 가치 없는 것이라 여기고 그 이후라고 해서 생명을 가치 있고 귀중한 것으로 보겠는가?

　난자와 정자의 결합으로 46개의 염색체가 생긴다고 이미 언급했는데, 이제 그 이후의 태아의 발달 과정에 대해 간략히 살펴보도록 하자. 수정 후 21일째 되는 날 형성 중인 심장에서 첫 박동이 약간 불규칙적으로 뛰게 된다. 그렇게 되면 곧바로 그 어머니는 임신했다고 확신한다. 수태 후 45일째가 되면 뇌파 전위 기록장치에서 그 태아의 발달 중인 두뇌의 뇌파를 잡을 수 있다.

　9주에서 10주 정도가 되면 갑상선과 부신이 기능하는 것을 감지

---

　[21] 최근 1967년 제1차 국제 낙태 회의(International Conference on Abortion)에서 전적으로 세속적인 사람들이 이렇게 말했다. "우리는 정자와 난자의 결합과 아기의 출생 사이의 어느 시점에서, 이것은 인간 생명체가 아니라고 말할 수 있는지 알 수 없다"(Washington, D. C., 이 회의는 하버드 신학교와 조셉 케네디 2세 재단이 후원했다).

할 수 있게 된다. 이때 태아는 눈을 가늘게 뜨기도 하며, 침을 삼키기도 하며, 혀를 움직이기도 한다. 벌써 성 호르몬이 분비된다. 12주나 13주가 되면 손톱이 생기며 태아는 엄지 손가락을 빨기도 하고 고통이 있으면 몸을 움찔하기도 한다. 태아의 양손 손가락에 이미 형성되어 있는 지문은 크기를 제외하고는 일평생 변하지 않을 것이다. 법적으로 한 개인의 지문은 그를 타인과 구별시켜 주는 것이며, 위조하기 가장 어려운 것으로 알려져 있다.

4개월째가 되면 성장하고 있는 태아는 20-25cm 정도의 키가 된다. 5개월째는 키가 자라고 몸이 튼튼하게 되는 시기이다. 피부, 모발, 손톱이 자라난다. 또한 땀샘이 생기며 지방 분비선도 생기게 된다. 어머니가 태동을 느끼게 되는 시기가 바로 이 때이다.

6개월에 태아는 빛과 소리에 반응한다. 태아는 잠을 자기도 하고 깨어나기도 한다. 또 딸꾹질도 하며 어머니의 심장 박동 소리를 들을 수 있다. 이때부터는 자궁 밖에서도 생존할 수 있는 가능성이 높다. 7개월이 되면 신경 조직이 훨씬 복잡하게 된다. 태아의 크기는 약 40cm에 몸무게는 약 1.36kg 정도가 된다. 8, 9개월에는 태아가 살이 찌기 시작한다.

자궁에서 태아가 발달하는 것을 담은 주목할 만한 영화를 본 사람이라면 어느 누가 낙태 시술 때에 계속해서 끄집어 내는 핏덩이들을 작은 살덩이에 불과하다고, 또는 아이를 가졌던 그 여인이 완전히 통제하고 있는 그녀의 신체의 일부나 부위라고, 혹은 실로 그것은 작은 몸체를 지닌 인간의 생명이 아니라 별개의 어떤 것이라고 주장할 수 있겠는가? 적어도 우리는 태아가 단순히 타인의 몸의 연장은 아님을 인정해야 한다. 태아는 독립된 존재, 그리고 다른 것에 대체될 수 없는 독특한 그 무엇이다. 우리가 태어나지 않은 아기를 여인의 신체의 연장으로 보지 않는 또 다른 타당한 이유는 그 태아가 단지 그 여인에게서만 유래하지 않았다는 사실에 있다. 그 아기는 남자의 정자가 없이는 절대로 존재할 수 없었던 것이다.

우리는 낙태 요구에 대하여 대법원이 판결을 내리면서 태아의 생존 능력이라는 문제에 대하여 결코 씨름하지 않았던 까닭이 그 태아의 생존 능력(즉 모태 밖에서도 독립된 개체로서 생명을 유지할 수 있는 능력)을 그다지 중요하게 여기지 않았기 때문이라고 확신한다.

그리고 생명을 유지할 수 있든지 없든지간에 수정란은 어떤 강제적인 힘이 그 생명을 파괴하지 않는 한, 한 사람으로 성장할 것이다. 덧붙여 말하고 싶은 것은 생물학자들은 누구나 예외 없이 생명은 수정에서 시작한다고 주장하고 있다는 사실이다. 낙태 찬성론자들이 하필 모든 생물들 가운데서 가장 고등한 형태인 사람에 관해 이야기할 경우만 다른 정의를 내리려고 기를 쓰며 노력할 하등의 논리적 이유가 없는 것이다. 수태된 이후에 추가로 덧붙여져야 할 요소는 전혀 없다. 난자와 정자가 결합한 상태에서 성인을 이루는 모든 것이 존재하고 있다. 모든 유전자 정보가 들어 있는 것이다.

낙태 기술

낙태에는 보통 세 가지 기술이 사용되고 있다. 임신 초기에 가장 흔히 쓰이는 기술로는 소위 D & C(dilation and curettage), 즉 "소파(搔巴) 수술"이 있다. 이 과정은 보통 임신 12주 혹은 13주 이전에 실시되는데 질을 통하여 자궁에 접근한다. 괭이같이 생긴 큐렛(curette, 겸자)이 들어갈 수 있도록 경부를 확장시킨 다음 의사는 자궁의 내벽을 긁어 내면서 태아의 신체를 조각내고 태반을 자궁벽에서 떼어낸다. 출혈이 상당하다.

같은 임신기 중에 사용되고 있는 또 하나의 방법은 "흡인 낙태법"(suction abortion)이다. 그 원리는 소파 시술과 동일하다. 강력한 흡입관이 확장된 경부를 통하여 자궁 속으로 주입된다. 이 관은 자라나고 있는 태아의 몸과 태반을 산산조각내어 통 속으로 빨아들인다. 태아의 일부는 팔, 머리, 다리 등으로 그 식별이 가능하다. 미국과 캐나다에서 시행되고 있는 낙태 시술의 2/3 이상이 바로 이 방법으로 이루어진다.

    소파 시술이나 흡인법을 시행하면 임신부가 출혈을 많이 할 가능성이 높은 임신 후반기에는, 의사들은 염수 낙태법(saline abortion), 즉 "salting out"이라고 하는 두번째로 가장 흔히 쓰이는 낙태 기술을 사용한다. 이 방법은 보통 임신 16주 후에 실시되는데 이 시기는 태아를 둘러싸고 있는 양막 속에 양수가 상당량 들어 있는 때이다. 임신부의 복부에 긴 주사기를 꽂아 양막 속에 농축된 소금물을 직접 주사한다. 농축된 소금물은 허파와 위장에 흡수되면서 삼투압 현상을 일으킨다. 이때 태아의 피부는 고농도의 소금으로 인해 타버린다. 이 느린 방법에 의해 태아가 죽어가는 데는 약 1시간 정도가 소요된다. 임신부는 보통 약 하루 지나면 산통을 시작하여 쪼그라들어 죽어 있는 아이를 사산하게 된다.

    소파 시술이나 흡인법, 염수법으로 낙태시키기에는 너무 늦었을 경우에 의사들은 자궁 절개 수술이라 부르는 최후의 방법을 시행한다. 자궁 절개 수술은 제왕 절개 수술과 똑같으나 한 가지 차이점이 있다. 그것은 제왕 절개 수술이 대개의 경우 아이의 생명을 살리기 위하여 시술되는 반면, 자궁 절개 수술은 아이의 목숨을 빼앗기 위하여 시술된다는 점이다. 자궁 절개 수술로 태어나는 이 아이들은 작고 몸무게도 더 적게 나간다는 사실을 제외하고는 다른 아이들과 똑같다. 예를 들어 24주 정도된 아이는 약 900g 정도이다. 이 아이들은 멀쩡하게 살아 있으나 죽도록 방치되거나 때로는 직접 죽이기도 한다.

    자궁 절개 수술은 여러 낙태 시술 방법 중에서도 태아가 살아남을 수 있는 최상의 기회를 태아에게 제공하기는 하지만, 시술 비용이 아주 비싸서 좀더 널리 사용되고 있는 방법인 염수 주입법의 열다섯 배의 비용이 든다. 1977년 보스턴의 한 배심원은 케네스 에들린(Kenneth Edelin) 박사에게 이 낙태 방법으로 꺼낸 내용물을 죽인 혐의로 살인죄를 적용하였다.[22]

낙태된 후에도 종종 아이들이 산 채로 태어나기도 한다는 것은 사실이며, 이는 기이한 현상이 아니다. 대법원까지 올라갔던 한 소송(Markle v. Abele)에 대한 적요서에는 낙태 후 산 채로 태어난 27건의 경우를 담고 있었다.[23] 그 해가 1972년이었다. 낙태 요구안에 대한 대법원의 결정이 나오기 전, 뉴욕 주에서 낙태 자유화 법률이 시행되던 첫 해에 그 "낙태의 산물" 가운데 일부가 결국 입양되었다.

살아 있는 아기를 분만하는 일 이상으로 낙태 시술자를 당황하게 만드는 일은 없다. 이것이 사실임을 보여 주려고 다음에 인용을 했는데, 이 글은 국제 산부인과 협의회(International Correspondence Society of Obstetrics and Gynecologists) 간행물(1974년 11월)에서 인용한 글이다.

> 우리는 (시술시) 분만시킨 태아를 수건으로 둘둘 마는 방법을 사용하였습니다. 그런 후에 그 태아를 다른 방으로 옮겨 놓고 임부를 돌봅니다. 임부는 태반 추출 현상이 있

---

[22] 간호사들의 증언에 따르면, 제왕절개 수술 때 자궁이 열린 후에, 에들린 박사는 고의로 태반을 떼어내고 나서 태아를 자궁에서 꺼내기 전에 삼 분을 기다림으로써 분명히 살아남을 수 있는 태아에게 혈액 공급을 중단하였다. 이 판결 동안 대중 매체들은 감정적인 요소들을 많이 끌어들였다. 이런 요소들 가운데 하나는, 이 재판이 분명히 낙태에 반대하는 로마 카톨릭이 우세한 보스턴에서 일어나고 있었다는 것이다. 두번째 이런 요소는 에들린 박사는 흑인이었고, 그러므로 재판은 인종차별적으로 보였다. 이 사건의 마지막 결론은, 상급 법원이 하급 법원의 결정을 번복하고, 에들린 박사는 자유롭게 되었을 뿐만 아니라, 국가 의학 기구의 회장이 되었다는 것이다.

[23] *Markle* v. Abele (1972), Supreme Court of the United States, No. 72-56, 72-730, p. 72.

는지, 질의 출혈 양이 어느 정도인지를 검사받습니다. 일단 임부의 상태가 안정되었다는 확신이 들면 태아를 검사합니다. 거의 살아 있다는 모든 표시가 중지된 상태입니다.

"어떻게"("how to")에 대한 작은 글이지만, 이 얼마나 대단한 시사인가!

한때는 낙태 후에 산 채로 태어나는 일이 오직 자궁 절개 수술의 경우에만 발생할 것이라고 생각했다. 그러나 지금은 너무도 분명하게 염수 낙태법을 시술한 후에도 살아서 태어나는 아이가 있다. 1977년 1월 캘리포니아에서는 산부인과 의사로 근무하는 윌리엄 와딜(William G. Waddill) 2세 박사가 기소되어 재판을 받았는데, 그의 혐의는 염수 낙태법 시술 후 산 채로 태어난 아기를 질식시켜 죽인 혐의였다.

과연 와딜이 살아 있는 신생아를 질식사시키고자 했느냐 아니냐의 문제에서 이탈하게 되자, 재판은 종잡을 수 없는 상태로 지루하게 길어졌다. 재판관이 사망에 대하여 캘리포니아는 어떻게 정의내릴 것인가에 대한 새로운 자료의 숙고를 요청하자, 그 재판정의 배심원들은 결정을 내리지 못하고 문제를 보류시키게 되었다. 그러나 사실 죽음에 대한 정의는 이 문제와 거의 무관한 것이었다. 질식사한 것으로 단정되는 신생아를 임신했던 임산부는 해당 의사가 낙태 시술 후에 있을 수 있는 결과에 대하여 자신에게 충분히 알려 주지 않았으며, 그 의사의 행위로 말미암아 오랫동안 육체적, 정신적 고통을 당했다는 이유로 1,700만 달러의 위자료를 청구하였다.[24]

---

[24] 와딜 사건은 대법원이 여성의 낙태 요구 권리라고 부른 것과 실제로 낙태 다음에 살아서 태어나는 사건 사이에 아주 심각한 차이점을 제기한다. 그러니까 이는 살아 있는 아이에 대한 살해이다. 여성의 "낙태권"이라는 말에는 죽어 있는 상태의 아이를 요구할 권리가 있다는 뜻은 전혀 없다.

와딜은 1977년 3월 2일, 웨스트민스터 커뮤니티 병원에서 낙태를 제대로 하지 못한 다음에 여아를 목졸라 죽인 혐의로 기소되었다. 1978년 1월 배심원 판결이 염수 낙태 시술과 자궁 절개 수술의 결과로 태어난 살아 있는 아기들이 낙태를 시술한 의사에게 문제를 일으켰다 해도 이 문제는 프로스타글란딘(prostaglandin)을 이용한 낙태 방법으로 인하여 생겨난 문제에 비하면 아무것도 아니다. 프로스타글란딘의 이용은 그 난처한 상황의 발생 빈도를 몇 배나 높여 놓았다. 프로스타글란딘은 낙태시키는 일 이외에는 전혀 실질적인 용도가 없는 일종의 호르몬이다. 미국에서는 업존(Upjohn)사가 이를 제조하여 시판하고 있으며, 1977년 9월 식품 의약품국(FDA)은 이 약품을 병원에서 사용하도록 승인하였다. 이 약품은 약학 회보에 "프로스틴 E. 업존 낙태 유도약"(Prostin E. Upjohn abortion inducer)이라고 버젓이 광고되고 있다. 1977년 9월 12일에 발행된 주간 약학 회보(*Weekly Pharmacy Reports*)는 승인받은 프로스틴 상표 문안을 지적하면서, 염수 주입 형태와는 달리 좌약식 형태는 "태아와 태반의 완전한 결합에 직접적인 영향을 미칠 것으로 사려되지 않으며, 특히 임신 제2기(4-6개월) 말 정도에는 살아 있는 태아가 출생할 확률이 높다"고 경고하였다. 이와 같이 프로스타글란딘을 이용한 낙태 시술

있기 이전인, 1977년 4월에 예비 청문회에서 로날드 코넬슨(Ronald Cornelsen) 박사는, 와딜 박사가 신생아의 목을 조르고 나서 아이가 살아난다면 어떻게 될까 하고 불평했음을 증언했다. 코넬슨의 증언에 따르면, 와딜은 소송이 있을 것이고, 아이는 뇌 손상이 될 것이라고 말했으며, 익사시키거나 염화칼륨을 주사하여 호흡을 멈추는 것에 대하여 말했다.

1978년 1월 재판에서 낙태를 시행한 그 병원에서 일하던 간호사인 조안 그리피스(Joanne Griffith)는, 어떤 간호사가 관계자 모두에게 아무 조처를 취하지 말고 아이를 내버려 두라고 와딜 박사가 전화로 명령을 내린 것을 귀띔해 주었다고 증언했다. 코넬슨 박사는 재판에서, 자기가 먼저 아기를 검사하니 심장이 규칙적으로 1분에 60-70번 뛰고 있었을 때, 아이의 목에(아마도 처음에 목졸라 죽이려 했기 때문에 생긴 듯한) 변색된 곳이 있었다고 증언하고, 더 나아가, 자기가 아기를 검사하고 있었을 때, 와딜 박사가 "……(미숙아 보육기에) 손을 다시 넣어 아이의 목을 눌렀다"고 증언했다 (*The Los Angeles Times*, January 26, February 8, 1978).

와딜 박사는 1979년 같은 사건에 동일한 혐의로 재판에 회부되었다.

후에 산 채로 출생할 가능성이 높으므로 업존사의 한 의료 대표자는 "확실한 보호 시설을 갖춘 병원에서만" 프로스틴 E를 사용할 것을 권하고 있다.[25]

비록 합법적인 낙태의 산물이긴 하지만 프로스타글란딘의 사용으로 인하여 산 채로 세상으로 나오게 된 태아는 몇 시간 동안 살아 있다가 얼마 후에 의사에 의하여 죽음을 확인받게 되고 출생 증명서와 사망 증명서를 동시에 교부받아 매장이나 화장되도록 장의사에게 보내지는 것이다.

낙태 시술을 받은 후에 산 채로 태어나는 경우

의사들은 임신 제2기(4-6개월) 중에 낙태 시술을 했지만 살아 있는 아이를 출산한 건수를 밝히기를 꺼린다. 코네티컷 주의 하트퍼드(Hartford) 소재 마운트 시나이 병원(Mount Sinai Hospital)에서 임신 제2기에 행해졌던 607건의 낙태 시술 중에서 쌍둥이 한 쌍을 포함한 45건의 낙태 시술은 살아 있는 태아를 낳았다. 이렇게 해서 태어난 45명의 신생아 전원은 신생아 보호실로 옮겨져 소생시키기 위한 적극적인 조처가 취해졌다. 그곳에 있는 의사들은 영아의 몸무게, 신경조직의 발달 정도 및 일반 상태에 따라 얼마 동안 치료할 것인지를 결정하였다. 그러나 그 아기들을 구하고자 했던 이와 같은 노력에도 불구하고, 아기들은 단 한 명도 13시간 이상을 넘기지 못하였다. 이 신생아들은 프로스타글란딘을 양막 속에 주입시킨 후에 태어난 아이들이었고, 우리는 이 좌약식 형태의 낙태 방법이 이처럼 당황케 하는 상황을 적잖이, 아니 훨씬 많이 일으키리라고 예상하게 된다.

마운트 시나이 병원에서 행한 임신 제2기 중의 낙태 시술은, 산

---

[25] *Medical World News*, November 14, 1977.

채로 낙태되는 사례가 또 다른 복잡한 문제를 일으켰다는 사실을 잠시 언급할 수 있겠다. 즉 마운트 시나이 병원에서 낙태했던 여자의 19.4%가 과다 출혈을 했으며, 41%는 불완전 낙태 때문에 손으로 태반을 제거해야만 했다. 이 마운트 시나이 병원 사례는 1977년 애틀랜타 회의에서 윙 리(Wing K. Lee) 박사가 보고한 사례이다.[26]

같은 임상 회의에 제시된 또 다른 보고서에 따르면, 20주 이상이 된 임신 중반기 낙태에 고농도 염수 주입법을 사용했을 경우, 다른 복잡한 문제들이 높은 비율로 발생한다고 했다. 이와 같은 사실에도 불구하고 적어도 뉴욕 주의 이스트 메도우 소재 낫소 카운티 메디칼 센터(Nassau County Medical Center)는 낙태 후에 살아서 태어나는 난처한 경우를 당하느니 차라리 고농도 염수 주입법을 사용하겠다고 결정하였다. 뉴욕 주립 대학의 스토니 브룩 분교의 교수인 조엘 로빈스(Joel Robins) 박사는 700건의 프로스타글란딘 낙태 시술과 170건의 염수 낙태 시술 결과를 비교한 후, 두 방법 모두 파생되는 난이도는 비슷한데, 프로스타글란딘을 사용했을 경우 7건의 살아 있는 태아의 출산이 발생했으나, 염수 낙태법으로는 전혀 없기 때문에 염수 낙태법으로 전환하겠다는 것도 그리 나쁜 생각은 아니라고 보았다.[27]

그러던 중 존즈 홉킨즈 대학의 한 팀이 여기에 경제적인 요인을 도입하였다. 그 팀은 프로스타글란딘 주입 방법의 효과를 증대시키기 위하여 초강력 삼투압 효과를 지닌 요소(urea)를 첨가시켰다. 이렇게 결합된 기술은 훨씬 낮은 실패율에 경비도 저렴한 것으로 보고되었다. 홉킨즈 팀은 요소가 경부를 확장시키기 때문에 소파시술보다 태아의 신체를 제거하기가 훨씬 용이하며 진행 중에 염수

---

[26] Ibid.
[27] Ibid.

법보다도 응고의 위험성이 적다는 사실을 발견하였다.[28]

   FDA가 업존사에서 개발한 프로스틴 E를 낙태 유도약으로 승인했던 것으로 보아, 머지않아 프로스타글란딘이 첨가된 질구용(膣口用) 탐폰(tampon)을 시판하도록 업존사에 승인할 것이며, 이 탐폰은 월경 촉진제라는 이름으로 광고될 것이 분명하다. 이러한 사실은 낙태 요구에 관한 결정을 내림에 있어서 프라이버시의 권리가 중요하다고 판시했던 블랙먼(Blackmun) 판사의 논리적 결론에 이르게 할 것이다. 월경 촉진제라는 이름으로 어떤 여자든지 한 달에 한번 프로스틴 E가 첨가된 질구용 탐폰을 사용함으로써 자기가 정상적인 월경을 하고 있는 것인지, 아니면 낙태를 시키고 있는 것인지 결코 알 수 없는 상태로 지낼 수 있게 되는 것이다. 이리하여 낙태는 전적으로 사적인 용무로 바뀌게 될 것이다. 우리가 이 끔찍한 상황이 가져다 주는 유일한 유익으로 볼 수 있는 것은 적어도 그렇게 된다면 낙태를 시술해야 하는 의사는 없어도 될 것이라는 점이다.
   프로스타글란딘 낙태법으로 태어난, 살아 움직이는 산물(즉 반드시 모태 밖에서 스스로 목숨을 유지할 수 있는 것은 아니지만, 살아 있는 아기)이 낙태 후에도 몇 시간씩 살아 있다가, 의사에 의해 죽음을 언도받고 출생 증명서와 사망 증명서를 교부받아 매장이나 화장을 위해 장의사에게 넘겨지는 한, "분만" 때에 병원 의료진의 일부 특히 간호사나 간호 조무사 중에서 상당히 충격을 받고 감정적인 혼란을 일으키는 경우가 분명히 있다.

   1977년 할리우드 메모리얼 병원(Hollywood's Memorial Hospital, 플로리다 주 소재)의 간호사들과 의료진들은 임신 중반기에 시행된 낙태로 몇 명의 태아들이 산 채로 출산되자 들고 일어났다.

---

[28] Ibid.

병원 원장 샐 머대노(Sal Mudano)는 다음과 같이 말했다. "우리는 살아 있는 미숙아들을 받게 되었는데, 이들은 낙태된 몇몇 태아들보다도 훨씬 작았습니다. 우리 전직원들은 이와 같은 상황 속에서 일하기를 원치 않습니다. 그리고 법에 따르면, 우리는 자신의 개인적인 신념이나 종교적인 신념을 무시한 채 동참하도록 강요받을 수 없습니다." 거기에 그는 다음과 같이 덧붙였다. "우리는 설교를 하고 있는 것이 아니며, 우리 의료진들 가운데에 종교적인 광신자 집단이 있는 것도 아닙니다. 그러나 우리들은 생명을 살리는 일에 관계하고 있으며, 이것은 그야말로 정반대의 사태입니다."[29]

포트 로더데일 뉴스(Fort Lauderdale News)지에 따르면, 로더데일 소재 브로워드 종합 병원(Broward General Hospital)의 의료진들은 대중이 요구하고, 법적으로 허용된 서비스를 제공해야 할 것인지 아니면 생명을 구해야 하는 의사로서의 의무에 합당하게 살 것인지 그 둘 사이에서 줄타기를 하도록 강요받고 있는 기분이라는 것이다. 한 병원의 대변인은 "관계 법규에 따르면 공립 병원이 낙태 시술의 방법을 제한할 수 있는지 사실상 분명치가 않다"고 발언하였다.

할리우드 기념 병원의 수간호사인 조안 코팩커(Joann Kopacka)는 "프로스타글란딘의 사용은 도저히 용납할 수 없는 것이었습니다. 냉정하게 이야기해서 간호사들이 처리하기엔 대단히 곤란한 것이었습니다. 살아 있는 태아는 '그것'이나 물건이 아니고 생명입니다"고 말했다.

머대노는 할리우드 메모리얼 병원 의료진들 가운데는 반낙태 분위기가 대단히 강해서 대개 의사들은 임신 중반기에 낙태하려는 경우는 다른 병원으로 보낸다고 말한다. "우리 병원에서는 한 달에 여덟 번에서 여섯 번 정도로 염수 시술 횟수가 줄었습니다. 이 숫자는 처음 시작했을 때에 비하면 현저히 줄어든 것이지요. 이것은

---

[29] *Fort Lauderdale News*, November 13, 1977.

그런 시술을 찬성하지 않는다는 우리의 철학이 낳은 결과입니다."

브로워드 종합 병원에서 17년 동안 산부인과 수간호사로 일해 왔던 진 무어(Jean Moore) 여사는, 자기가 일하고 있는 병원의 간호사들은 할리우드 메모리얼 병원의 간호사들과 같이 감정적으로 반응하지 않았다고 말했다. "우리는 살아 있는 태아가 태어났을 때 간호사들이 조금이라도 다르게 반응하고 있는 것을 두고 볼 수 없습니다. 이 분야에서 일하고 있는 간호사들은 자기들에게 어떤 일이 일어날지 알고 있습니다. 그들은 자신들이 의사를 돕기 위하여 그곳에 있다고 느끼고 있습니다. 정말이지 우리 간호사들 사이에서 일어나는 문제는 전혀 없습니다."

이 병원의 한 대변인은 브로워드 종합 병원에 근무하는 간호사들에게 문제가 없는 이유가, 무어 여사가 짠 훌륭한 조정 계획 때문이라고 말했다. "무어 여사는 낙태에 대하여 강한 반감을 느끼고 있는 간호사는 그런 영역에서 일하지 않도록 주의합니다. 우리는 그런 일에 개입되기를 꺼리는 사람들은 어쩔 수 없는 불가피한 경우를 제외하고는 개입하지 않도록 계획표를 조정하려고 합니다."

한 남자 의사는 살아 있는 채로 태아가 태어났을 때, 그 분야에서 일하고 있는 브로워드 종합 병원 의료진 중에서 강한 반발을 일으키는 사람을 본 적이 결코 없었다고 말했다. "숨을 할딱거리거나 손발을 움직이는 283g의 태아가 태어나면, 이 일은 다른 누구보다도 일반인들에게 더 당혹스러운 일입니다. 이때 병원의 진행 절차는 거의 기계적입니다. 모든 일이 매우 순조롭게 처리됩니다."[30]

또 다른 실례를 들어보자. 생명을 중시하는 간호사들의 모임(Nurses Concerned for Life, Inc.)에서 만든 한 간행물은 1974년 11월 1일자 피츠버그 프레스(*Pittsburgh Press*)지에 보도된 다음과 같은 사실들을 주목하여 다루었다.

---

[30] Ibid.

어떤 26세의 여성이 강간당했다고 주장하며 5개월된 태아를 낙태시켜 달라고 요청했다. 처음에 그녀는 매기 우먼스 병원(Magee Woman's Hospital)에서 임신 기간이 상당히 진행되었다는 이유로 거절당했다. 그 병원의 담당 의사는 임신 25주로 진단했는데 후에 그 여자는 강간당했던 것이 아님이 판명되었다.

그후에 낙태는 펜실베이니아 주 피츠버그 소재 웨스트 펜 병원(West Penn Hospital)의 레너드 로페(Leonard Laufe) 박사에 의해 실시되었다. 닥터 로페는 프로스타글란딘 방법을 사용하기로 결정하였다. 프로스타글란딘은 낙태를 시키는 약으로서 그 일차적인 효과는 자궁을 수축시키도록 자극을 주는 것으로, 이 약을 사용하면 흔히 산 채로 태아가 출산된다. 간호사 모니카 브라이트(Monica Bright)는, 그 아기가 낙태된 후 적어도 15분 이상 숨을 헐떡거렸으며 그 동안에 그 아이를 돕기 위한 조처가 전혀 취해지지 않았다고 증언하였다. 브라이트 순회 간호사(circulating nurse)는 자신이 그 태아의 윗가슴과 왼쪽 목 언저리에서 맥박이 뛰고 있는 것을 보았다고 증언하였다. 셜리 포우스트(Shirley Foust) 간호사는 그 아이가 움직이는 것과 그 장면을 보고 있던 다른 외래과의 레지던트 한 사람이 그 아이에게 세례를 주는 것을 자신이 목격했다고 증언하였다. 수간호사인 캐롤 토튼(Carol Totton)은 그 아이가 호흡을 하고 있었으며 맥박이 뛰는 것을 볼 수 있었다고 증언하였다. 마취 담당 간호사와 토튼은 "그 방에 있었던 한 사람이 명령을 내렸지만" 그 아이에게 치사량의 몰핀을 주사하기를 거절하였다.

마취 담당 간호사인 낸시 가스키(Nancy Gaskey)는, 그 낙태는 그 아이가 살아서 태어날 만일의 경우를 대비한 응급 시설이 전혀 갖추어 있지 않은 방에서 실시되었다고 증언하였다.

교육 목적으로 그 전과정을 녹화했는데 녹화된 필름에는 그 아이가 움직이고 있었다. 머시 병원(Mercy Hospital)의 산부인과 과장인 줄리스 리프킨드(Jules Rivkind) 박사는 이것이 참으로 "산 채로 출산"된 것임을 증언하였다.

최초의 출생 기록에 의하면, 그 여아의 몸무게는 1.4킬로그램, 키는 45센티미터였다. 그후 닥터 로페는 병원 기록을 몸무게 1.2킬로그램, 신장 29센티미터로 위조하였다. 고참 간호사인 로이스 클리어리(Lois Cleary)는 이 위조 사실을 목격하였으며, 자신이 보조했던 3,000-4,000여 건의 출생 중에서 자기가 알고 있는 한 원본의 기록을 그와 같이 위조한 예는 결코 없었다고 증언한 것을 그 현장에 있던 한 산부인과 전문의가 입증했다. 태아의 임신 연령은 29-32주 정도로 추정되었다.

젊은 의학도인 존 캐니(John Kenny)는 만일 자신이 닥터 로페에게 불리한 증언을 법정에서 할 경우 좋지 않을 것이라고 닥터 로페의 변호사로부터 협박을 받았다고 증언했다. 그 청년은 만약 증언할 경우 펜실베이니아에 있는 어떤 병원에서도 인턴 과정을 밟을 수 없을 것이라는 말을 들었던 것이다. 또 그 청년은 의사 자격증도 얻지 못하게 될 것이라고 협박받았다.

편집자 주(독자들이 판단하기 바란다) — 닥터 로페는 그 태아가 자신이 산모의 배꼽 주위에 있는 동맥에 압박을 가했을 때 입은 손상으로 인해 뇌사 상태였다고 주장함으로써 석방되었다.[31]

---

[31] "You Be the Judge," *National Newsline*, February 1975(Dayton, Ohio : Nurses Concerned for Life, Inc.).

생물학 실험실에서 "창조된" 수정체는 자궁에 이식했을 경우 성장과 발달이 가능하기 때문에 특별한 문제를 일으킨다. 이 살아 있는 수정체의 처리 문제는 윤리적이며 도덕적인 관심을 불러일으킨다. 시카고 대학 생물학자인 레온 카스(Leon Kass) 박사는 다음과 같이 생각하고 있다.

> 누가 무엇을 폐기 처리의 근거로 결정하겠는가? 뜻도 없이 생겨난 그 수정체를 갖기를 원하는 수령인이 있을 경우는 어떻게 하겠는가? 그 수정체들은 누구의 수정체인가? 그 여인의? 그 부부의? 유전 학자의? 산부인과 의사 아니면 포드 재단의 것인가? 실험실에서 자라난 수정체의 폐기 문제는 오로지 의사와 수정시킨 시술자들만의 문제라고 말할 수 있겠는가? ……우리는 기술로 자연을 정복하기 위해 상당한 대가를 치러 왔지만, 그것은 자연을 단순히 우리의 조작과 착취와 변형의 재료로만 바라봄으로써 빚어진 지성적이며 영적인 측면의 대가만큼은 높지 않다. 현재 집약되고 있는 생물 공학의 맹위로 말미암아 이와 유사하게 우리의 인간관이 하락하게 될 것이다. 사실상 우리는 사람을 무엇인가 영광스러운 존재 혹은 신성한 존재요, 자유와 존엄성을 지니고 있는 피조물로 여기는 인간관이 침식당하고 있는 현실을 이미 목도하고 있다. 그리고 명백한 것은 만일 우리가 우리 자신을 고기 덩어리로 보게 되면, 우리는 곧 고기 덩어리로 변하게 되고 말것이라는 사실이다.[32]

낙태의 현장이 드러내고 있는 이러한 기본적인 추악성에서 불미

---

[32] Leon Kass, "Discretionary Killing," *Newsweek*, September 20, 1976 에서 조지 윌(George F. Will)이 인용함.

스러운 부작용이 많이 발생하고 있다. 그 가운데 하나는 양자로 들어갈 수 있는 아기들이 점점 더 줄어든다는 사실이다. 더욱더 많은 수의 무자녀 부부들이 계속하여 자식 없이 지내고 있다. 이러한 사실은, 수많은 낙태 시술이 그 시기상 상당히 늦은 시기에 시행되고 있다는 사실, 그리고 출산을 앞둔 산모가 낙태시킬 때보다는 훨씬 적은 육체적인 고통으로 조금만 더 지나 만삭된 후에 정상아를 분만하여 그 아이를 양자로 보낼 수도 있다는 사실을 생각해 본다면 특히 아이러니컬하다고 여겨진다. 이런 식으로 일을 처리하지 않는다는 사실은, 과연 산모가 아직 출생하지 않고 태내에 있는 자기 아기에 대하여 본능적인 집착을 가지고 있느냐 하는 의문을 불러 일으킨다. 산모가 만일 아이를 분만하여 양자로 보낼 경우, 아기와 떨어지게 되어 받게 될 슬픔을 예상하고 있다는 사실-그래서 아기를 잃느니 차라리 그 애를 죽이겠다고 마음 먹는다는 사실-은, 그 어머니될 사람은 낙태론자들이 설득하듯이 자신의 태 속에 들어있는 것을 단순히 원형질 덩어리가 아닌 그 이상의 특별한 존재로 은연 중에 알고 있다는 사실을 입증한다.

분명히 임신 후반기나 출생 후보다는 임신 초기에 훨씬 더 많은 수의 아이들이 버림을 받는다. 임신한 여인이 임신을 어떻게 처리할까라는 자연스러운 생각을 최초로 갖게 될 때, 그 엄청난 낙태의 물결에 자기도 끼어야겠다고 생각하도록 이끄는 주범이 있는데 그것이 바로 이용하기에 잘 갖추어진 낙태할 권리이다. 이와 같은 낙태할 권리와 임신부와의 관계를 개인적인 맥락에서는 다음과 같이 사람들에게 질문할 수 있을 것이다. "만약 당신의 어머니가 당신을 임신했다는 말을 듣고 낙태 권리를 활용하셨다면 당신은 오늘 여기 이 자리에 계셨을 것 같습니까?"

최근 몇몇 지방과 주의 낙태 규정은 여성의 낙태 결정 시기와 실제 시술 시기 사이에 상당 시간을 두어야 한다고 명기하였다. 1978년 3월에 통과된 아크론(Akron) 법령은 그런 법규의 본보기이다. 그와 같은 법규들이 낙태를 금하는 것은 아니지만(낙태 금지는 현재 상태로는 위헌이다), 낙태에 어떤 제재를 가하고 있다. 아크론 법령은 18세 이하의 임신한 소녀들이 낙태를 하려면 낙태 전에 부모에게 통지해야 할 것을 요구하고 있다. 그 법령은 또한 미성년자가 아닌 여성의 경우, 낙태 결과에 대하여 의사의 자문을 늘 받을 것과, 낙태 시술을 결정하고 난 후 적어도 24시간이 경과한 이후에 실시하도록 요구하고 있다. 이와 같은 과정을 거치게 됨으로써 임신부는 성급한 결정에 대하여 철저히 생각해 볼 여유를 갖게 되어 후에 자기의 결정에 후회하는 일이 적어지게 될 것이다.[33]

최근의 성 풍속과 성 개방적인 생활 태도 그리고 가정의 붕괴로 인하여 낙태에 대한 요구가 늘어나게 되었다. 동시에 낙태를 할 수 있게 되자, 우리의 성 풍속과 성 개방적인 생활 태도 및 가정 붕괴가 더욱 심화되기 시작하였다. 이는 그야말로 통탄할 만한 악순환이다. 의학이 보여준 기술 변화도 실로 어마어마한 것이었다. 현재까지 누적된 의학 지식의 약 90%가 지난 25년 동안 습득된 것이라고 한다. 다만 이와 같은 기술적인 진보와 함께 의료 전문인들 및 사회 일반의 윤리관이 보조를 맞추고 있지 못하다는 사실이 가슴 아플 따름이다.

해마다 낙태 시술 의사들의 손에 1백만이 넘는 태아가 태어나지도 못한 채로 죽어가고 있다는 사실은, 낙태를 반대하는 사람들이 왜 열성적으로 반대하고 있는가를 설명해 주는 충분한 이유가 된다. 장애 청소년들의 가능성이 수술을 통해 실현되는 것을 보며, 또 그들이 가정에 축복인 사실을 보며, 그들이 얼마나 사랑스럽고 또 사

---

[33] 낙태를 규정하는 아크론 법령은 보스턴 대학 법학도인 마빈 웨인버거(Marvin Weinberger)라는 23살된 정통 유대인이 시 위원회를 통하여 실행하고 주도되었다. 그는 보스턴 법대를 나와서 Citizens for Informed Consent라는 단체를 형성하여 이 법령의 입안과 초기 공청회로부터 시 위원회에서 7 대 6으로 승리를 거두기까지 주도적인 역할을 담당했다.

랑을 베푸는가를 볼 때, 수백만의 정상 태아들이 태어나지도 못한 채로 살해당하고 대규모의 차별을 당하고 있는 현실을 좌시한 채 눈을 감고 있기가 어떤 사람들에게 있어서는 불가능한 일이 아닐 수 없다. 아무리 작은 뱃속의 생명체라 할지라도 그것이 지닌 독특한 인격성, 그 유일무이한 인격성을 경탄해 마지 않는 사람으로서, 태어나지도 않은 인격들에 대한 이유없는 대량 학살을 생각할 때 마음속으로부터 지극히 인간적인 울분이 치솟는다.

마지막 세 가지 문제

첫째, 왜 임신한 여인의 "전인"(全人)을 공정하게 취급하는 낙태 상담자들은 거의 없는 것일까? "왜 아무도 내게 그런 이야기를 해주지 않았습니까?"라는 이 물음은, 낙태를 권장받고 시행한 후 후유증으로 고통당하고 있던 한 소녀가 물은 정직한 질문이다.[34] "왜

---

[34] 한때 Pro-Life Obstetricians and Gynecologists의 회장이었던 매튜 불핀(Matthew Bulfin) 박사는 전에 합법적으로 낙태하고 후에 부인병 환자가 되어 그를 찾아온 300명 이상의 환자들에 대하여 연구를 했다. 그는 이처럼 선택한 환자들에게 질문하는 설문지를 개발했다. 여기에 그가 알게 되었던 사실들이 있다.
  여성들은 거의 대부분 낙태하는 것이 불법이라면 낙태하지 않을 것이다.
  90퍼센트의 여성들에 있어서, 의사가 명백하게 낙태하는 결정에 개입한 일은 없다.
  여성들은 대부분 낙태를 시술한 의사의 이름조차 몰랐다.
  환자들은 거의 대부분 낙태의 위험 혹은 장차 임신에서 생길지 모르는 위험에 대하여 의논을 나눈 적이 전혀 없는 듯하다.
  낙태를 시술할 때 취하는 실제적인 골반 검사에 이르기까지 철저한 검사를 받았다고 인정한 환자는 아무도 없었다.
  낙태 후에 복잡한 일이 일어나면, 여성들은 대부분 의사의 이름을 알지 못한다거나 그 의사를 전혀 신뢰하지 않았다고 알려오며, 따라서 보통 자기 부인과 주치의에게 전화하거나 가장 가까운 근처 병원의 응급실로 달려갔다.
  불핀 박사는 이렇게 묻곤 했다. "낙태할 때 인간 생명을 파멸시키고 있는 것을

아무도 가슴에 안겨들 자식이 없는, 그런 어머니가 되고 말 것이라고 내게 말해 주지 않았죠?" "왜 아무도 낙태 때문에 몸에 입을 수 있는 상처로 앞으로 임신이 불가능하게 될지도 모른다고 이야기해 주지 않은 거예요?" 이 외침은 추상적인 학술 토론에서 제기된 순 이론적인 질문들이 아니다. 낙태 상담자들은 신체상의 위험, 정서적인 결과, 심리적 영향 등에 관하여 거의 함구하고 있다. 그들은 앞으로 무슨 일이 벌어질지, 어떤 사태가 개입하게 될지를 거의 이야기해 주지 않는다.[35]

어떤 식으로든 느꼈는가?" 그러나 그는 이 질문을 하지 않는데 그 이유는, 너무 많은 환자들이 눈물을 흘리거나 그가 종교적 편견을 강요하려 한다고 생각하고서는 당황해 하기 때문이다(*Newletter* : Pro-Life Obstetricians and Gynecologists).

[35] 미국에서는 낙태가 여성에게 미치는 영향을 잘 알게 해줄 통계를 얻기가 매우 어렵다. 1973년 대법원 판결은 병원설립 인가 단체의 심사를 받지 않고서 자유롭게 진료소를 세울 수 있도록 만들었는데, 이 판결은 위에서 말한 목적에 유용한 통계가 손실되는 데 기여하고 있다. 보건교육복지성은 1978년에 "중간 보고서"를 제출했는데, 이 자료에 따르면 한번 낙태한 경험이 있는 여성은 그 다음 임신 때에 85퍼센트라는 높은 "자연 유산율"을 보였다.

영국 국립보건성은 우수한 기록을 갖추고 있고, 미국보다 좀더 길게 낙태 요구 업무에 종사하여 왔다. 이 기록들은 사생아, 성병, 매춘, 임질에서 오는 골반염증, 전에 낙태한 산모의 불임, 이어지는 자발적인 낙태와 유산이 늘어갔음을 보여주었다. 수정체가 태반이 아닌 나팔관에 착상되는 임신으로 긴급한 개복 수술이 필요한 자궁외 임신(Ectopic pregnancy)은 낙태가 자유화된 후에 두 배로 늘어났다. 전에 낙태한 경험이 있는 영국의 여성의 조산율은 낙태하지 않은 여성보다 40퍼센트가 높았다.

1976년 5월자 *British Medical Journal*은 리처드슨과 딕슨이 쓴 "이어지는 임신에 미치는 합법적 낙태의 영향"(The Effects of Legal Termination on Subsequent Pregnancy, May 29, 1976, pp. 1303-04)이라는 논문을 실었다. 바바라 시스카(Barbara J. Siska)는 리처드슨과 딕슨의 통계를 이용하여, 어떤 해에 낙태한 백만 명의 미국 여성에게 낙태가 어떤 영향을 주는지에 대하여 연구했다(*Newletter of National Right to Life Committee*, Summer 1976). 리처드슨과 딕슨이 제시한 그런 작은 표본으로부터 행한 연구라서 그저 대체적인 평가를 내리는 데 그치겠지만, 낙태로 생기는 문제가 얼마나 많은지를 드러내는 데는 충분하다. 왜냐하면 백만 명 중에서 낙태한 약 430,000명의 여성들은 전에 아이를 출산일까지 임신하고 있

우리는 한 사람의 인간으로서 살아갈 기회를 박탈당한 채 낙태된 인간에 대해서도 물론 심각하게 생각해야 되겠지만, 또한 어떤 경우에는 비통하게, 어떤 경우에는 고통스럽게, 또 어떤 경우에는 극도의 슬픔을 당하는 "낙태시킨 어머니," 자식을 잃은 어머니에 대해서도 동정과 연민을 가지고 고려해야 한다. 선택의 내용이 과연 무엇인가를 명확히 밝혀 주지 않는 것은 불공평한 일이다. 임신한 여인에게 몇 시간 또는 단 하루만 병원에서 지내면 문제는 말끔히 해결되며, 자유로운 사람으로 문을 박차고 나가게 될 것이라고 말하는 것은, 지금 어머니가 되어 있는 여인들의 인간다움을 능멸하는 처사이다. 낙태를 시켰던 수많은 여인들의 경우, 자식은 사라졌지만 "모성애"만큼은 여전히 강하게 남아 있는 것이다.

낙태시키는 것으로 모든 문제가 끝나지는 않는다. 흔히 낙태는 하나의 문제를 다른 문제로 바꾸곤 한다. 이 점에서 문제가 되는 것은 죄책의 실재를 믿느냐 안 믿느냐가 아니다. 사람이 된다는 사실들 가운데 하나는 인간의 비정상성과 그 행위의 잔인성에도 불구하고 여전히 소망과 공포, 소원과 열망이 존재하며, 이와 같은 사실은 모성애라는 한 단어로 묶어 표현될 수 있다. 이러한 감정을 묵살하는 것은 많은 여인들로 하여금 되고 싶지 않은 그런 무감각한 사람이 될 것을 확신하는 태도이다. 그러나 어떤 사람들에게 있어서는 그들에게 아기가 다시 돌아오기를 바라는 갈망이 압도하여 임신했던 처음과 같이 될 수 있다고 생각하는 것은 끔찍한 악몽이 아닐 수 없다. 모든 여인들이 낙태를 원할 것이라고 단정을 내리는

있다 해도 이제는 다시 임신할 수 없으니, 임신할 기회가 없어졌다는 것으로도 충분히 알 수 있기 때문이다. 모든 낙태의 48퍼센트 가량이 아이 없는 여성들의 낙태였으므로, 시스카는 첫 아이를 낙태한 478,000명의 여성에 대하여 다음과 같이 말했다. "88,000명이나 되는 많은 여성이 '원하던' 아이를 갖지 못하게 될 것이다. 1974년의 정상아의 사망률(천명당 16.7명)을 고려해 넣는다면, 26,000명의 아이들은 어머니가 전에 낙태했다는 이유만으로 죽게 될 것이다."

것―낙태를 시켰던 어떤 어머니들이 지니고 있는 매우 실제적이고 현실적인 문제들을 설명해 주지도 않고, 단편적인 충고만 늘어 놓는 것―은 향락에 도취된, 겉만 번지르르한 친절이라는 강보에 싸인 잔인성이다.

둘째, 낙태는 "로마 카톨릭의 문제"만이 아니다. 이 사실은 강조해야만 한다. 낙태에 편드는 사람들은 종종 로마 카톨릭 교회만이 낙태에 반대한다는 생각을 전달함으로써 낙태에 반대하는 사람들의 반대를 극소화하려고 한다. 우리는 로마 카톨릭 교회가 수시로 대외적인 발언을 해왔다는 점을 긍정적으로 생각해야만 한다. 그러나 동시에 마치 낙태가 "종교적"인 문제인양 극소화하려는 입장을 받아들여서는 안 된다. 낙태는 종교적인 문제가 아니다.

지금까지 이러한 공격 노선은 몇몇 변호사들이 취해 온 방법으로서 그들은 낙태가 오로지 로마 카톨릭에서만 문젯거리가 되는 것이므로 정교 분리의 원칙에 위배된다는 근거로 의회와 법정이 토론에 가담하는 것을 전적으로 배제시키고자 한다. 그러나 이 문제는 "종교적 입장에 따라 나누어지는" 문제가 아니며 또 정교 분리와도 무관한 문제이다.[36]

---

[36] 해럴드 브라운(Harold O. J. Brown)은 교회와 정부의 분리에 대하여 다음과 같이 말했다. "수정 제1조에 나오는 '종교의 설립에 관하여'라는 구절이……국가 종교나 교회의 설립을 금한다는 뜻 말고 다른 뜻을 가지고 있다고 진지하게 주장할 미국 역사가는 없을 것이다"(사실상 이 수정 제1조는 주(州) 교회의 설립을 금하지 않는다. 즉 매사추세츠 주와 코네티컷 주가 수정 조항을 채택하는 때에 주 교회를 가지고 있었으며, 그 후로 많은 세월 동안 주 교회를 가지고 있었던 것과 같다. 따라서 권리장전에 들어있는 연방 권력의 제한들은 개별 주까지 적용될 수 있도록 확장되었던 것이다. 그러나 수정 제1조가 주에 적용되었던 때라 하더라도, 이 수정 조항은 마치 연방 정부가 국가 교회를 설립할 수 없듯이 그저 어떤 주도 주 교회를 설립할 수 없다는 뜻이다. 이 조항은 확실히 그 개념으로 보아 공적인 법률이나 정책 가운데서 교회나 기독교의 확신이나 통찰력을 반영할 수 있는 것이 없다는 뜻은 아니었다〈참조 Harold O. J. Brown, "The Passivity of American Christians," *Christianity Today*, January 16, 1976〉).

태어나지 않은 아이의 인간성의 문제는 다양한 종교적인 배경을 망라하여 많은 사람들이 제기하는 문제이다. 그리고 다행히도 전혀 종교를 갖고 있지 않은 수천의 사람들이 제기하고 있는 문제이기도 하다. 1978년 1월 25일자의 인터내셔널 헤럴드 트리뷴(*International Herald Tribune*)지에 실린 한 사진은 낙태의 확산을 규제하고 방지할 수 있는 주의 권한을 제한시킨 대법원의 결정 5주년을 맞이하여 항의 데모를 보여 주고 있다. 가장 눈에 띄는 피켓에 쓰여진 글씨는 "우리 엄마가 원하지 않았더라면 나는 이 자리에 없었을 거예요. 고마워요, 엄마!"(IF MY MOM DIDN'T CARE—I MIGHT NOT BE HERE—THANKS, MOM!)이다. 이 피켓을 들고 있는 소녀가 반드시 종교적이어서 그 글을 써서 들고 다닌 것은 아니었다. 그 소녀가 바랐던 모든 것은 자기가 낙태당하지 않았다는 것이었다. 민주적 과정을 통하여 그녀를 대표하고 있는 국회의원들에게 생명과 죽음에 관한 자기의 견해를 밝히고 법정에 말할 수 있는 권리는 종교가 아니라 오로지 그녀가 미합중국의 시민이라는 사실에 있는 것이다. 낙태는 종교의 문제가 아니라 인간의 문제이다!

노예 문제가 단지 노예 소유주만의 문제가 아니라 그 이상의 문제였듯이, 낙태는 여성 운동가만의 문제가 아니다. 여성 운동가들이 낙태 관철을 자신들의 문제로 내세우면서부터 낙태는 여성 운동가들의 문제인양 비쳐지고 있다. 그러나 양자 사이에 본질적인 관계가 있는 것은 아니다. 아직 태어나지 않은 태아들의 운명은 전(全)인류의 운명에 관한 문제이다. 우리는 모두 한 가족, 한 인류의 가족이다. 만약 그 가족의 일부의 권리가 부정된다면, 그것은 우리들 각자와 관계되어 있다. 현재 이 문제는 다름 아닌 자유와 인권의 핵심에 해당하는 것이다.[37]

---

[37] 점점 많은 여성 해방론자들이 낙태 상황의 실상들을 불쾌하게 생각하고 있다. 그런 집단으로 착취당한 여성 모임(Women Exploited)이 있다. 이들의 지도자인 산드라 하운(Sandra Haun)은 펜실베니아 입법부 앞에서 다음과 같이 증언했다. "우리 조직원들은 모두 낙태를 했고, 아주 뒤에 가서야 우리의 결정이

셋째, 1973년 1월 22일 미연방 대법원이 낙태에 관해 결정을 내릴 때, 판사인 블랙먼이 대법원의 견해를 발표했다. 그가 발표한 의견서의 첫 단락의 타이틀은 "고대의 태도"(Ancient Attitudes)였다. 이 처음 단락에서 블랙먼은 기독교 이전의 법으로 소급하여 논의하였다. 그는 다음과 같은 견해를 피력하였다. "그리스와 로마 법은 태아에 대한 보호를 전혀 하고 있지 않았다. 몇 군데에서 낙태 행위가 기소되고 있지만, 그 기소는 자기의 소생에 대한 부권(父權)의 침해라는 개념에서 비롯된 것으로 보인다. 고대 종교는 낙태를 금지하지 않았다." 이처럼 블랙먼 판사는, 그의 첫번째 요지에서 자기의 견해를 기독교 이전의 그리스 로마 법에 근거하여 밝히고 있다. 이 의견서를 읽은 대부분의 사람들은 출생 후의 아이들에게 미칠 필연적인 결과를 깨닫지 못했다. 로마 법은 낙태만이 아니라 영아 살해도 허용하고 있었다. 이에 대하여 생각해 볼 때 우리로서는 다음과 같이 자문하지 않을 수 없다. "이제 이 문이 활짝 개방되었으니 영아 살해가 사회적으로 용인되고 마침내 그것이 법률화되기까지는 과연 얼마나 걸릴까?"

잘못이었음을 깨닫게 되었습니다. 우리는 용기를 얻어 성급하게 결정을 내렸지만, 이제 우리는 그런 결정을 따라 살 수 없음을 발견하고 있습니다. 우리는 속았고, 고의적으로 잘못된 정보를 받았던 것입니다."

제 2 장

영아 살해

영아 살해(infanticide)는 아직까지 합법화되지는 않았다. 하지만 정말로 자기가 영아 살해를 실행하고 있다고 스스로 인정하고 있는 의료인들이 저명한 학술 잡지에 공공연히 고백하는 데까지 이른 것에 대하여 법은 기이하게도 침묵하고 있다. 영아 살해는 태어난 아이를 죽이는 행위인데, 어떤 사람의 신체의 일부에 직접적인 행위를 가하여 죽이는 행위나, 영양 공급과 같이 아기의 생존에 필수적인 일상의 보호를 거부하여 죽이는 행위이다. 그 행위가 직접적이든 간접적이든 그것이 영아 살해라는 점에서는 전혀 차이가 없다. 어떤 방법이든지 아이가 죽는 것은 마찬가지이다.

영아 살해의 기술을 의료 전문인들에게 교육시키기 위한 첫번째 노력으로는 이 미국 땅에서 우리가 아는 한 누가 살아남을 것인가? (*Who Shall Survive?*)라는 제목을 붙인 기록 영화가 있었다. 이 필름은 1972년 존즈 홉킨즈 대학의 의과 대학 및 부속 병원에서 제작한 것으로, "무관심"에 의해 죽어가도록 버려진, 다운 증후군(Down's syndrome, 흔히 몽골리즘이라고 부른다)을 지니고 태어난 신생아를 보여주고 있다. 이를 더 정확하게 표현한 말은 "굶겨 죽인다"일 것이다.

선천적 결함을 교정받은 다음에, 다시 사회에 들어와 생활하고 있는 아동들과 더불어 수고한 경험이 전혀 없는 사람들은, 흔히 그러한 결함을 지닌 유아들의 인생은 불행하거나 비참할 것이 뻔하기 때문에 그 아이들을 죽도록 버려두거나 심지어 죽도록 "장려"해야 한다고 말한다. 그러나 신체적인 무능력과 불행이 반드시 함께 따라다니는 것은 아니라는 사실을 항상 주시해야 할 것이다. 가장 불행한 아이들 가운데 어떤 아이들은 그 신체 기능이나 정신 능력이 모두 말짱한 반면, 가장 행복한 아이들 가운데 어떤 아이들은 우리 같은 사람들 대부분이 도저히 견디기 어려울 것 같은 장애를 지니고 있다.

그 같은 상황에 대한 우리의 의무는 그러한 아이들과 그 부모들이 직면하게 된 문제들을 해결할 대안을 제시하는 일이다. 도덕적으로 보나 논리적으로 보나 영아 살해는, 우리가 수용할 수 있는 대안이 될 수 없다. 현대의 기술적 창조력에도 불구하고 우리는 형식적인 교육과 여가를 이용한 활동을 벌여, 그와 같은 아동과 청소년들을 돕기 위하여 할 수 있는 일의 초보적인 일만 행하고 있을 따름이다.

무엇이 다른 사람의 "행복"을 이루고 있는지 누가 알 것인가? 그리고 온전하지 못한 아동들이 재활하는 데 성공을 거둔 사람들에게 돌아오는 보상과 만족은 어떤가? 좀더 강인한 성품, 동정심, 타인의 어려움에 대한 깊은 이해심, 창조력, 그리고 좀더 깊은 가족의 유대 의식 등, 이 모든 것은 선천적 장애를 가지고 있는 아동을 되살린다는 소위 사회적 책임감이 있는 곳에서 생길 수 있으며 분명히 생긴다.

영아 살해에 대한 전문 의학계의 견해

영아 살해는 지금 현재도 이 미국 땅에서 행해지고 있는데, 가장 통탄할 사실은 언제나 아동의 생명 보호의 대변자 노릇을 해왔던 전문 의학계의 담당 분야가 바로 그 일을 저지르고 있다는 점이다. 서구의 전문 의학계의 성숙한 견해는 기독교적인 합의에서 성장했으며, 지금까지 살펴보았다시피 그 견해는 고대 로마의 풍습과는 뚜렷하게 대조를 이루고 있는 것이었다. 의학계가 지니고 있었던 전통적인 견해는 엥겔버트 던피(J. Engelburt Dunphy)와 로버트 자카리(Robert D. Zachary)와 페터 폴 리크함(Peter Paul Rickham)이 잘 진술하였다. 던피는 현 미국 외과 학계의 위대한 스승 가운데 한 사람이다. 자카리는 영국에 있는 쉐필드 아동 병원에서 소아 외과 수석 고문으로 재직중이다. 그는 이분 척추(spina bifida : 척추관이 선천적으로 등쪽으로 열린 척추열〈脊椎裂〉의 한 형)와 그로 인한 합병증인 정형외과적 결함(orthopedic defects)과 수두증(hydrocephalus)의 교정 수술 발전의 선두 주자이다. 리크함은 취리히 대학교의 소아 외과 담당 교수로서 신생아 외과 수술과 중환자 치료(intensive care)를 발전시킨 개척자이다.

던피는 1976년 매사추세츠 의사회(Massachusetts Medical Society)에서 다음과 같이 연례 연설을 했다.

> 우리는 생명을 파괴할 수 없습니다. 우리는 수두증을 앓고 있는 아이를 사람이 아니라고 간주할 수도 없으며, 병든 짐승 버리듯이 그 아이를 처리하는 책무를 담당할 수 없습니다. 만약 우리 의사회에 이런 조치를 취하는 것이 나쁜 일이 아니라고 생각하는 사람이 있다면, 그런 사람들은 권력자들이 불구자와 장애자를 비롯하여 자기들에게 지적으로 찬동하지 않는 사람들까지 모두를 비인격체로 취급하여 날마다 죽여버리는 전체주의 국가에 가서나 일하도록 하십시오.
> 역사는 "사망 희망서"(the living will, 불치병으로 식물 인간이 되느니 차라리 자연사를 원한다는 문서 - 역자주)

에서 "죽음의 제어"(death control)와 사상 통제(thought control)로, 그리고 마침내는 노예로 또는 지배 민족으로 선택받은 자들 이외에는 모든 사람들을 조직적으로 제거하는 일에 이르는 데는 놀라울 정도로 극히 짧은 거리임을 명백히 보여주고 있습니다. 우리 의사들은 죽음에 대한 결정이 "객관적인 전문가들"로 구성된 심사 위원회나 대형(代兄)에 의해 내려지는 동안, 악의는 없지만 거의 불필요한 "사망 희망서"의 도움으로 사형 집행인이 되는 일이 없도록 유의해야 합니다. 1984년은 그리 멀지 않았습니다!

1976년 7월 9일 영국 쉐필드 소재 영국 소아 외과 의사 연맹(the British Association of Pediatric Surgeons)에서 행한 포어셸 강연(Forshall Lecture)에서 로버트 자카리는 다음과 같이 말했다.

> 본인은 우리가 담당해야 하는 환자들이 어리건 작건간에 성인 정상인을 돌보는 것과 똑같은 배려와 전문적인 도움을 받아야 한다고 생각합니다. 환자가 작다고 해서, 자기를 위한 이야기를 할 수 없다고 해서, 인종이나 신조나 피부색이나 가난 때문에 우리가 차별할 수는 없습니다. 아기가 작기 때문에, 그리고 새로 태어났으며 부모와 아직 친밀한 관계를 맺지 않았다는 이유로, 또는 실제로 영아 자신은 생명을 빼앗기면서도 자기가 무엇을 잃고 있는지 모르기 때문에 그 부모는 손해를 덜 보아야 한다는 주장에 흔들려서는 안 된다고 생각합니다.

자카리는 다음과 같이 논평하면서 자신의 강연을 마쳤다.

> 현대 사회는 가난한 자, 병든 자, 장애자와 같이 형편이

그다지 좋지 않은 사람들에 대해서는 몇 가지 면에서 상당히 배려를 하고 있습니다. 그러나 제 생각으로는 신생아들에 대해서는 자주 불공평하게 대해 왔다고 생각됩니다. 우리는 힘이 닿는 한 신생아들의 복지를 위하여 먼저 관심을 기울여야 할 것입니다. 그들은 바로 우리의 환자들입니다. 인생을 출발하는 신생아의 전투에서 그 아이를 가장 잘 보호해 줄 수 있는 것은 바로 소아과와 신생아과 의사들의 손길일 것입니다.[1]

영국 쉐필드 아동 병원 설립 일백 주년 기념식에서 리크함 교수는 "시계추의 운동"(The Swing of the Pendulum)이라는 제목의 강연에서 다음과 같이 연설했다.

앞으로 특히 오늘날과 같은 사회에서 과연 얼마나 많은 정상적인 신생아들이 행복하게 살게 되겠습니까 ? 신생아

---

[1] 로버트 자카리가 일하고 있는 쉐필드 아동 병원에서 소아과 의사 존 로버(John Lorber)는 이분 척추와 그로 인한 합병증에 대한 수술 결과에 실망하고서, 미국을 방문하여 심각하게 해를 입은 희생자의 적어도 20퍼센트에 대해서는 수술하지 말 것을 미국 의사들에게 고려해 보라고 권하고 있다. 로버는 1959년부터 1963년까지 열성적인 치료를 받았던 323명의 아이들 가운데서 고작 7퍼센트만이 정상이라고 주장한다.

존즈 홉킨즈 의과대학의 존 프리만(John M. Freeman) 교수는 특별히 이 견해를 반박했다. 프리만은 1963년과 1968년 사이에 펜실베이니아 대학에서 치료한 171명의 이분 척추 환자를 잇따라 언급했다. 흉요부 장애(thoracolumbar lesion)를 가진 아이들 가운데 42퍼센트의 지능 지수가 80이나 그 이상이며, "종종 부목이나 목발을 하고 있음에도 불구하고" 돌아다닐 수 있다. "그래서 로버 박사가 우리에게 믿게 한 것만큼 전망이 그리 나쁜 것은 아니다"고 프리만 박사는 말했다.

이분 척추 환자들은 치료를 받지 않으면 곧 죽는다고 자주 보고되었다. 그러나 사실은 그렇지 않다. 치료받지 못한 환자의 60퍼센트 가량이 한 달 가량 살며, 45퍼센트는 두 달을 살며, 19퍼센트는 1년, 16퍼센트는 2년을 산다. 치료받지 못한 아이들이 곧 죽지는 않더라도 천천히 죽어 가는 것이며, 여러 달 여러 해가 지나도 살며, 때로는 아주 오래 산다.

들 가운데서 선별하지 않는다면 우리는 인구수를 인위적으로 증가시켜 불행한 장래가 초래할 것이라고 주장할 수도 있겠습니다만, 현재까지 그 어떤 경우를 봐도, 이 주장을 확신할 만한 내용은 없습니다. 결론적으로 의사가 다루는 것은 개별 환자이지 통계학적 가능성이 아닙니다. 또한 중대한 육체적, 정신적 장애를 지닌 아동이라 할지라도 행복, 공포, 감사, 사랑과 같은 정서가 있으며, 따라서 그런 아이를 돌보는 것도 가치 있는 일이라는 사실이 지적되고 있습니다. 또한 엄격한 의미에서 선별이란 자원의 제한을 의미한다는 주장이 있습니다. 왜냐하면 자원을 적절히 활용함으로써 이러한 아동들과 그 부모들을 상당히 도와줄 수 있기 때문입니다. 저개발 국가들에는 이러한 자원들이 존재하지 않습니다만, 선진국에서는 인류 전체를 위한다는 매우 의심스러운 목적을 위하여 거대한 양을 정부가 소모하고 있어서, 결국 아동을 선택하는 일을 한다할지라도 반드시 가장 적합한 자에게 가장 많은 노력을 쏟는 것은 아닐지도 모른다고 주장할 수 있습니다.

영국의 국립 보건성(National Health Service in Great Britain)의 출발과 관계 있는 인물이었던 버켄헤드(Birkenhead)의 코헨(Cohen)경은, 정신적으로 결함이 있거나 간질병이 있는 영국 아동들을 살해할 수 있는 가능성에 관하여 다음과 같이 말했다. "그런 아동들을 헌신적으로 돌보면서, 사람들에게 있는 가장 좋은 모든 장점을 나타내는 사랑과 헌신을 목격한 의사라면 아무도 이 견해에 찬동하지 않을 것이다."

1975년 소노마 회의(Sonoma Conference, 캘리포니아에서 개최)는 신생아 중환자 치료에서의 "신생아 집중 치료에 대한 윤리 문제"(Ethics of Newborn Intensive Care)라는 제목으로 약 193

페이지에 달하는 보고서를 발표하였다. 이 회의에서 "자활 능력이 있는 영아를 죽이는 일에 직접 개입하는 것이 옳은가?"(자활 능력이 있는 영아〈A self-sustaining infant〉란 어떤 전문적인 도움 없이도 살아갈 수 있는 아이를 말한다. 이 말은 곧 그 아이가 정상적인 영양 공급만으로도 살 수 있다는 뜻이다)라는 이 질문에 20명의 토론 참가자 가운데 17명이 찬성했다. 우리 시대를 나타내는 표지 가운데 하나로 그 토론에 참가했던 비의학계 인사들, 생물학자들을 포함하여 많은 법률가들, 간호사, 사회사업가, 사회학자, 인류학자, 철학자들이 어린 아이를 기계 위에 올려 놓지 않는 행동과 어린 아이에게 먹을 것을 주지 않는 행동 사이에 전혀 다른 점이 없다고 보는 사실을 듣게 된다. 죽어가고 있는 아이를 죽도록 버려 두는 행위와 실제로 살아 있는 아이를 굶겨 죽이는 행동이 그들에게 있어서는 마찬가지였다. 토론에 참가했던 의사들은 스스로 그와 같이 아이를 직접 죽이는 일은 주저되지만 다른 사람이 그렇게 하는 것은 막지 않겠다고 말했다. 이것은 전적으로 상대주의이다. 가치는 전적으로 주관적인 것이며 상황에 따라 변할 수 있다.

소아과 의사들이 많이 읽는 월보인 페디아트릭 뉴스(*Pediatric News*)지는 1975년도 소노마 회의 보고서에 대하여 세 명의 의사들에게 몇 가지 질문을 제기했다. 페디아트릭 뉴스지는 1977년 4월호의 상당 부분을 그 답변을 싣는 데 할애했다. 이 답변들은 이 문제가 지니고 있는 의미에 대한 토론에 있어서 매우 중요하다. 이 대답들은 우리 모두를 위한 미래의 기초를 형성할 수 있는 그 무엇에 대한 그릇된 답변이었다.

질문을 받은 의사들 가운데 한 사람은 보스턴 산부인과 병원(Boston Hospital for Women)의 조지 라이언(George M. Ryan) 2세 박사였다. 그는 다음과 같이 말했다.

> 가장 어려운 문제는 자활 능력이 있는 영아를 죽이는 일에 직접 개입할 권리가 있느냐의 문제임이 분명합니다.

무의미한 생명을, 기술을 써서 인위적으로 연장시키는 일을 중단시키는 것은 비교적 쉬운 일이라 사료됩니다. 그러나 이러한 기술적인 도움이 없이도 살아가고 있는 유아를 적극적으로 죽인다는 것은 제가 보건대 부조리한 일입니다. 이러한 행위는 "치료자"라는 의사의 개념과 갈등을 일으키는 것이기 때문에 본인의 생각에는 그와 같은 결정이 의료 전문인들에게 맡겨져서는 안 될 일이라고 생각됩니다. 분명히 의사가 환자의 육체적인 의료상의 상태에 대하여 진단할 수 있으며 개인이 인간으로서 가지고 있는 어떤 잠재 요소들을 예견할 수 있습니다만, 그러나 이 점을 넘어서서 의사에게 사회의 나머지 사람들은 얻을 수 없는 그런 어떤 특별한 재능이 있거나 훈련을 받아서 오류 없는 결정을 내릴 수 있는 능력이 있는 것은 아닙니다. 그와 같은 결정을 내리는 어떤 집단이 있다 해도 그 지혜마저 미심쩍을 따름입니다.

이러한 상태가 얼마나 불합리한가에 대한 라이언 박사의 말에 우리는 분명히 찬성한다. 비록 의사가 치료상 보통의 환자는 얻을 수 없는 어떤 지식을 분명히 지녔다 할지라도 독점적으로 무오류의 결정들을 내리지는 못한다는 사실에 역시 동의하는 바이다. 중요한 점은 그 어느 누구도 자활 능력이 있는 영아들을 살해하는 결정을 내릴 수 없다는 것이다.

세 명의 의사들 가운데 다른 한 사람도 소노마 회의의 결정에 대한 그의 견해를 밝혀 달라는 요청을 받았다. 그 당시 아메리칸 대학의 산부인과 학장이었던 신시내티의 슈미트(R. T. F. Schmidt) 박사는 전통적인 도덕과 윤리 기준에서 답변했다. 그는 "이십 명의 전문 토론자들 가운데 열일곱 명이 어떤 조건 아래서는 심각한 결함 있는 영아들을 죽여야 한다고 믿고 있다는 사실이 심히 혼란을 일으킨다. 이러한 입장은 인간 생명의 본래적 가치에 대한 전통적 개념을 혼란스럽게 만드는 것일 뿐만 아니라 서구 문명의 기초들을 무너뜨릴 가능성이 있다"고 했다.

슈미트 박사는 소노마 회의에 참석한 대부분의 사람들이 건전한 생각을 하고 있다고 조심스럽게 지적하면서, 그러나 영아 살해의 문제는 특별히 고려해야 할 가치가 있는 지극히 중요한 문제라고 말했다. 그는 다음과 같은 말로 자신의 말을 매듭지었다.

> 끝으로 이 문제는 완전 또는 불완전의 어떤 상태가 한 사람을 하나의 인격으로 규정해 주느냐에 대한 물음들에 의해 혼탁해져 있습니다. 1973년의 대법원의 결정은 이 규정을 이미 엄격하게 제한시켜 놓았습니다.
>
> 현재의 법률 아래서 우리 사회의 모든 미래의 구성원들의 존재는 (자궁내에서) 한 사람 혹은 기껏해야 두 사람의 개인들의 가치 판단에 따라 결정지어지게 되었습니다. 윤리적 기준에 있어서나 법률적 차원에 있어서나 신생아에 대한 개인적인 가치 판단이 지니고 있는 이 우발성을 확대시킨다면 또 하나의 불길한 상황이 도래할 것입니다.

살인 결정

한때 필라델피아의 성 크리스토퍼 병원의 원장이기도 했으며 윤리학자요, 저명한 소아과 의사요, 교육자인 빅터 보온(Victor Vaughn) 박사에게는 1977년 의학계의 신문에 실린 머리 기사였던 "영아를 죽이기 위해서는 의사와 부모의 결정이 필요하다"라는 말이 부당하게 들렸겠지만 그와 같은 머리 기사가 실릴 수 있었다는 사실 자체가 우리 존재의 기초를 뒤흔들어 놓기에 충분하다. 이 기사를 읽기만 하면 누구나 부모 가운데 한편에서만 자기 아이를 죽이겠다고 혼자 결정을 내린다든지, 의사가 혼자서 그 부모의 자식을 죽이겠다고 결정하든지 하는 것은 현명하지 못하지만 그들이 합의를 보고서 그런 결정을 내리는 것은 합법적이라고 하는 것을 알 수 있다.

위스콘신 대학교의 법학부와 의학부의 존 로버트슨(John A. Robertson) 박사는 이런 토론을 우리가 현실적으로 보기에 지혜로운 말을 한 것 같다. 그가 한 말은 다음과 같다. "출생시부터 심각한 결함을 지니고 태어난 아이를 치료하지 않을 것을 결정할 경우 누가 유익이 되는가를 결정해야 할 것이다. 결함이 있다고 해서 생명이 아닌가? 질문을 해야 할 사람은 불구로 태어난 그 사람 자신이다." 강조해야 할 구절은 질문을 해야 할 사람은 불구로 태어난 그 사람이라는 사실이다.

우리는 본서를 집필할 준비를 하면서 바로 그 일을 했으며 그 이상의 일을 했다. 우리는 우리 가운데 한 사람이 돌보았던 네 명의 환자들—도저히 생활하기 어려운 선천적 장애를 지니고 태어나서 태어난 그날이나 그 이튿날 수술을 받았던 이들—을 초기 유년 시절에 치명적인 어려움들을 지니게 되었던 네 명의 소년들과 함께 모임을 갖게 했다. 그들은 질문을 받으면 어떤 대답을 해야 하는지 지도를 받은 적이 없었다. 우리는 그들에게 우리가 어떤 다큐멘터리 영화들을 제작 중이며, "인류에게 발생하고 있는 일"(Whatever Happened to the Human Race?)들에 관한 개괄적인 주제를 다룬 책을 집필하고 있음을 알렸다. 우리는 그들이 서로 서너 시간 동안 이야기를 나눌 수 있도록 했다. 그렇게 하여 우리의 계획에 참여할 것을 권유하기에 앞서 편안한 마음을 갖도록 배려했다.

그때 모인 환자들의 나이는 11-30세였다. 그들 가운데 한 사람은 그의 상반신에 심한 선천적 결함이 수없이 많아서 그 교정을 위하여 27회의 수술 과정을 겪어야 했다. 또 한 사람은 식도가 없이 태어나서 결핍되어 있는 기관을 대체하기 위하여 결장을 이식해야 했다. 또 한 사람은 혀에 종양을 지닌 채 태어났기 때문에 수술을 여러 차례 하면서 거의 전부를 절단해야 했다. 선천성 장애를 지닌 마지막 어린이는 식도와 창자와 방광에 큰 결함을 지닌 채 태어났다.

다른 네 소년들은 모두 종양을 지니고 있었다. 그들 중 한 소년은 얼굴 뼈에 양성 종양이 있어서 교정을 위하여 수술을 많이 받았으나 여전히 완치되지 않았다. 나머지 세 명은 각각 부신암, 이하선암, 자궁암을 앓고 있었다.

태어나면서 그들이 지니고 있었던 결함들, 혹은 성장하면서 유년기에 발견된 결함들을 고치기 위하여 그들은 견뎌야 했다. 언제나 고통스러운 의료 행위와 수술 과정에도 불구하고 그와 같은 젊은 이들이 삶의 기쁨에 대하여 어떻게 느끼고 있는지 의심의 여지가 없다. 여기에 그들의 말을 골라 싣는다.

> 출발이 약간 비정상적이었다고 해서 그런 식으로 끝나게 되리라고 생각해서는 안 됩니다. 저는 인간으로 생활하고 있으며 남이 할 수 있는 것도 할 수 있습니다. 저는 정상입니다……
>
> 때때로 어렵긴 하지만 인생은 확실히 살 만한 가치가 있습니다. 저는 멋진 친구와 결혼했습니다. 저는 지금 정말 행복합니다……
>
> 처음에는 수술 후에 학교에 다니는 것이 좀 어려웠지만 약간의 인내와 도움으로 모든 것이 호전되기 시작했습니다. 저는 지금 마취사입니다. 그리고 행복한 결혼을 했습니다. 모든 일이 순조롭습니다……
>
> 저의 수술 과정이나 제가 저 자신에 대하여 그릇되게 생각했던 모든 것들이 가치 있었다고 생각하고 있습니다.

저는 정말로 인생을 즐기고 있습니다. 그리고 저에게 잘 못되어 있는 것들 때문에 자신을 귀찮게 하지 않습니다…….

글쎄요, 저는 제 인생에 하나의 가치를 덧붙였다고 생각하는데, 인생에 대한 감상이라고나 할까요. 저는 매일 아침이 새롭습니다…….

대부분의 문제는 부모님이 수술실에서 고충을 겪어야 했다는 데 있지요. 저는 지금 팔 년째 고등학교에서 교편을 잡고 있는데 그것이 저의 큰 기쁨입니다…….

그들은 사람을 달에 보내기 위하여 수백만 달러를 소모합니다. 제 생각에는 다른 사람의 생명을 구하기 위해서도 반드시 상당한 돈을 써야 한다고 생각됩니다. 사람의 생명도 선물이기 때문에 대단히 중요합니다. 그것은 여러분들이 줄 수 있는 것이 아닙니다. 따라서 여러분들에게는 그것을 거두어 갈 권한이 없습니다…….

저는 정말 저 자신이 장애자라고 생각해 본 적이 없습니다. 인생은 정말 살 가치가 있습니다. 더 무엇을 말하겠습니까?

우리에게는 특별한 친구가 한 사람 있는데 그의 이름은 크레이그(Craig)이며, 스위스 라브리의 학생이기도 하였다. 그는 캘리포니아 주립 대학에서 철학을 공부하고, 현재 커버넌트 신학교에서 신학을 공부하고 있는 신학도이다. 그는 왼편 다리와 두 팔목이 없이 태어났다. 만일 그가 오늘날의 어떤 병원에서 태어났더라면 심한 장애자에게 인생은 살 가치가 없다는 그릇된 가설에 의하여 크레이그는 태어나자마자 죽게 버려졌을 것이다. 그와 같이 심각한 결함을 지니고 태어난 자들은 제거되어야 한다고 말하는 사람들에 대하여 어떻게 생각하느냐고 그에게 물었을 때 그는 이렇게 대답했다(이것은 그의 대답의 일부이다).

> 그 사람들은 자기들이 지금 이야기하고 있는 것이 살인이라는 것을 정말 모르고 있습니다. 제가 태어났을 때 제 아버님이 어머님께 하신 첫 말씀이 "이 녀석은 우리 사랑을 더 많이 필요로 하는 녀석이야"였다는 사실을 나는 알고 있습니다. 장애를 지니고 태어난 사람은 우리의 사랑을 필요로 하며 하나님께서 만드신 바대로의 그의 존재가 되기 위하여 성장하는 일에 우리의 도움이 필요합니다. 장애를 가지고 태어난 사람들은 우리가 그들에게 살아갈 기회, 자기들의 장애를 극복할 기회를 얻기도 전에 자신들을 파괴시킨다고 호소하고 있습니다.
> 저는 살아 있다는 것이 매우 기쁩니다. 저는 충만하고 의미있는 삶을 살고 있습니다. 제게는 많은 친구들이 있으며 살아 가면서 하고 싶은 일들이 많이 있습니다. 핸디캡을 지니고 살아가는 삶의 비결이란 여러분이 누구인가를 깨닫는 것—즉 여러분이 무엇인가 특별한 존재, 특별한 인간이라는 것을 깨닫는 것—이며 여러분의 핸디캡에도 불구하고, 아니 어쩌면 여러분의 그 핸디캡으로 인하여 할 수 있는 일을 깨닫는 것이라고 생각합니다.

20세기 초반에 의과 대학을 졸업한 사람들은 아마도 자신들이 "고통을 덜어주며 생명을 구하도록" 훈련을 받았다는 느낌과 경험 가운데서 배출되었을 것이다. 덜어진 고통은 환자의 고통이고 구해진 생명은 환자의 생명이다. 이러한 기본적인 사상은 다음과 같은 방식으로 안락사 운동의 논조 가운데에서 왜곡되었다. 의사들은 생명을 구해야 하고, 그것이 그들의 직업의 일부이다. 하지만 만약 그들이 구해 내고자 하는 생명이 그 가족의 일부에게 고통을 주게 된다면 의사들은 자신들의 환자를 처리하여 그 고통을 덜어주어야 한다. 이리하여 이상하긴 해도 의사들은 고통을 덜어주고 있으며 생명을 구하고 있다고 여전히 말할 수 있게 되었다. 그러나 한 가정의 복지를 위하여 영아를 살해하는 것은 소아과 의사의 전통적 역할이나 훨씬 최근의 소아 외과 의사의 역할과는 큰 차이가 있다.

낙태, 영아 살해, 안락사는 여자들 및 그들과 직접적으로 관련되어 있는 다른 친척들의 문제만이 아니다. 또한 이 문제들은 더 광범위한 문제들을 다루어 온 소수의 사람들의 전담물만도 아니다. 이 문제들은 전인류의 생사가 달린 문제이며 또 그와 같이 소개되어야 할 주제들이다. 몇몇 집단들이 종종 저급한 인간관을 받아들이라고 여론과 국회의원들에게 압력을 가하면서 그 수단으로 극히 몇 안 되는 극단적인 사례들을 사용하여, 나중에는 극단적인 사례가 아닌 사상과 실천에 대해서도 공감을 불러일으키려 한다. 이러한 사상들과 실천들은 곧 일상적인 관행이 된다. 예를 들어 과거에는 낙태가 한때 대단한 일로 간주되었었지만, 이제는 많은 경우에 있어서 "산아 제한"의 공인된 형식인 것이다.

영아 살해 역시 동일한 유형을 따르고 있다. 이 주장은 소위 식물 인간으로부터 출발한다. 그런 후에 그 주장이 담고 있는 함축적인 뜻을 확장하여 어떤 이유로 원하지 않는 그런 아이는 제거시킬 수 있다는 경향이 따라 나오게 된다.

이와 동일한 방향을 안락사에서 살펴볼 수 있다. 제기되는 논의들은 노인 중에서 "비참한" 사람, 예를 들어 암으로 죽어가고 있는 사람에게 집중된다. 그러나 일단 문이 열리게 되면 노인이 되거나 약해지거나 장애자를 가지게 되어 경제적으로 짐이 되었을 때 이러저러한 구실로 제거당하지 않으리란 이유가 하나도 없다.

처음에는 배척을 당해야 하는 사람을 위로하는 동정의 말을 늘어놓는다. 논의는 곧 "권리"로 옮겨가고 이것이 다시 금새 "나의" 권리에 집중되고 곧장 순전히 "경제적인 이유"에 집중된다. 생명의

영아 살해 77

문제에 대한 논의는 이 논의가 본래 귀속되어야 하는 곳으로 귀속되어야만 한다. 그 문제는 감정의 차원도, 극단적으로 말해서 권리에 대한 이기적인 태도의 문제도, 편의의 차원도, 경제적인 차원도 아니다.[2] 그것은 반드시 옳고 그름의 맥락에서 논의되어야 할 문제

---

[2] 비용 억제(cost containment)라는 말은 오늘날 의학 경제학에서 마술 같은 표현이다. 연방 법률이 모든 시민이 신장 이식을 보류하고 투석을 할 수 있는 권리를 세울 때만 해도 사정이 그렇지 않았다. 그러나 몇 년 지나자, 중환자 치료의 비용이 미국인들이 감당하기에 너무 많다는 계산이 나왔다. 의학 치료 비용과 알콜이나 담배와 같은 불필요한 사치품의 비용을 비교한다면 참을 수 없는 반대자 취급을 당한다. 그럼에도 불구하고 수치는 비교를 하게 만든다.

만일 우리가 미래에 사회적인 짐이 된다면, 우리의 미래는 제한받을 것이라고 확신하는 것이 타당할 것이다. 사회적인 짐이 된다는 것에 덧붙여 우리가 경제적 짐이 된다면, 우리는 가망 없는 존재가 된다.

조산아(혹은 수술을 요하는 선천성 결함을 가지고 태어난 어린 아이)에게 드는 중환자 치료 비용에 대한 토론에서 신생아 중환자 치료에 대한 좋은 소식은 거의 언급하지 않았다는 사실에 놀라게 된다. 우리가 지금 이야기하고 있는 중환자 치료를 하면 한 세대 이내에 신생아 사망률을 절반으로 낮추었으며, 중환자 치료 팀에 있어서 대부분의 아이를 구하는 데 드는 비용은 보통 극단적인 경우에 인용되는 수치보다 훨씬 적었다. (우리 가운데 한 사람이 신생아 수술 일을 맡고 있는) 필라델피아 아동 병원에서는, 의사들과 간호사들과 조무사들의 헌신과 기술이 결합한 중환자 치료의 기술에 전적으로 의존하지 않고서는 우리가 완전히 정상적이고 건강한 어린 아이를 부모에게 이양해 주는 일을 하면서 이룬 결과들을 성취할 수 없을 것이다.

로스앤젤레스 Cedars-Sinai 메디컬 센터의 제프리 포메란츠(Jeffrey J. Pomerantz, M. D.)는 1973년부터 1975년까지 체중 1kg 미만인 75명의 아이들을 연구했다. 그는, 30명의 아이(40퍼센트)가 살았고, 이 아이들 가운데 70퍼센트는 1−3년 후에 신경학적으로나 발육상 정상으로 판정받았다는 것을 발견했다. 그래서 정상인으로 생존한 비율은 28퍼센트였다.

포메란츠는 생존자마다 하루 평균 비용을 계산했는데, 그 비용은 450달러였다. 정상적으로 살아났던 21명으로 그 모든 아이에 든 전체 비용을 나누어보니, "정상" 생존자당 평균 비용이 88.058달러인 것을 발견했다. 심지어 인플레이션을 감안하여 포메란츠는 다음과 같이 결론을 내렸다. "이 결과를 보면 비용을 이만큼 사용할 가치가 있다고 나는 확신한다"(*Pediatrics*, June 1978, *American Medical News*에서 보고한 대로임).

이다.

  필자는 그러면 우리는 어떻게 살 것인가?(*How Should We Then Live*? — 생명의 말씀사 역간)에서 "사회학적 법" — 즉 현사회의 과반수의 생각에 기초하고 있는 법이야말로 현시점에서 최선의 것이라는 주장 — 과 몇 사람이 생각하고 있는 바가 유익한 사회적 결과를 낳게 될 것이라고 주장하는 쪽에 기울어져 있는 편파적인 "사회학적 뉴스"에 대하여 언급한 바 있다. 바야흐로 자의적인 낙태는 생사의 문제에 관하여 "사회학적 치료" — 아직 태어나지 않은 자를 위해서가 아니라 모든 인류의 생명을 위해서라는 — 의 문을 활짝 열어 놓았다.

선천성 장애와 치료

  아동 외과 수술 가운데서 가장 어려운 측면은 도저히 생활해 갈 수 없을 정도의 선천성 장애이지만, 그럼에도 불구하고 출생 후 즉시 적절한 수술 과정을 거치면 교정될 수 있는 선천성 장애자의 치료 문제이다. 우리가 지금 논의하고 있는 장애아는 식도가 없는 아이, 직장이 없는 아이, 탯줄과 함께 창자가 밖으로 흘러나온 아이, 가슴에 구멍이 뚫린 아이, 내장 기관에 여러 가지의 커다란 장애를 지니고 태어난 아이 등이다. 이러한 아이들 가운데 대개는 어렸을 때 수술을 받아 어른이 되어 결혼하고 자기들의 아이를 갖고 있다.

  물론 이러한 장애 아동들을 양육하는 데는 문제가 있으며 경우에 따라서는 나머지 식구들에게 짐이 될 수도 있다. 이 책의 공동 집필자인 쿠프는 삼십오 년 동안 그와 같은 수술을 수천 번 해왔지만, 환자의 가족들 가운데 어느 누구도 "어째서 내 자식의 생명을 구하는 일에 그렇게 열심이십니까?" 하고 묻는 사람이 없었다. 그 환자들이 다 큰 아이나 청소년이 되었을 때도 "왜 선생님은 결과가 온전하지 못하리라는 것을 알면서도 그렇게 고생을 하셨습니까?" 라고 아무도 묻지 않았다.[3]

쿠프는 필라델피아 아동 병원에서 크리스토퍼 월(Christopher Wall)이라는 소년의 수술을 집도한 적이 있었는데, 그 소년은 "심장 일소증"(ectopia cordis — 흉부 밖으로 심장이 드러난 증세)을 지닌 채 태어났다. 심장을 제 위치로 돌려 놓고 양 허파도 제대로 기능하도록 하기 위해서 이 아이는 1,117일에 걸쳐 15회의 다른 수술 과정을 거쳐야 했다. 크리스(크리스토퍼의 애칭)는 이 같은 심장 일소증을 지니고 태어난 뒤 생존하게 된 첫 환자이다. 크리스 월의 경우는 때때로 많은 질문의 대상이 되었다. 어떤 사람들은 "똑같은 돈을 가지고 많은 어린이를 치료하고 돌볼 수 있는데 어째서 당신은 한 아이를 치료하는 데 그렇게 많은 돈을 쓰는 것이 정당할 수 있다고 여기십니까?"라고 의문을 제기했으며, 혹자는 이렇게도 말했다. "그 아이가 대체 어떤 삶을 살고 있습니까? 그 애는 인공 호흡기를 달고 있으며 따라서 결코 집에 갈 수 없지 않습니까? 그 애의 부모는 자기 아들과 거의 무관하게 살고 있습니다. 그 애는

---

[3] 1977년에 비정상아가 부모에게 미치는 영향에 대한 연구가 있었다. 요약하자면, 새로 태어난 몽고증 환자 아이를 가진 30개 가정을 정상아를 가진 30개 가정과 비교했다. 두 집단은 18개월에서 2년 동안 계속 6차례 인터뷰에 응해 주었다. 두 집단의 부모의 정신 건강이나 신체 건강에서 차이점을 거의 발견할 수 없었다.

아주 재미있는 점은, 가정에 몽고증을 가진 아이가 자라고 있는 가족의 경우에는 가정 파탄 비율이 낮았다는 것이다. 그런 아이들을 기관에 맡긴 가정에서는 이혼과 별거 사건이 늘어났다.

작가 앤 개스(Ann Gath)는 다음과 같이 보고한다. "연구에 나타난 거의 절반에 해당하는 몽고증 아이들의 부모들은 슬픔에도 불구하고 더욱 친밀하여진 것을 느꼈고, 그들의 혼인 생활은 함께 당한 비극으로 약해지기는커녕 더 강해졌다. 이것은 (좀더 일찍이 시행한) 학교 다닐 나이 또래의 몽고증 아이들에 대한 연구에서 좀더 나이든 몽고증 아이들의 부모들이 설명한 견해와 비슷하다"(*British Journal of Psychiatry*, 1977, 130 : 405–10).

1975년 버턴의 한 연구에 따르면, 섬유 낭포성 질환(fibrocystic disease)을 가진 아이의 어머니 64퍼센트와 아버지 53퍼센트도 자기들의 문제와 재난으로 배우자와 좀더 가까워지게 되었다고 믿는다는 사실을 알게 된다(참조. L. Burton, *The Family Life of Sick Children*, London : Routledge and Keagan, 1975).

오히려 지난 이 년 동안 그 애를 돌보아 주었던 간호사와 정서적으로 더 친밀하게 지내고 있지 않습니까?"[4]

우리가 명심해야 할 것은 크리스는 1,117일 후에 병원에서 퇴원하여 집에 돌아갔으며 한번에 8시간 정도씩 인공 호흡기를 떼고서 지내고 있다는 사실이다. 아마도 마침내는 인공 호흡기 없이도 지내게 될 것이다. 의사는 유일무이한 한 사람의 생명을 구하기 위하여 하나님 앞에 책임지고 일을 해야 하는 사람이다. 그 일은 청지기직의 문제이다. 의사는 하나님께서 자기에게 주신 은사들을 어떻게 활용해야 하는가에 관하여 책임을 져야 한다. 그러므로 그는 자기에게 맡겨진 목숨에 대해서는 책임을 져야 한다. 그것은 도덕적 원칙의 문제이다.

그러나 설사 우리가 실용주의자들이라고 해도, 우리는 이 세상에 있는 크리스 월과 같은 이들을 의사가 구해야 한다고 여전히 믿을 것이다. 왜냐하면 병원이 어떤 대가를 치르더라도 생명을 구할 태세를 갖춘다면, 이러한 태도는 건강상의 문제에서 평범한 차원에 이르기까지 영향을 미치게 되기 때문이다.[5] 반면에 마음대로 환자

---

[4] 오늘날 세계에서 가장 주목할 만한 의학 업적 가운데 하나는 가르쉐(Garches) 지역에 있는 파리풍의 변두리에서 발견할 수 있다. 여기에 레이몽 포앙카레(Raymond Poincare) 병원은 단기 치료를 목적으로 하며, 한 사설 보조 단체가 각자의 가정에서 이루어지는 450명의 환자 치료를 감독하고 있다.

이 환자들 가운데 어떤 사람은 전적으로 호흡기의 도움에 의존하고 있으며, 다른 사람들은 필요할 때에만 의존하고 있다. 많은 사람들이 고등 교육을 마쳤고, 어떤 사람은 자문하는 중책을 맡고 있다. 이는 병원 직원들과 보조 기술자들, 사설 기관에 대한 정부의 보조, 장애에도 불구하고 성공을 거둔 개인의 의지에 대한 놀라운 보기이다. 이런 일에 비전을 가지고 있던 사람은 하반신 불구의 남자였다.

[5] 사람이 이런 경우들을 이런 식으로 계획하지는 않는다 해도 이런 경우들에서 언제나 고려해야 할 다른 요소는 개인적으로 괄목할 만한 성공 사례에서 배우게 되는 것은 다음에 생기는 수천 명의 환자들에게 유익을 준다는 점이다.

약 10년 전, 작은 창자 전체가 완전히 회저된 신생아가 태어났을 때, 우리 외과 의사 가운데 한 사람은 절망적으로 회저된 부분을 절단한 다음 창자를 봉합했다.

들을 제거할 수 있게 되면 인명을 구하고자 하는 투쟁의 정신은 몽땅 사라진다. 그리고 머지않아 의사나 간호사는 "어째서 어느 누구에게나 그렇게 열심을 기울여야 하는가? 결국에는 우리가 일부러 어떤 환자들은 치료하지 않을 것이요, 또 어떤 환자들은 죽이게 될 것인데……"라고 말하게 될 것이다. 비록 이 사실을 뻔뻔스럽게 표시하지는 않더라도, 수년이 흘러 돌보고 있는 어떤 환자를 죽이는 기관이라면 어디서든지 거기에 있는 모든 환자의 간호를 전적으로 소홀히 하는 그런 일이 서서히 일어날 것이다.

결국 낙태는 산부인과 영역이 이러한 영향을 받고 생겨난 결과임에 틀림없다. 어떻게 같은 산부인과 의사가 자궁에 있는 1,000g의 태아는 파괴하면서 동시에 다른 사람의 자궁에서 분만된 1,500g의 미숙아는 부드러움과 사랑이 필요한 조산아 육아실로 옮길 수 있는지 우리로서는 도무지 이해할 수 없다.

낙태가 합법화된 지난 수년 동안 아동 학대는 대단한 증가율을 보였으며 의사들과 법률가들과 일반 시민들도 사회와 더불어 점차 난폭해지게 되었다. 인간이 점점 잔인해지고 있다는 사실이 의심스럽다면, 신생아의 수술에 대하여 고도의 기술을 가지고 있으며 치료의 결과가 가져올 성과에 대하여 익히 잘 알고 있는 많은 소아외과 의사들이, 선천적 장애를 지니고 태어난 신생아 환자 수술하기를 거절하고 있다는 사실을 한번 생각해 보라. 그 의사들은 그 환자가 죽도록 내버려 두거나 수술시키지 않겠다는 그 부모의 뜻을 그대로 묵인함으로써 그 아이가 죽어가도록 방치하고 있는 것이

이것은 유일하게 가능한 방법이었으나 결국 아이는 생존할 수 없었다. 영아에게 실시한 최초의 전적인 (장〈腸〉이 아닌) 비경구(非經口) 영양 공급 계획을 이 작은 환자에게 시행했다. 이 어린 아이는 첫수술 이후 일년 동안 불행하게도 패혈증에 걸렸지만, 이 사건으로 얻은 지식은 성인들은 물론이고 문자 그대로 세계 수천 명의 아이에게 유익을 끼쳤다. 이 어린 아이에게 실시한 전적인 비경구 영양 공급은 아마도 지난 10년간 두드러진 너댓 가지 의학 업적 가운데 하나가 될 것이다.

다.[6] 지금까지 자신들이 태 속에 배고 있었던 자식을 산산조각내어 긁어내는 일을 "개인의 권리"라고 말하는 엄마들을 생각해 보라. 또 우리 사회가 안고 있는 경제적인 짐들을 제거하기 위해서 자신들이 취해야 할 행동이 어떤 것인가에 대하여 토론하면서, 마치 커피 가격에 관해서 토론하듯이 약자와 노인과 어린 아이와 지체부자유자, 그리고 아직 태어나지 않은 태아—사실 이 사람들은 우리 사회가 전통적으로 보호해 왔던 사람들이다—에 대한 보호를 철폐하는 개방의 문을 활짝 열어 놓음으로써 그 일을 하고자 하는 국회의원들에 대하여 생각해 보라. 사실 이 보호는 우리 서구 문명의 척도였다. 인류에게 어떤 일이 발생한 것일까?

영아 살해의 옹호자들

우리들의 판단으로는 우리를 파멸로 이끌 하나의 추세에 대하여 전문 의학계가 그렇게 일을 벌인다고 말할 수는 없지만, 적어도 묵인하고 있다는 사실은 대단히 충격적이다. 기형아들을 굶겨 죽이는 일에서 드러난 인간성의 상실은 미래의 일이 아니다. 인간성의 상실은 여러 곳에서 지금 현재 공공연히 인정되고 있는 사실이다. 따라서 남아 있는 일이란 점차 이기적으로 되어가는 사회에서 점차 권위적으로 되어가는 정부에게 전적으로 인정받아, 마침내는 경제적인 이유로 강제력을 갖게 되는 일뿐이다.

---

[6] 1975년 미국 소아과 아카데미(American Academy of Pediatrics)의 외과 직원들에게 앙케이트가 우송되었는데, 이 앙케이트는 생명을 위협하지만 외과 시술로 교정할 수 있는 결함을 가진 신생아 치료에서 생기는 윤리적 문제에 대하여 외과 의료인들의 신념과 관행이 어떠한지 조사하기 위한 것이었다.

앙케이트를 해석하는 데 본래 어려움이 있는 것은 인정하지만, 분명한 것은 이 엘리트 외과 의사 집단의 상당수 직원이 신생아를 치료하지 말라는 부모의 소원을 따라 아이들을 그저 (수술 후 두드러지는 예후인 폐색으로) 장폐쇄증으로 죽게 하거나(7.9퍼센트), 몽고증으로 인한 합병증으로 죽게 했다(76.8퍼센트).

1973년 5월 DNA의 이중 나선을 발견하여 노벨상을 수상했던 제임스 왓슨(James D. Watson)이 프리즘(*Prism*)이란 잡지와 인터뷰한 내용이 미국 의학 협회의 간행물에 실렸다. 그후 타임(*Time*)지가 그의 인터뷰를 일반 대중에게 알리면서, 왓슨의 다음의 말을 인용하였다. "만약 태어난 아이가 출생 후 사흘까지도 살아 있다는 것이 분명하지 않을 경우 모든 부모는 현체제상 극히 소수의 사람들에게만 부여되는 선택권을 허락받을 수 있습니다. 만약 부모가 그렇게 하겠다고 선택하고 많은 고통과 슬픔을 면하겠다고 한다면 의사는 그 아이가 죽도록 허용할 수 있습니다. 본인은 이 견해가 합리적이며 동정적인 태도라고 생각합니다."

1978년 1월 퍼시픽 뉴스 서비스(*Pacific News Service*)는 노벨상 수상자의 한 사람인 프란시스 크릭(Francis Crick)의 말을 다음과 같이 인용하였다. "어떤 신생아든지 유전적인 자질을 시험해 본 뒤에 통과되면 사람으로 인정해야 합니다. 만약 이 테스트에서 탈락된다면 살 권리가 없다고 말할 수 있습니다."

오클라호마 대학 및 대학원에서 철학과 인문학을 가르쳤던 밀라드 에버레트(Millard S. Everett) 교수는 아이디얼즈 오브 라이프(*Ideals of Life*)지에 다음과 같이 기고하고 있다. "나의 개인적인 생각으로는―본인은 남에게 내 의견에 동의해 달라고 요구하지는 않는 바이다―마침내 여론이 성숙하게 되면 사회적인 장애를 지니고 있는 아이들은 사회에서 생활하도록 받아들여지지 않을 것이다. 그러한 장애를 들라면 결혼을 할 수 없다든지 혹은 다른 사람들에게 동정심만을 유발시키는 경우를 들 수 있을 것이다." 여기에 덧붙여 그는 다음과 같이 말하고 있다. "이것은 결코 예측할 수 없는 아이가 태어나는 일을 고려한 우생학적 불임 조치뿐만 아니라 안락사까지도 의미하는 것이다."[7]

---

[7] Millard Everett, *Ideals of Life : An Introduction to Ethics and the Humanities, With Readings*(New York : Wiley, 1954). 이것은 David Dempsey가 쓴 *The Way We Die*에서 인용한 것이다.

가장 대표적인 영아 살해 옹호를 표명한 논문은 아마도 167년의 전통을 자랑하는 뉴잉글랜드 의학 저널(*New England Journal of Medicine*)지에 실린 글일 것이다. 1973년 10월 예일 대학교 의과 대학 소아과 담당 교수인 레이몬드 더프(Raymond S. Duff) 박사와 캠벨(A. G. M. Campbell) 박사는 "특수 치료 간호에 따른 도덕적 윤리적 딜레마들"(Moral and Ethical Dilemmas in the Special-Care Nursery)이라는 논문을 썼다.[8]

의사에게 자기들의 의사를 밝히면서 "우리 아이는 살 가치가 없는 상태입니다"고 말하는 부모는 거의 없다. 더프와 캠벨 박사는 그런 경우를 만난 부모들은 스스로 "통보된 동의"(informed consent)에 응할 상황에 처한 것은 아니라고 말한다. 그러나 어떤 유의 결함을 지니고 태어난 신생아를 둘러싸고 여러 감정이 생길 때 의사는 충고하는 것은 아니지만 넌지시 운을 떼어 의사가 원하는 방향으로 결정을 내리도록 그 가족들을 유도할 수 있다고 말한다. 우리는 이것을 "통보된 동의"로 보지 않는다.

---

[8] 1973년 10월 더프와 캠벨이 쓴 "특수 치료 간호에 따른 도덕적 윤리적 딜레마들"이라는 논문이 게재되자 이에 대한 반응으로, 이 잡지의 편집장에게 보내는 글 가운데 예일 대학교 의과 대학의 조안 베니스(Joan L. Venes) 박사와 피터 허텐로쳐(Peter R. Huttenlocher) 박사가 1974년 2월 28일에 기고한 글이 있다. 이들은 자신들을 더프와 캠벨 박사가 표현한 "의학 센터에 몸을 담고 있는 전문가들"이라고 표현한다. 다음은 이 편지의 마지막 문단이다.

"우리는 신생아 특수 치료실의 고문으로, 저자들이 표현한 견해와 의견을 달리 제시하고자 합니다. 저자들이 언급한 '경영 대안으로 초기 사망을 모색하는 경향 증가'는 관계자의 관심을 계속 끌었고, 우리로 하여금 깊은 관심을 가지게 했습니다. 젊은 소아과 인턴들이 먼저 '어떻게 치료할까요?'가 아닌 '치료할까요?'라고 물을 때 우리는 당혹감을 느낍니다. 우리는 이런 허무주의 감정이 신생아 특수 치료실에 국한된 것이 아닐지 모른다고 생각하니 두려워집니다. 장애아가 있는 가정에 가해진 재정적 심리적 압박은 그런 허무주의 요법을 생각하게 만들 충분한 근거가 된다고 제안하면, 그것은 지지할 수 없는 것이며, 이 제안으로 인하여 어쩌면 우리는 결국 진짜 문제를 회피하게 되는데, 이 문제란 다름 아닌 좀더 불행한 시민들에게 유족한 생활을 할 기회와 재정적인 지지를 제공해야 하는 풍요한 사회의 책임입니다."

더프와 캠벨 박사는 "무의미하게 여겨지는 무거운 짐"으로부터 벗어날 수 있는 권리, 부모 형제들이 지니고 있는 그 권리는 이런 아이들을 죽도록 허용하는 데 있어서 "중요한 고려 사항이었다"는 사실을 인정하고 있다. 더프와 캠벨 박사는 "무의미하게 여겨지는" 이라는 말까지 사용하고 있다. 그러므로 우리 필자들 두 사람은 그 짐이라는 것이 마침내 이러한 결정들에 동의했던 많은 부모들이 느끼게 될 죄책만큼이나 무겁지는 않을 것이라고 확신한다.[9]

더프와 캠벨 박사는 자기들의 관점을 부분적으로 정당화하기 위하여 다음과 같이 말하고 있다. "비록 몇몇 부모들은 그 선택들이 옳았는가에 대하여 회의를 표명하고 있지만 모든 선택은 그들이 이 일을 경험하기 이전과 마찬가지로 그들이 생활해 나가는 데 있어서 효과를 발휘하는 것으로 드러났다. 어떤 부모들은 그들의 심원한 경험이 인생의 더 깊은 의미를 제공하였으며, 이 경험으로부터 자기들이 더 능률적인 사람들이 되었다고 주장하고 있다."

두 박사들이 인정하고 있듯이 그 부모들 가운데 몇몇 사람들은 그러한 자녀를 죽도록 허용한 자기들의 선택이 과연 올바른 것이었는가에 대하여 회의하였다. 만약 이 부모들이 인생의 더 깊은 의미를 추구하고 있었다면 — 그리고 더프와 캠벨 박사가 장애아의 부모들에게 더 깊은 인생의 의미를 제공하는 일에 진정으로 관심이 있었다면 — 왜 그 가족들로 하여금 그들에게 맡겨진 어린 아이를 돌보고 사랑과 주의를 기울이게 하여 그 깊은 의미를 찾도록 하지는 않았는가? 과연 그들이 말하는 바 더 깊은 의미가 여전히 더 깊은 의미이고, 그들의 능률이 아직까지도 능률이며 그들이 다른 용기

---

[9] 다음의 글은 다운 증후군 환자에 대한 태도를 묻는 앙케이트에 첨부되어 있는 어느 소아 외과 의사의 글을 인용한 것이다. "나에게는 다운 증후군을 앓는 53세된 사촌이 있다. 그의 아버지는 93세이며, 동맥 경화증을 앓고 있고, 밤에는 소변과 대변을 그대로 배설한다. 내 사촌은 요양원에 가기를 거절한다. 이들은 따로 살고 있고 다운 증후군을 앓고 있는 아들이 대부분 간호한다."

없는 사람들의 용기와 결심의 귀감이 되는지 의심스럽다. 더프와 캠벨 박사는 "의료인들은 모든 치료 방법과 예상되는 각각의 결과들에 대하여 충분하게 제시해야 할 책임이 있다"고 말하고 있다. 그러나 과연 관례적으로 의사들이 수년 뒤에나 한 가정에 나타나는 결과들에 대하여 어떻게 기꺼이 책임지려고 하는지 심히 의심스럽지 않을 수 없다.

결과적으로는 숨을 거둔 그 신생아를 수술한 후에 본서의 또 한 사람의 필자인 쿠프는 수차례나 내적인 안도감을 느꼈으며 사건이 비극적으로 끝나는 것이 사실은 복이라고 솔직히 털어놓았다. 그러나 돌이켜 보아서 복이었다고 느낄 수 있다고 해서 미리부터 불완전한 자녀가 생존하게 됨으로써 가족들이 직면하게 될 어려움을, 즉 그 아기를 제거했다고 해서 의사에게 "복의 시혜자"가 될 자격이 있는 것은 아니라고 우리는 믿는다.

더프 교수가 행한 인터뷰와 우리가 간행물의 기사에서 읽은 그의 논평들에 근거해 볼 때 더프 교수는 죽음을 장애 신생아 처치의 한 방법으로 옹호하면서 자기가 윤리적이며 도덕적으로 처신하고 있다고 완전히 착각하고 있는 것으로 보인다. 우리가 더프와 캠벨 박사를 특별히 꼬집어서 얘기하고 있다고 생각해서는 안 된다. 불행스럽게도 그와 같은 행동 과정을 옹호하는 의사들의 수가 점점 늘고 있는 것이 현실이다. 소아 외과 의사인 안토니 쇼(Anthony Shaw)는 신생아 외과 의사의 관점에서 이러한 논의의 전위(前衛)로서 행세하고 있다. 그는 "나의 윤리는 모든 권리가 항상 절대적인 것은 아니라는 것입니다. 플레처(Fletcher)가 지적하고 있다시피 '…… 모든 권리는 불완전하며 만약 인간의 필요가 요구할 경우 그 권리는 도외시될 수도 있습니다.' 또한 본인은 생명의 질 역시 생명의 존엄성과 균형을 이루어야 하는 가치라고 생각합니다"고 말한다.[10]

우리는 지금 사회적으로 쓸모가 없다고 여겨지거나 무의미한 생명을 소유하고 있다고 생각되는 아이들을 위해 생명의 파괴를 옹호하는 심적 상태에서, 그 아이가 사회를 어지럽히기 때문에 없애버려야 한다는 지경으로까지 발전해 가고 있다. 만약 그와 같은 철학의 옹호자들이 빈곤에 대한 해결책으로서 도시 슬럼가를 봉쇄하여 "굶겨 죽이는" 방법을 신봉한다면 — 사회 경제적 문제들을 고려하여 — 이 방법이 즉각적으로 모든 것을 해결지어 줄 것이다!

20세기는 많은 괴물들을 만들어냈다. 그 괴물 가운데 하나가 물질적인 사물에 있어서만이 아니라 결혼, 부모의 책임과 같은 인간사에 있어서까지 "붙어다니는 폐기물"(built-in obsolescence)이라는 사상이다. 아이를 하나 골라 뽑아냈다가 그 아이에 대하여 만족하지 못하면 다른 아이를 고르고 그 아이를 팔아버리는 부모를 상상할 수 있을 것이다.

현대 의학으로는 태아의 성 식별까지도 가능하다. 낙태 요구권을 인정하는 우리 사회와 같이 부패한 곳에서도, 가족이 원치 않는 성을 지닌 태아를 제거해 달라고 부탁하면 낙태 찬성론자들까지도 약간 주춤거리게 마련이다. 최근에 그러한 예가 있었다. 한 부부가 딸이 아닌 아들을 원했다. 그러나 그들은 산부인과 의사에게 그와 같이 미련하게 질문하지 않고 우회적으로 부인 가문의 혈우병에 대하여 검사하고 싶다고 주장했다. 그래서 태아의 성별 검사를 하기 위하여 양수 천자(Amniocentesis)를 실시하였다. 혈우병은 남자만 걸리기 때문이다. 산부인과 의사가 태아가 딸이기 때문에 걱정할 필요가 전혀 없다고 통지해 주자 그 부모는 "바로 그 사실을 우리가 알고자 했던 것입니다. 우리는 아들을 원하고 있습니다. 그러니 낙태시켜 주십시오" 하고 말했다.

적자 생존의 개념을 실행하고 아이들을 제거하는 일을 통해 그런

---

[10] Anthony Shaw, "Dilemmas of Informed Consent in Children," *New England Journal of Medicine*, October 25, 1973, pp. 885–890.

관행을 시작한 사회에서, 사회에 짐이 되는 사람들이 설 자리는 어디이며 어떤 기회가 있을 것인가? 어린 아동들의 전적인 의존성을 인식하고 있는 대부분의 사회에서는 젊은이들과 어린이들을 특별히 보호한다. 그러므로 아동들을 학대하고 급기야는 살해까지 행하고 있는 우리 사회를 볼 때, 우리 사회가 대단히 극악 무도해졌다고 느끼지 않을 수 없다. 그 파멸이 어디서 끝나게 되는지는 오직 소수의 과학자들을 중심으로 한 엘리트들에게 달려 있고 다수의 무감각한 대중들은 그들을 의지하고 참을 것이다. 인권에 대한 포괄적인 기준을 기대하는 일은 이미 사라져 버렸다.

의미 있는 인간다움

하버드 신학교의 전직 교수였으며 현재 샬롯트빌(Charlottesville)에 있는 버지니아 대학교에 재직 중인 조셉 플레처(Joseph Fletcher)는 "인간됨의 지표 : 인간에 대한 시론적인 프로필"(Indicators of Humanhood : A Tentative Profile of Man)이라는 제목의 글에서 "의미 있는 인간다움"에 대하여 이야기하고 있다.[11] 또한 전에 텍사스 대학교 의과 대학 생리학 교수로 있다가 최근 워싱턴 D.C. 조지타운 대학교의 케네디 연구소(Kennedy Institute)에서 철학과 의학을 가르치고 있는 트리스탐 엥겔하트(H. Tristam Engelhart) 2세는 "잘못된 생명"에 대하여 쓰고 있다.[12]

심지어 의사라 할지라도 어떤 사람에게 우리의 "의미 있는 인간다움" 또는 "잘못된 생명" 또는 "정당한 생명"에 대하여 결정을 내리도록 방치하는 행위는 우리 스스로의 가치에 대하여 다른 사람들을 초대하여 결정을 내려 달라고 하는 것과 다를 바 없다. 그

---

[11] *The Hastings Center Report*, Vol. 2, No. 5 (November 1972).

[12] "Euthanasia and Children : The Injury of Continued Existence," *Journal of Pediatrics*, 83 (1973), pp. 170, 171.

리고 이 사람들 혹은 이 사람들의 추종자들의 눈에는 우리의 가치가 과거 우리 문화 가운데에서 사람들의 눈에 비쳤던 가치와는 전혀 다를 수 있다. 또 실제로 우리의 가치를 결정하고 단정하는 사람들이 내린 우리의 가치는 오늘날 절대 다수의 사람들이 견지하고 있는 견해와 다를 수도 있다.

만약 우리가 만성 심폐증(chronic cardiopulmonary disease)이나 단장 증후군(short-bowel syndrome) 또는 뇌 손상 증세를 지닌 아동을 죽도록 허용하는 결정을 내린다면(더프와 캠벨의 예들 가운데 몇몇의 경우와 같이), 똑같은 만성 심폐증에 걸린 성인도 죽여야 하지 않겠는가? 그러한 병에 걸린 어른과 아이 가운데 누가 더 그 가족에게 부담이 되겠는가? 마찬가지로, 궤양성 대장염(ulcerative colitis : 단장 증후군과 거의 같은 증세의 병)에 걸린 어른, 정신병에 걸린 어른은 어떤가? 이모저모로 부담이 되고 성가신 모든 사람들 또는 우리의 권리라고 인식하는 것들을 누리지 못하게끔 방해하는 모든 사람들에게까지 학살은 확대되어야 하지 않겠는가? 권리라는 단어는 전체 인류 가족까지 보호하는 도덕적 틀의 맥락을 벗어나서는 무의미한 말이다.

새로 태어난 신생아에게 차후의 생활에 있어서 문제가 있을 가능성 혹은 잠재 요인이 있다고 해서 바로 그 이유만으로 우리에게 그 생명을 당장에 종결시킬 권리가 부여되는 것일까? 만약 그렇다면 우리 두 필자 역시 이 책을 읽고 있는 만성 호흡 곤란자, 산소 공급기에 의존하며 생활하고 있는 자, 중풍병자, 성적 장애를 지닌 자, 심리적 문제를 지니고 있는 자를 제거해야 하는가? 더프와 캠벨 박사의 논문들이 지닌 문제점들은 바로 아동에게만이 아니라 성인에게도 그와 같은 장애를 지닌 사람들이 있다는 것이다.

많은 사람들은 더프와 캠벨 박사의 논문이 담고 있는 핵심 메시지를 놓치고 있는 것 같다. 이 저자들은 신생아에 대한 소아과 치료 가운데 죽음을 하나의 옵션으로 택하도록 대중의 이목을 집중시켰다. 그러나 그들이 하나의 옵션으로 제시한 죽음이, "생존할 가망이 도저히 없는 영아들의 죽음이 아니라 '정상적인' 생명은 아니지만 치료하면 살 수 있는 영아들의 죽음"이었다는 사실을 항상 이해하고 있는 것은 아니다.

영아의 결함이 아니라 의사의 결정이 치명적 요인이 되었다. 더프와 캠벨 박사에게 있어서와 같이 치료하느냐 마느냐를 결정함에 있어서 가정의 경제와 가정 생활의 안정이 우선한다는 사실에 비추어 볼 때, 인종, 신조, 피부색, 성에 기초한 차별과 마찬가지로 개탄해 마지않을 새로운 차별이 도입되고 있다는 사실이 명백하다. 그리고 흔히 그런 경우에 그렇듯이 그 같은 비도덕적이며 차별적인 행동은 대단히 고상하며 도덕적인 말로 위장되어 전파되는 것이다.

더프와 캠벨 박사는 건강상의 간호(health care) 방법의 하나로서 죽음을 제시하지만, 기고문 가운데 한 곳에서 다음과 같이 말하고 있다. "우리는 우리의 예후와 또 결함을 지닌 장애아를 돌볼 수 있는 가정의 능력이 매우 가변적이고 아주 불확실하다는 점을 인정한다······예후가 항상 정확하지는 않았으며 몇몇 신생아의 경우는 집중적으로 치료한다면 수개월이나 경우에 따라서는 수년씩 생존할 수도 있을 것이다. '몇몇 신생아의 경우는 살 수도 있으며 만족스러울 정도로 기능할 수도 있을 것'이다"(' '부분은 필자의 것임).

장애를 지니고 태어난 신생아를 다룰 책임이 있는 의사가 어떤 생명은 살 가치가 없다고 하는 명제를 신봉하고 있거나 죽음을 처치의 한 방법으로 보고 있다면, 관련된 그 아이는 기회를 갖지 못하고 만다. 분명 결정적인 요인은 그 아이가 지닌 신체적 결함이 아니라 담당 의사의 결정이다.

더프와 캠벨 박사의 기고문을 보도했던 뉴스위크(*Newsweek*, 1973년 11월 12일자)지는 "여론은 아무런 인간적 잠재 능력이 없는 식물 인간들에게 어떤 행동을 취해야 할지 결정해야 한다"고 말한 더프 박사의 말을 인용하고 있다. 다음은 더프가 한 이 말에 대하여 2주일 후에 뉴스위크지에 실린 반박 편지이다.

"생사 결정"

　이 편지를 받기 전에 당신은 한 사람의 식물인간―본인은 그 용어에 대하여 대단히 분개하고 있습니다만―으로부터 결코 편지를 받아본 적이 없을 것입니다. 나 자신에 대하여 털어놓자면 저는 "이 아이는 죽어야 하는가?" (Shall This Child Die?)라는 기고문에서 정의하고 있는 "식물인간"에 대한 묘사에 딱 들어맞는 사람입니다.
　본인은 태어날 때 입은 심각한 뇌 손상으로 인해 혼자서 옷을 입을 수도, 화장실에 갈 수도 없으며, 글도 쓰지 못합니다. 그래서 지금 제 비서가 이 편지를 타이핑하고 있습니다. 본인의 갱생과 교육을 위해서 수천 달러의 돈이 소비되었으며, 그 결과 본인은 상담 심리학자라는 현재의 직업을 갖게 되었습니다. 35년 전에 본인의 양친 역시 딸이 "의미 있는 '인간다움'"을 이룰 가능성이나 희망이 전혀 없다"는 이야기를 들었습니다. 본인은 "인간다움"에 이르렀습니까? 더프 박사와 캠벨 박사에 비교해 볼 때 본인은 "인간다움"을 능가했다고 생각합니다!
　우리 "식물인간들"을 제거하는 일을 합법화하기 위하여 법을 개정하는 대신에 우리의 잠재력이 허락하고 있는 대로 충만하고 생산적인 인생을 살 수 있도록 우리 식물 인간들이 양질의 치료와 교육과 자유를 누리게끔 법률을 개정하도록 합시다.

손드라 다이아몬드(Sondra Diamond)
펜실베이니아 주 필라델피아에서

전통적으로 의학계는 병들고 불행한 자들에게 쏟는 사회적 관심을 반영하여 환자들을 치료했다. 진실로 의학계는 종종 자기들을 도울 사람이 전혀 없는 불행한 사람들을 위한 변호자로서 활동해 왔다. 그러므로 의학계는 지난 시대에 불행한 처지의 아동들에게도 사랑과 동정으로 대했다. 고도의 전문적인 기술이 급격히 증가하게 되자 의사들은 지난 십여 년 동안은 결코 직면해 보지 못한 딜레마에 직면하게 되었다. 그러나 그렇다고 해서 누구를 살리고 누구를 죽이느냐 하는ㅡ특히 그 결정 과정에 등장하는 허다한 비의학적 요인들을 반드시 고려해 넣어야 할 경우에ㅡ그런 문제들을 결정하는 데 있어서는 새로운 전문 지식이 전혀 늘어나지 않았다. 새로운 의료 기구가 생기고 기술의 전문화가 확장되고 있다고 해서 우리 인간들 가운데 유독 의사에게 다른 사람들보다 더 하나님 노릇을 할 권리가 주어져 있는 것은 아니다. 의학계에 종사하고 있는 많은 이들이 이 관점을 상실해 가고 있다. 그들은 개인의 가치를 귀중히 여기지 않는다. 우리는 만일 치료할 수 없다면 돌볼 수는 있다고 주장하려 하며 돌본다는 단어와 죽인다는 단어를 동의어로 사용하고 있지는 않다.

영아 살해와 오늘의 미국

1973년 초반에 더프와 캠벨 박사는 미국의 여러 병원에서 영아 살해가 진행되고 있다는 사실을 명백하게 밝힌 바 있다. 1970년 초반부터 미국의 영아 살해 찬성론자들은 영아 살해가 어떤 경우에는 가장 동정어린 치료책이라고 국가가 확신하도록 하기 위하여 집중 공격을 퍼붓기 시작했다. 유력한 의학계, 법조계, 철학계의 잡지들을 통하여 의학계와 법조계의 많은 인사들은 죽음이 타당한 치료 방안이라고 설득하기 시작했다. 그러나 영아 살해에 대한 이 논의의 대부분은 미국 대중의 이목을 끌지 못하였다. 일반 대중은

이 논의에 주의를 기울이지 않았다. 그들은 자기들의 자녀들을 맡아 치료하고 돌볼 자들이 그와 같이 무시무시한 방안을 고려하고 있다는 사실을 전혀 인식하지 못하고 있었다.

1981년이 되어서야 비로소 영아 살해는 신생아 육아실의 그늘에서 나타나게 되었다. 바로 그해 5월 일리노이 주의 단빌(Danville)에서 쌍둥이가 태어났다. 그 쌍둥이는 허리 부분이 서로 붙어 있었으며 많은 기관을 공유하고 있었다. 그후 한 간호사가 증언한 바에 따르면, 그들이 탄생하자 그 쌍둥이의 아버지는 산소 공급을 중단하고 음식과 물을 공급하지 말라고 요구하였다. 사람들은 쌍둥이를 보호실에서 빼내어 굶어죽도록 방치했다. 누군가 익명의 전화로 아동가정복지성(Department of Child and Family Services)에 그 아기들이 방치되어 있다고 제보하지 않았더라면, 그 소년들은 죽고 말았을 것이다. 그 전화로 인해 그 쌍둥이의 부모와 의사는 살인미수혐의로 고소되었다. 그 고소는 결국 기각되었지만 전(全)미국의 대중매체는 그 사건을 대서특필하였고 이로 인해 영아 살해에 대하여 세인의 이목이 집중되었던 것이다. 그 소년들은 다른 병원으로 옮겨져 치료를 받고 마침내 부모의 품에 돌려 보내졌다. 많은 사람들을 놀라게 했던 이 쌍둥이는 외과 분리 수술을 받고 부모와 함께 잘 자라나고 있다.

이 쌍둥이의 사건은 몇 가지 점에서 매우 중요한 사건이라 할 수 있다. 첫째, 이번과 같은 경우는 흔히 "대단히 힘든 케이스"라고 부를 수 있는 경우이다. 이 쌍둥이는 몇 가지 심한 합병증을 지니고 있었다. 의사들은 분리시킬 수 있는 가능성에 대하여 회의적이었다. 종종 영아 살해 찬성론자들은 이 케이스를 지적하면서 이 아이들의 장래에는 "소망이 없다"고 말한다. 이 경우 의료상 복잡하고 상태가 심각하기 때문에 그들은 간단히 그런 아이들을 죽도록 내버려 두라고 충고한다. 그러나 이러한 "대단히 어려운 케이스"에서도 쌍둥이들은 살아 남았다. 치료가 복잡하다 해도 전혀 불가능한 것은 아니었으며 그 상태라는 것도 상당히 가망이 있었다. 어느 누구도 확실하게 의학의 장래를 예견할 수 없으며 상태가 복잡하고 어렵다는 판단만으로 아이를 죽일 수는 없다.

둘째로, 결국 고소가 철회되기는 하였지만 이 케이스는 법이 자녀들에 대한 부모의 책임과 의사의 책임을 옹호하고 있다는 사실을 보여 주었다. 부모와 의사 모두 아동을 돌볼 의무를 지니고 있다. 그들이 그렇게 하지 않을 경우 법은 그들을 처벌한다. 건강한 성인이 법의 보호를 받듯이 "장애를 지니고 태어난 신생아 역시 절대적으로 법의 보호를 받아야 한다."

이 사실—법은 아직도 장애를 지니고 태어난 신생아를 보호한다는 이 사실—은 강조될 필요가 있다. 영아 살해는 자기 자녀를 죽일 권리를 부모가 갖고 있느냐 하는 문제가 아니다. 많은 영아 살해 찬성론자들은 한 아동의 목숨에 대한 결정을 의사와 상의한다는 조건을 달고 부모에게 넘겨져야 한다고 주장한다. 만약 그 부모가 원하면 아이는 살고 부모가 거절하면 아이는 죽는다. 그러나 미국의 법률은 새로 태어난 아이를 죽일 수 있는 권리를 그 부모에게 결코 부여하지 않는다. 장애아의 경우 역시 마찬가지이다. 살인에서 아동학대에 이르는 다양한 범죄를 저지를 경우 부모든, 의사든, 병원이든 고소를 당하는 것은 당연한 일이다. 놀랄 만한 사실은 영아 살해를 저지르고 있는 부모들과 의사들에 대하여 더 이상 고소를 제기하지 않는다는 사실이다. 이 사실은 영아 살해 찬성론자들의 세력이 얼마나 효과적으로 영아 살해를 시인하도록 의학계와 법조계를 설득하였는가를 잘 보여주고 있다. 법조문에는 명백히 명시되어 있음에도 불구하고, 많은 사람들은 장애를 지닌 신생아와 그들을 거부한 부모들에 대해서만은 다른 식으로 바라보도록 법정에 허락하고 있다.

이 쌍둥이 사건보다 훨씬 유명한 사례로는 인디애나 주 블루밍턴(Bloomington)에서 일어났던 아기 도우(Doe)의 비극적인 죽음이 있다. 1982년 블루밍턴 시에서 아기 도우라고만 알려져 있는 한 남아가 태어났다. 이 아이는 다운 증후군을 지니고 있었으며 식도의 형성이 좋지 않았다. 식도 문제는 간단한 수술로 쉽게 고칠 수 있었다. 그러나 그 부모는 자기 아들이 장애아라는 사실 때문에 수술에 합의하지 않았다. 그 부모는 또한 자기 아들에게 음식이나 물을 주지 말라고 주문했다. 두 곳의 인디애나 법정은 부모의 그 결정을 인정했다. 그 아이를 담당했던 소아과 의사들은 부모에게 그 아이를 살리고 수술을 하자고 설득했다. 의사들은 다운 증후군을 가진 사람들도 행복하고 생산적인 삶을 살고 있다는 사실을 지적해 주었다. 인디애나에 살고 있는 한 부부는 만약 그 부모가 그 아이를 원치 않는다면 자기네가 그 아이를 입양하겠다고 제의했다. 아기 도우를 위해 변호사들은 인디애나 법정의 판결에 상소할 준비를 하였다. 그러나 그 부모는 요지부동하였다. 결국 아기 도우의 변호사들이 미합중국 대법원에 상소하는 도중이던 출생 7일 후 아기 도우는 사망했다. 도우의 죽음은 굶주림에 의한 잔인하고도 고통스러운 죽음이었다.

이 사건은 국민들을 격노하게 만들었다. 신문의 칼럼니스트들과 논설 위원들은 이 무자비한 행위에 대하여 비난했다. 당시의 레이건 대통령은 아기 도우의 죽음에 대하여 슬픔과 분노를 표시했다. 국회에서도 헨리 하이드(Henry Hyde) 하원 의원은 이 작은 아이의 죽음에 대하여 언급하면서 "우리 주변에 사랑이 없기 때문"이라고 말했다.

아기 도우의 죽음은 영아 살해의 단면을 보여주는 극명한 사건이었다. 도우의 부모는 도우가 장애를 지녔다 해서 그가 사는 것을 원치 않았다. 양친의 의견으로는 그 아들의 생명은 살 가치가 없다는 것이었다. 이 사건을 비롯하여 이와 유사한 몇몇 다른 사건들이 밝혀지자 이에 대응하여 미국 보건사회복지성(Department of Health and Human Services)은 1983년 3월 규정을 제정하여 각 병원에 장애 아동 치료를 의무화하도록 시달했다. 이 규정에 의하여 병원이 모든 아동들을 동등하게 취급하지 않을 경우 연방 재정 지원금을 받지 못하게 되었고, 게다가 아동이 방치된다고 생각될 때 전화하도록 "직통 전화"를 설치하였다. 이 조치는 정부가 전례 없이 취한 것으로, 이로써 수천 명의 장애 아동들의 생명이 보호받게 될 것이다.

그러나 합법화된 영아 살해에 대한 투쟁은 결코 종식되지 않았다. 미국 소아과 아카데미(American Academy of Pediatrics)는 몇몇 다른 단체들과 함께 보건사회복지성의 이 같은 조치에 대하여 소송을 제기했다. 그들은 의료 행위에 법이 개입해서는 안 되며 자기 자녀들의 운명에 대해서는 그 부모에게 권한이 있다고 주장하고 있다. 그러나 보건사회복지성의 이 시달문은 아동의 생명의 질에 관하여 의사 개인의 사견이 아닌 최상의 의학적 판단에 근거해서 의사가 결정을 내리는 한 결코 의사의 결정에 간섭하지 않는다. 의사들이 그들 고유의 전문 분야에 머물러 있는 한 법은 그들을 보호한다. 의사의 생각에 모든 의학 지식을 다 동원해 보아도 환자의 생명을 구할 방법이 전혀 없으며, 의학적으로 도저히 가망이 없는 장애를 너무 많이 지니고 있다고 판단될 경우에 의사는 법에 기소되지 않는다. 그러나 의사가, 환자인 아동이 장애를 지니고 있고 의사 자신이 그런 아동은 "살 가치가 없다"고 믿고 있다는 이유로 그 아동을 치료하지 않겠다고 결정한다면, 그때 그 의사는 전문적인 의료 행위 고유의 영역 밖의 행동을 한 것이 된다. 즉 그 의사는 생명의 질에 대한 심판을 내리고 있는 것이며 따라서 법은 그 아동을 보호하기 위하여 발동되는 것이다.

의학계에 종사하고 있는 영아 살해 찬성론자들과 대중 매체는 이 케이스들이 단순한 법령에 의해 결정되기에는 너무 복잡한 문제들이라고 수차례 주장했다. 그러나 복잡성에 대한 이 항변은 흔히 의사의 진정한 속셈을 감추기 위한 연막전술이다. 존즈 홉킨즈의 아기, 아기 도우, 그리고 단빌의 쌍둥이와 같은 널리 밝혀진 영아 살해 사례들을 보라. 이 사건들은 절대로 관련 아이들을 살리는 데 있어서 복잡한 점들이 아주 많은 케이스들이 아니었다. 처음 두 케이스 모두 아이들이 다운 증후군을 지니고 있었는데 이 증후군은 분명코 도저히 살 가망이 없는 장애는 아니며 상당히 많이 나타나는 장애이다. 수술은 "오로지 아이들에게 장애가 있다는 이유만으로" 거절되었다. 그들은 오로지 다른 사람들이 만든 자의적인 기준에 미치지 못한다는 이유만으로 기아에 의해 죽음을 당했다. 쌍둥이의 경우 그들은 의료상 많은 난점을 지니고 있었다. 그러나 그 쌍둥이 남아들에게 음식을 공급하지 않겠다는 결정은 어떤 의학적인 요인에 기초한 것이 아니었다. 그 결정은 어떠한 의학 지식이 활용되기도 전에 취해진 결정이었으며 오로지 그들이 장애자라는 사실에 근거해서 내려진 결정이었다. 밝혀진 대로 의학상의 난점은 극복할 수 있는 것이었고 쌍둥이 남아들은 분리에 성공하였다. 법이 관여하여 결정하기에는 영아 살해가 지나치게 복잡한 이유라는 말로 우리를 설득할 수는 없다. 병원에서 "죽도록 묵인되고 있는" 아이들 가운데서 "가망 없는" 케이스가 거의 없는 것이다.

우리로서는 우리의 눈앞에서 전개되고 있는 싸움의 극악성에 대하여 절대로 과소 평가할 수 없다. 십년 이상 영아 살해 찬성론자들은 영아 살해를 합법화하기 위하여 준비를 해왔다. 합법화된 낙태는 무고한 인간 생명의 가치를 몽땅 빼앗고, 또 파괴하는 논리적인 이중 단계로서 영아 살해를 제시하였다. 양수 천자와 초음파 검사와 같은 기술은 태 속에 있는 태아의 장애를 진단할 수 있도록 해주었다. 우리는 아직 태어나지 않은 아이가 장애아이건 정상아이건 태어나기 이전까지 합법적으로 죽일 수 있게 되었다. 그러나 태어나기 이틀 전에 죽이는 것과 이틀 후에 죽이는 것이 무엇이 다르단 말인가? 영아 살해 찬성론자들의 세력은 낙태 찬성론자들이 낙태를 합법화하기 위하여 사용했던 것과 똑같은 방법들을 사용하고 있다. 즉 그들은 닫혀 있는 문을 여는 한 방법으로, 그들의 목적을 가로막고 있는 난관을 타개해 나가는 방법인 "대단히 힘든 케이스"에 초점을 맞추고 있는 것이다. 낙태의 경우에서 발생했듯이, 그 뒤에 이 "대단히 힘든 케이스"는 영아 살해가 정규적인 관행이 되었을 때 망각되고 말 것이다.

오늘날과 같이 과학이 발달한 시대에 의학이 시계를 거꾸로 돌려 모든 사회 문제에 가장 원시적인 해결책인 죽음을 사용하기 시작했다는 것은 아이러니컬하다. 오히려 "치료 기술"을 더 많이 이용해야 하지 않겠는가?

영아 살해와 교회

오스트리아에 있는 마우트하우젠(Mauthausen)은 나치의 지상 천국 사상을 실천하기 위하여 1938-1945년 사이에 약 십일만 명 이상의 사람들을 잔혹하게 살해했던 나치 집단의 강제수용소였다. 그곳에는 죽음을 당했던 수많은 유태인과 비유태인들을 추모하기 위한 위령탑이 세워져 있다. 마우트하우젠에서 일어난 일은 인명에 대한 이 세상에서 존재할 수 있는 가장 저급한 견해를 보여 주고 있다. 모든 전쟁 협정은 무시되었으며 모든 국적의 사람들이 고문을 당하고 실험 대상이 되었다.

나치들에게 유태인들은 사회에서 쓸모없는 짐이었고 사회에 제공하는 것보다는 소비하는 것이 더 많은 기생충이었다. 나치의 기준에 따른 하나의 완전한 인종을 건설하기 위한 시도로서 남녀 노소, 약한 자와 튼튼한 자를 불문하고 모든 사람이 제거되었다. 개인은 더 이상 하나님의 형상에 따라 피조된 특별한 피조물로 인식되지 않았다. 국적이나 인종을 불문하고 사람들은 볼모로서, 약탈과 수탈의 대상으로 여겨졌으며 나치들이 원하는 기능이 없을 경우에는 가차 없이 처단되었다.

또 다른 예를 들어보자. 이 예 역시 그리 멀지 않은 최근에까지 성행했던 일이다. 사우스 캐롤라이나 주 찰스턴(Charleston)에는 노예 시장이 있어 흑인 남녀 노소가 마치 가축처럼 매매되었다. 그들은 마치 상품처럼 그 아래 서서 쳐다보고 훑어보는 구매자들을 위하여 판매대 위에 진열되었다. 경제적인 편의에 따라서 흑인들은 백인 사회에 의하여 비인간으로 인위적으로 재분류되었다. 미합중국 대법원은 드레드 스코트 결정(Dred Scott Decision)을 내려 흑인을 동산이라 판결함으로써 이 의제(擬制)를 뒷받침했다.

이러한 만행들은 과거지사만이 아니다. 바로 현대에도 세속 사회만이 아니라, 종교 집단에도 그와 같은 저급한 인간관이 여전히 존재하고 있는 것이다. 낙태권 옹호 종교 연맹(Religious Coalition for Abortion Rights)은 그에 대한 적절한 예이다. 이 조직에 참여하고 있는 "11개의 주요 종파"들 가운데에는 유니테리언 연합회(Unitarian Universal Association), 미국 윤리 연합회(American Ethical Union), 미국 유태인 협의회(American Jewish Congress), 미국 히브리 회중 교회 연합회(Union of American Hebrew Congregations) 등이 있다. 이 집단은 낙태는 로마 카톨릭의 문제일 뿐이라고 일축함으로써 반로마 카톨릭 사상을 무기로 사용한다. 낙태에 대한 이 집단의 입장은 무식으로 말미암아 그 무력함을 드러내고 있다. 왜냐하면 이 집단은 "건전한 의료 관행에 따른 낙태에 대한 법적 선택권"을 추구하고 있기 때문이다. 사실상 이 "건전한 의료 관행"(sound medical practice)이라는 것은 산모의 일시적인 기분에 따른 것이기 때문이다.

웨슬리 신학교(Wesley Theological Seminary)의 학장인 필립 워가만(J. Philip Wogaman) 교수는 언필칭 "현존하는 인류를 위한 하나님의 자애로운 뜻"이라는 말을 하여 뱃속에서 성장하고 있는 태아의 권리를 무시함으로써 낙태 옹호 종교 연맹의 명분을 지지하였다.[13] 여기에서 말하고 있는 현존 인류를 위한 "자애로운 뜻"

이란 태아 살해 행위에 있어서 산모의 권리에 대한 지지인 것이다.

일부 교회에서도 영아 살해를 긍정적으로 보는 자들이 없지 않다. 캐나다 성공회의 한 특별위원회는 1977년 한 보고서에서 심한 뇌 손상을 입은 신생아의 생명을 중단시킬 권리가 도덕적으로 가능하다는 결론을 내렸다. 이 보고서가 담고 있는 무자비함은 보고서의 자구(字句)에 명백히 나타나 있다. "우리의 상식과 감정은 인간의 모습을 띤 만상들이, 인간이 지니는 최소한도의 행위와 지능을 결여하고 있음에도 불구하고 그것들을 마치 사람인양 취급하게끔 하는 중대한 오류를 범하게 만든다. 사실 그와 같은 결함있는 영아들을 인간적으로 다루는 유일한 방법은 그들을 인간으로 취급하지 않는 것이다."[14]

그 특별위원회는 의학, 간호학, 법학, 신학의 배경을 지닌 11명의 위원으로 구성되어 있었다. 그와 같은 전문가들이 그러한 보고서를 작성할 수 있었다는 사실은 충격적이다. 그러한 비인간성을 낳은 것은 인본주의이다. 이러한 개인들과, 이들과 같은 사람들의 자기 주장을 담은 이야기들은 우리 앞 시대에서 노예 제도를 찬성하고 옹호하며 흑인, 피부색이 검은 사람의 사람 아님을 증명하려고 시도했던 자들이 표명했던 말과 감정을 그대로 재현하여 준다.

다행히도 캐나다 성공회 총회는 이 보고서를 승인하지 않았다. 그러나 우리 시대의 주요 종파의 하나인 성공회의 공식적인 연구 분과에서 그와 같은 보고서가 나올 수 있었다는 사실은 영아 살해에 대하여 어떤 일부 교회가 취하고 있는 방향이 무엇인가에 대하여 많은 것을 대변해 주고 있다.

교회까지도 영아 살해 찬성론자들의 이용 무대가 되고 있다는 사실은 매우 경악할 일이 아닐 수 없다. 이러한 사상들을 선전하거

---

[13] J. Philip Wogaman in *The Washington Post*, August 16, 1977.
[14] *The New York Times*, July 28, 1977.

나, 단순히 이 사상들에 대하여 철저히 생각해 보려고 하지 않은 사람들은 비록 그들이 조심스러웠다 할지라도 역사상 커다란 경고의 대상이었다. 의사들과 간호사들은 이러한 결정들이 얼마나 오류가 많은 것인가를, 그리고 과거의 인간의 가치에 대한 지나치게 단순한 대중 과학 이론들이 얼마나 큰 재난을 몰고 왔는가를 명심해야 한다. 법률가들은 임의로 채택한 토대 위에서 인간의 생명에 대하여 판결을 내림으로써 인명에 대한 살인 금지를 제거해 버리는 일에 대하여 두려워해야 한다. 그리고 마지막으로 이들 신학자들은 하나님의 형상으로 피조된 모든 인류의 개개인의 가치에 대한 하나님의 견해를 명백히 망각하였다. 이러한 보고서의 견해에 일익을 담당했던 신학자들은 자신이 더 이상 이와 같은 하나님을 믿지 않는다면 교회를 자신들의 차별적인 사상을 퍼뜨리기 위한 교두보로 삼지 말도록 하자.

대체로 자유주의 신학자들과 자유주의적 교회들(기독교와 인본주의 사상을 혼합하고자 시도하는 자들)은 낙태를 지지하고 있으며, 따라서 계속해서 인간성의 상실로 빠져 들어가고 있다. 이 종교 집단들은 기독교 교회가 그 출발 때부터 취해 왔던 낙태 반대의 입장과 결별하였다. 2세기(또는 1세기 말)의 초대 기독교 문서인 디다케(*Didache*)나 12사도의 교훈서(*The Teaching of the Twelve Apostles*)는 낙태를 분명하게 금한다. 터툴리안(Tertullian)은 A.D. 197년에 쓴 아폴로제티쿠스(*Apologeticus*)에서 다음과 같이 쓰고 있다.

> 우리에게 살인은 일찍이 금지된 것이다. 심지어 태 속에 있는 아이라도 어머니의 피가 여전히 흘러 들어가 사람을 형성하고 있는 동안에 우리가 그 아이를 죽이는 것은 불법이다. 탄생을 막는 것은 좀더 일찍감치 행하는 살인일 뿐이다. 출산 전에 생명을 빼앗는 것이나 출산 후에 생명을 빼앗는 것이나 전혀 다르지 않다. 그 아이도 인간이 될 것이다. 열매는 항상 그 씨 안에 있는 법이다.

이러한 문제들을 화급한 문제로 삼지 않은 교인들은 약한 사람과 사람들이 원하지 않는 사람들을 위하여 교회가 수백 년 동안 사회적 행동을 취한 전통을 망각한 것이다. 자신의 기독교 신앙에 기초를 두고 대영 제국에서 노예 무역에 대항하여 싸웠던 윌리엄 윌버포스(William Wilberforce)를 사람들은 기억하는데, 그는 수세기를 통하여 자신이 설교한 것을 실천하려고 했던 많은 사람들 가운데 대표적인 인물이다.

인류에게는 어떤 기회가 있는가

편집자이자 작가인 노만 포드호레츠(Norman Podhoretz)의 보고에 따르면, 워싱턴 D. C.에서 개최되었던 한 인구 조절 회의에서 어떤 연설가는 "낙태를 받아들이는 사람이 영아 살해도 받아들이게 되는 이유"를 보았다고 한다. 또 한 사람은 모든 신생아에 대하여 자격을 심사하는 의학적 테스트를 행할 것을 촉구하였다. 이 테스트는 신생아들의 유전적 특질을 결정하여 살 권리가 있는지 결정짓게 된다는 것이다.[15] 물론 현재는 이런 아이디어를 주장하는 사람들이 소수에 불과하지만, 불행스럽게도 그 소수의 사람들이 이런 생각을 거듭거듭 주장하고 있다. 매번 조금씩 좀더 심각성을 더하면서 이 사상들은 매번 조금씩 생각할 수 있는 것이 되어 가고 있다.

이 견해를 유전학 지식의 남용과 계속 팽창해 가는 정부 권력과 자의적인 법에 연결시켜 보라. 그렇게 되면 실로 개인의 권리에 대한 전망과 인간성에 대한 전망은 흐려지게 될 것이다. 보스턴 대학의 의료 센터에서 사회 의학(socio-medical sciences) 담당 협동 교수로 있는 제임스 소렌슨(James R. Sorenson) 박사는 "태아진단과 그 사회적 영향"(Prenatal Diagnosis and Its Impact on

---

[15] *Commentary*, 53 : 8 (May 1972).

Society) 심포지엄에서 다음과 같이 말했다.

> ……부부라면 누구나 재생산을 통제해야 한다는 문화적 태도 혹은 사회적 태도가 발전해 가고 있다. 부부가 (문화적 "한계들" 안에서) 그들이 원하는 수만큼의 자녀를 가져야 하지만, 우리 사회의 견해는 점차적으로 원치 않는 자녀를 부부는 가져서는 안 된다는 것으로 되었다. 나는 현재 발전하고 있는 이 사회적 태도가 아동의 수를 통제하는 데까지 이를 뿐만 아니라, 아동의 질(質)도 쉽게 통제할 수 있으리라고 본다. 간단히 말해서 부부가 결손 자녀의 출생을 피해야 한다는 사실, 특히 그런 경우를 피하는 데 도움을 줄 수 있는 기술을 지니고 있을 경우, 반드시 그리 해야 한다는 사실이 문화적으로 용납될 것이며 아마도 기대되기까지 할 것이다.

문제는 기형아에서 끝나지 않고 자연스럽게 한 가정이 가질 수 있는 아동의 수를 제한하는 데 이른다. 1971년 워싱턴 D. C.에서 열린 인구 문제 교육에 대한 국가 회의(National Conference on Population Education)에서 시애틀과 워싱턴의 "인구 역학"(Population Dynamics) 협동 간사인 마타 윌링(Martha Willing)은 두 자녀 이상 가정에 세금을 부과하여 인구 억제의 동기를 부여하자고 최초로 제안했다. 그리고 국가는 "소가족 법을 위반할 경우, 형벌을 가하고 그런 위반을 방지하는 억제책을 수립하는" 방향으로 나아가야 한다. 마타 윌링은 계속해서 다음과 같이 이야기하고 있다.

> 셋째 아이를 출산하게 되면, 그 아버지와 어머니는 직접 병원에 출두하여 불임 수술을 받아야 할 것입니다. 만약 부부가 출두하지 않는다면, 세번째 아이에게는 출생 증명

서가 발부되지 않고, 그 대신에 "세번째 아이 서류"(third child paper)가 발급될 것입니다. 이 서류는 어느 의사에게나 그 어머니가 세번째 출산을 했음을 알리는 문신 역할을 하거나 표시가 됩니다. 실패한 부모 대신에 그 아이가 현장에서 불임 수술을 받아 이 부당한 유전자 정보의 몫이 퍼져 나가지 않도록 할 수 있습니다.[16]

모든 개인에게 인격적이며 무한하신 창조주의 형상으로 지음받은 자라는 본질적인 존엄성을 주는 유대-기독교적 기반이 없다면, 공포가 계속하여 자연스럽게 척척 나타나게 된다. 자의적인 법(이 법률 아래서 소수 집단이 그 역사 배경에서 무엇이 사회의 유익인지 결정하게 된다)이 낙태에 대한 대법원의 자의적인 판결과 결합하게 되면, 사회의 선을 위한다는 미명 아래 수많은 종류의 살인을 허용하게 될 것이다. "지체된 낙태의 의학적 위험의 제거"(Eliminating the Medical Hazards of Delayed Abortions)에서 낸 미츠라키(Nan Mizrachi)는 이렇게 말한다.

> 태아가 어느 특정한 단계의 임신기에 이르러서야 "인간"이 된다는 주장은 생물학적 실재를 위반한 것이다. 이 주장은 복잡한 문제를 지나치게 단순화하려고 한다. 낙태가 살인이라는 사실이 내가 보기에는 사회적으로 인정되고 있는 외과상의 절차인 낙태를 저지하지는 못하겠지만, 낙태 결정이 담고 있는 뜻이 무엇인지 그 실상을 우리는 직시해야 한다고 생각한다.[17]

다른 말로 하면 낙태는 살인 행위이지만, 그럼에도 불구하고 실행될 것이라는 점이다. 그러나 낙태가 살인이라면, 왜 다른 것은

---

[16] Martha Willing, *Beyond Conception : Our Children's Children* (Ipswich, Massachusetts : Gambit, 1971), p. 174.

[17] *Medical Tribune*, July 20, 1977, pp. 23, 29.

살인이 아니겠는가?

우리는 조셉 플레처 교수의 윤리관에는 견해를 달리하는 바이지만, 휴머니스트(*The Humanist*)지에 그가 기고한 글의 논리에는 흠 잡을 데가 없음을 인정할 수 있다(1974년 7, 8월호). "그러므로 생사에 대하여 말한다는 것은……낙태 문제부터 안락사의 문제까지 포함한다. 그 문제들은 윤리적으로 나누어질 수 없다."

우리는 지금, 모든 남녀 노소는 하나님의 형상으로 지음받았기 때문에, 인류는 유일무이한 존재라는 성경적 전망을 포기한 뒤에 따라오는 그 다음의 논리적 단계에 이르렀다. 낙태 요구라는 넓게 열린 문은 자연스럽게 영아 살해에 이르고 영아 살해는 자연스럽게 안락사에 이른다.

제 3 장
안락사

타인의 선택에 의한 죽음

생명이란 수태부터 자연사 할 때까지 계속되는 것이다. 그런 생명을 출생 이전에 파괴하고 있다면 어찌 다른 목적으로 생명을 함부로 다루지 않겠는가?

원치 않는다는 이유로, 불완전하다는 이유로, 또는 단지 불편하다는 이유로 태 속에 있는 태아를 죽일 권리가 있다고 주장하는 사회가 다른 인간, 특히 불필요하다고 판단되며, 육체적으로나 정신적으로 불완전하다고 생각되며, 또는 사회적으로 어쩌면 성가신 존재일지 모른다고 여겨지는 노인들을 죽일 권리를 가정하는 데 무슨 어려움이 있겠는가?

자의적으로 재분류되어 비인격으로 처리될 다음 후보자들은 노인들이다. 증가하고 있는 반가정적 감정과 낙태율, 의학적 발달에 따른 평균 수명의 연장으로 해서 젊고 튼튼한 사람들에 비해서 늙고 연약한 사람의 비율이 정상적으로 커지게 됨에 따라 이런 경향은 점점 증가하게 될 것이다. 이런 불균형 때문에 대다수 젊은이들은 자기들의 권리로서 주장하는 쾌락주의적 생활에서 보면 노인들이 귀찮은 존재로 인식될 것이다. 풍요에 대한 요구가 줄기차게 계속되고 경제 위기가 고조됨에 따라 법과 법원이 노인들을 위하여 갖는 동정심의 양은 대단할 것 같지 않고, 이는 태아와 영아 살해의 선례를 고려해 보건대 충분히 가능성이 있다.

어떻게 해서 1970년대에 안락사 개념이 좀더 유리하게 출발하게 되었는가? 이를 위해서는 반드시 낙태 문제로 거슬러 올라가서 살펴보아야 한다. 왜냐하면 "의미 있는 삶의 능력을 소유하고 있는 생명력 있는 사람만이 국가의 보호를 받을 수 있지만, 필수적인 것은 아니다"고 진술했던 것이 바로 낙태에 대한 대법원의 판결이었기 때문이다. 이 진술은, 이 논고는 불과 몇 년 이내에 수많은 사람들의 사망 증명서가 될 가능성이 있다.

안락사 : "존엄한 죽음"

안락사라는 말은 존엄한 죽음이라는 표현으로 미묘하게 우리의 일상 용어와 우리의 의식 내부에서 상당한 부분을 차지하게 되었다. 우리가 알고 있는 한, 이 용어는 1920년 독일에서 출판된 칼 빈딩(Karl Binding)과 알프레트 호헤(Alfred Hoche)가 공저한 무가치한 생명의 파괴를 허용함(*The Release of the Destruction of Life Devoid of Value*)이라는 책에서 최초로 사용하였다.[1] 이 책에서 저자들이 이 용어를 어떤 뜻으로 쓰고 있는지 분명하게 나타나 있다. 이 두 저자는 이 용어를 "견뎌내기 어려운 생명을 완벽하게 구제할 수 있는 권리"를 지니고 있었던 한 사람의 살인 행위를 정당화하기 위한 운동의 모토로 삼았다. 그러나 우리는 견뎌 내기 어렵다고 정의를

---

[1] 이 책은 아마 독일인이 안락사 계획으로 시작하여 특수 집단의 집단 학살을 시도한 것으로 끝낸 일에 대한 이론적 원리의 시작이었을 것이다.

내리는 사람이 누구인가에 대하여 물어보아야 한다.

타고난 결함을 가지고 있던 신생아를 굶겨 죽이는 행위를 수동적 안락사(passive euthanasia)라고 부르는데, 이것은 그런 만행을 저지르는 사람들의 마음에 같은 아이를 죽이기 위하여 적극적인 행동을 취하는 것보다는 그럭저럭 더 잘 받아들여질 수 있어 보인다.

경우에 따라서 의사는 환자를 치료하면서, 비상 수단을 사용하지 않겠다고 결정할 수 있다. 그러나 이것은 정당한가? 무엇보다도 먼저, 의료상의 치료를 언급할 때 비상이라는 말의 뜻을 규정해야 한다. 오늘 비일상적인 것들이 내년에는 일상적인 것이 되며, 작년에 비일상적이던 것이 지금은 평범한 보통의 것이 되어 있다. 산소 투여(administration of oxygen)나 링거 주사에 의한 영양 공급(intravenous fluids)의 사용이 특별한 비상 수단이었던 시절이 있었다. 호흡기계와 (심박의)보조조정기(pacemakers) 및 인공심폐장치(heart-lung machines) 등도 마찬가지였다.

이 책의 공동 저자 쿠프 박사는 그가 수술하는 심한 선천성 장애 신생아들(도저히 살 가망이 없는 아기들)이 보통으로는, 즉 비상하고 특별한 치료를 받지 않고는 결코 살 수 없을 것임을 보여준 적이 있다. 그러나 그러한 비상한, 특별한 치료를 받아서 그들 대부분은 생명을 누리고 있다. 그리스도인인 쿠프에게는 어떤 지침이 있는가? 쿠프에게 있어서 그것은 청지기 직분의 문제인 것이다. 쿠프는 자기 환자들을 치료하면서 사용한 기술에 대하여 사회에 책임을 지고 있다. 그리고 그 점을 넘어서 쿠프는 자기에게 은사로 주신 기술에 대하여 하나님 앞에 책임을 지고 있을 뿐만 아니라, 하나님께서 자기에게 맡겨주신 환자들의 치료에 대해서도 하나님 앞에 책임을 지고 있다고 믿고 있다.

비종교적인 용어를 사용하자면, 그 핵심 내용은 동기이다. 한 사람의 의사가 심중에 가장 중요하게 지켜야 할 것, 가장 고상하고 고귀하게 품고 있어야 할 것은 그의 동기 또는 의도(intent)이다.

의사는 인간 생명이 경이롭고 유일무이하다는 사실을 끊임없이 의식해야 한다. 물론 때때로 의사는 어려운 결정에 부딪힌다. 또 자기가 사용하고 있는 전문 의료 기구들이 생명을 연장하기보다는 오히려 죽어가는 경험을 연장하는 것일 뿐이라는 믿음이 들게 될 때, 가능한 한 환자를 편안하게 해주면서 비상 조치로 동원된 수단을 철거시키고 자연의 섭리에 그 경과를 맡길 수도 있다. 바로이것이 과거 수년 동안 환자와 의사, 또는 환자의 가족과 의사 사이의 신용과 신뢰의 영역에서 의사들이 행해 왔던 바이다. 그것이 진정 "존엄한 죽음"이며 안락사에 대한 조작된 완곡 어법이 아닌 것이다.

그러나 오늘날 논의되고 있는 문제는 이것이 아니다. 문제는 죽음이 임박해 있고 죽음을 피할 수 없는 경우를 논의하는 성경적 생명관을 지닌 의사들이 아니다. 오히려 사안을 더 넓게 확대시키고 있는 전적으로 새로운 사상을 지닌 의료인들과 준의료기관의 전문 요원들이 문제이다. 이 사람들의 속셈은 직접적으로 죽이는 일을 하거나 생명을 유지해 줄 수 있는 도움과 조치를 전혀 취하지 않음으로써 한 사람의 환자가 죽는 것을 옹호하고자 하는 것이다. 물론 상황이 어려울 수도 있지만 말이다. 이런 살인 행위를 아이러니컬하게도 "자비로운 살인"(mercy killing)이라 한다.

다음 단계는 환영받지 못하며 불완전하다는 이유로, 또는 사회적으로 당혹감을 준다는 이유로 개인이나 집단을 파멸시키는 일이다. 고령자, 허약자, 지진아, 정신 이상자 등이 그 대상이다. 만약 누군가가 이 일을 실행하고 있다면, 그 사람은 속칭 자비로운 살인의 한계까지도 넘어서서 행동하고 있는 것이며, 제2차 세계 대전 동안 나치가 행했던 만행을 똑같이 저지르고 있는 것이라 할 것이다. 이 행위는 본질적으로 낙태 시술자들이 태어나지 않은 아이들을 놓고 저지르고 있는 행위와 같은 것이다. 낙태 시술자들의 대다수는 태어나지 않은 아이가 살아 있는지에 대하여 전혀 의사로서의 관심과 배려를 기울이고 있지 않기 때문이다. 그런 아이를 갖는다는 것은 단지 불편하고 비경제적이며, 아마도 곤란한 일일 뿐일 것이다. 이러한 관행의 필연적인 결과는 선택적 죽음(death selection)과 대량 학살(genocide)이다.

카렌 퀸란 사건

안락사에 대하여 논의하게 될 때 최근에 가장 잘 알려져 있는 의학적, 윤리학적 딜레마로서 생각나는 것은 아마도 카렌 퀸란(Karen Quinlan) 사건일 것이다. 간단히 말하면 다음과 같다. 카렌 퀸란 양은 친구들에 의하여 한 지역 병원 응급실에 옮겨졌다. 술과 마약을 섞어서 복용한 후 무의식 상태에 빠진 것이다. 그런 상태에서 병원 응급실에 입원하게 된 환자라면 천이면 천 거의 사망하게 되고, 극소수만 살아남게 된다. 그러나 카렌 퀸란은 생사의 갈림길에서 의식을 잃은 상태로 생명을 연장했다.

퀸란은 의심할 여지없이 신체적으로는 가장 비참한 상태에 빠져 있었다. 엄청나게 체중이 줄어서 태아와 같은 상태였다. 그녀는 비록 무의식 상태이긴 하였지만, 고통과 소음에 반응하였으며, 사지를 쓰다듬으면 오므렸다. 미국의 여러 지역에서 전문가들이 와서 살펴본 후 퀸란 양은 결코 회복될 수 없으며, 그녀의 호흡을 도와주는 산소 호흡기로만 연명할 수 있을 것이라고 말하였다. 이러한 "전문가들의 증언" 때문에 카렌의 부모는 자기 딸을 치료하고 있는 담당 의사들이 산소 호흡기의 "플러그를 빼도록" 조처해 달라고 법원에 청원했다. 뉴저지 지방 법원의 판사 로버트 뮤어(Robert Muir) 2세는 주목할 만한 판결을 내렸다. 즉 카렌이 혼자서 호흡 활동을 유지할 수 없어서 죽게 될 것이라는 이유로 산소 호흡기를 연결하지 않는 것은 살인행위라고 판결한 것이다.[2]

---

[2] 퀸란 사건은 처음부터 결코 법정에 가지 않았어야 하는 것이다. 그 당시 (그리고 오늘날에도) 미국 안에 펼쳐져 있던 의료 악행 풍토가 아마 소송을 시작

이에 카렌의 가족들은 뉴저지 대법원에 항소했는데, 뉴저지 대법원은 하급심의 판결을 번복하였다. 대법원의 판사들은 플러그를 뺄 수 있다는 판결을 내렸다.[3] 이에 따라 산소 호흡기는 연결되지 않았다. 그런데 모든 사람들이 놀란 것은 카렌이 계속하여 숨을 쉬었다는 사실이다. 이 사건은 모든 관계자에게 한 가지 교훈이 되었음

하게 된 중요한 원인이었을 것이다. 의료계에 종사하는 많은 사람들은 장차 의료계 관행에 담겨 있는 뜻을 알면 두려워했을 것임에 틀림없는 그런 시점에도 퀸란 가족이 법정에 가고자 한 결정을 찬성했다.

　카렌 퀸란 사건이 위협했던 바는 환자-가족-의사 관계의 분열이었다. 이 사건은 의사가 법정과 병원 윤리 위원회의 전문적인 도구가 될 때가 있을 것이라고 미리 말해 주었다.

　워싱턴 D.C.의 케네디 생명윤리 연구 센터(Kennedy Institute Center for Bioethics)의 리처드 맥코믹(Richard A. McCormick, S. J.)은 이 점을 다음과 같이 잘 말하였다. "……(퀸란 사건에서) 영원히 남는 문제는……치료 전문 집단의 도덕적 위상이다. 이 도덕적 위상은, 건강상의 치료에 필요한 의사결정은……환자-의사-가족 관계 안에서 일차적으로 통제할 것이며, 이 결정은 개별 사건과 상황에 맞는 것이어야 한다는 확신에 뿌리박고 있다. 만일 기술과 법률이 주로 이런 주도권을 찬탈하려고 한다면……비인격적인 고려가 인격적인 고려를 대신하여 우리가 하는 치료를 미리 결정하게 된다……."

　[3] 1976년 3월 31일에 뉴저지 주 대법원은 7 대 0의 결정으로 하급 법원의 판결을 기각했다. 이 결정은 다음과 같은 것이었다. "카렌의 보호자(아버지)와 가족의 동의를 받아, 책임 있는 담당 의사들은 카렌이 현재의 혼수 상태에서 의식을 차려 지각이 있는 상태로 깨어날 합당한 가능성이 없고, 카렌에게 지금 사용하고 있는 자활 도구들을 제거해야 한다고 결론을 내린다 할지라도, 병원 '윤리 위원회'나 카렌이 입원하고 있는 기관의 비슷한 기구에 자문을 구해야 할 것이다.

　"만일 자문 기구가 동의한다면……현재 사용하고 있는 생명 보조 기기를 제거하고, 따라서 이미 언급한 조치는 보호자나 의사나 병원이나 그 누가 되었든지 상관없이 원고, 피고 누구에게도 민사상 책임이나 형사상 책임이 없다……."

　그래서 윤리 위원회는 이 결정에 서명했다. 카렌 틸(Karen Teel) 박사는, 많은 병원이 의사뿐만 아니라 사회 활동가, 변호사, 신학자로 구성된 윤리 위원회를 가지고 있다고 말했다(*Baylor Law Review* 6 : 8-9, 1975). 틸 박사는 후에 *Medical Tribune*(January 5, 1977)지에 낸 보고서에서 이렇게 말했다. "나는 이제 윤리 위원회의 설치에 대하여 점점 유보적인 입장을 갖게 되었다……이제 사건마다 그 시비곡직에 따라 결정해야 한다고 믿는다."

에 틀림없다. 아무리 학식이 많고 노련한 전문가라 할지라도 의학적 견해는 결코 무오할 수 없다는 것이다.[4]

만약 뉴저지 모리스타운의 뮤어 판사가 이 사건에서 플러그를 뺄 수 있다고 판결하였다면 카렌과 같은 상황에 처했던 다른 환자들이 그와 같은 조치를 요구해도 합법화되었을 것이다. 뮤어 판사가 판결을 내릴 당시 필자 가운데 한 사람인 쿠프는 카렌 퀸란의 신경 상태에도 미치지 못하는 네 명의 아동을 치료하고 있었다. 이 아동들은 큰소리나 고통에 반응하기는 했지만, 무의식 상태였으며 필요한 산소 공급은 산소 호흡기의 도움에 의존하고 있었다. 만약 뮤어 판사가 카렌의 호흡기를 제거하라고 말했다면 병원 운영자나 의료진이나 간호사들 또는 이 환자들의 부모들이 "자 보시오. 법적인 선례가 있으니 산소 호흡기를 끊고 치워 버립시다"고 말해도 지당한 말이었을 것이다. 그러나 이 아이들은 모두 마침내 건강하게 되어 집으로 돌아갔다. 비록 법원의 판결이나 전문가의 증언이나 "이렇게 처리하라. 그러면 모든 것이 잘될 것이다"고 말하는 다른 모든 지시가 있다 해도 역시 만인에게 똑같은 사법적 준칙을 적용시킬 수는 없음이 명백하다.[5]

---

[4] 미국 대법원은 뉴저지 주 대법원의 판결에 대한 재고를 거절하면서 카렌 퀸란 사건에 끼어들게 되는 것을 거절했다. 이 글을 쓰고 있는 때인 1979년 2월에도 카렌은 여전히 살아 있다.

[5] 카렌 퀸란 사건 이래로, 의학 문헌과 다른 문헌은 어려운 상황 속에 처한 의사들에게 주는 "지침"을 가득 실었다. 그러나 죽어가고 있는 혹은 혼수상태에 있는 환자들에 대한 생명 연장 치료를 그만 두게 하는 지침(이 지침은 세계 도처에서 유명 의사들이 보통으로 시행하고 있는 것이다)은 얼마나 쉽게 안락사에 대한 지시로 바로 바뀔 수 있는지 살펴보라. 스위스 바젤발 뉴욕 타임즈지에서 보고하고 있는 것처럼, "한 의사는, '안락사에 대한 지시가 미국에서 적용되고 있다면 의사들은 국제적인 논쟁을 불러일으키고 있는 환각상태에 빠진 뉴저지 출신 여성인 카렌 퀸란의 정맥 영양 공급 주사를 중단해도 될 것이다'고 말했다." 이 스위스 의사의 말에는 잘못된 생각이 아주 많이 있다. 무엇보다 먼저, 스위스 의학 아카데미가 제시하는 지시 사항들은 안락사 지침이 아니다. 그러나 이 의사는 곧바로 이 용어를

어느 누가 죽음을 원하랴

안락사에 대한 관심이 고조되고, 안락사라는 말이 우리의 일상생활에 자리잡게 되면서 노인의 지위가 떨어지고 있으며, 궁극적으로는 노인들의 건강을 별로 돌보지 않고 있다. 마찬가지로, 이 사회에서 빨리 "물러나지 않으려 하는" 사람들은 어쨌든지 이 사회에 기여하지 못하는 사람들이라는 사고 방식을 부추기고 있다. 그리하여 경제적인 측면을 고려하기 시작했으며 노인 축에 끼는 사람들은 — 우리의 이 미치광이의 정신 분열에 걸린 사회에서는 — 똑같은 비용으로 현재 자신들에게 제공되고 있는 의학적인 대접과 처우를 좀더 젊고, 받을 만한 가치가 있는 사람들에게서 어느 정도 빼앗고 있다고 느끼게끔 되었다. 예를 들어 1977년 보건교육복지성(Department of Health, Education and Welfare)의 한 차관보는 사망 희망서 법안(living-will legislation)을 법률로 제정하지 않는 여러 주에 대해서는 통상적으로 각 주의 주요 프로그램을 시행하기 위하여 배당되는 주 기금을 보충해 줄 연방 지원금을 철회하거나 삭감하여 처벌할 것을 제의했다.[6]

이 아카데미의 말과 같은 것으로 사용해도 좋다고 보았다. 둘째로, 카렌 퀸란은 정맥 영양 공급 주사를 맞고 있는 것이 아니다. 코로 연결된 관을 통하여 음식을 공급받고 있다. 우리는 이 차이점을 주목해야 하는데, 이는 이 사건의 잘못된 보도가 관으로 하는 영양 공급이 카렌 퀸란을 치료하면서 사용하는 정맥 영양 공급 주사만큼 "비상한" 것인지 아닌지의 문제를 정당하게 제기할 수 있기 때문이다.

[6] 1977년 6월에 보건교육복지성(HEW)의 신임 보건 관리 재정 행정관인 로버트 더존(Robert R. Durzon)은 HEW의 서기인 조셉 칼리파노(Joseph A. Califano)에게 각서를 통하여 다음과 같이 제시했다. 치명적인 환자에게 생명 유지 기구를 철회할 수 있게 하는 사망 희망서 법을 시행하지 않는 주로부터 연방 의료 보장 기금을 거두어 회수하자는 것이다. 각서의 내용은 다음과 같다. "주들이 그런 법률을 통과시키도록 촉구하고, 좀더 강력하게는 통과시키지 않을 시에 연방 자원금을 회수하면, 그런 사망 희망서를 집행할 때 건강 비용 지출이 줄어들 것이다…… 의료 보장 경비의 1/5 이상이 인생 말년에 있는 사람들을 위하여 지출되고 있다. 그래서 회계연도인 1978년에, 49억 달러가 그런 사람들에게 사용될 것이며, 사망

어떤 사람들은 사람이 단지 기계일 뿐이라고 믿고 있을 뿐만 아니라, 사람이 한 대의 커다란 컴퓨터의 디지트일 뿐이라는 사상 위에서 행동하고 있다. 인간 관계의 아름다움과 실재는 말할 것도 없고, 온정과 사랑과 동정 따위의 정서는 특히 경제적 측면에서 노리는 효율성이라는 거대한 우상을 위해서 아예 쳐다보지도 않곤 한다.

우리는 안락사를 주장하는 세력들에 의해 그릇 인도받지 않도록 주의해야만 한다. 그들은 그 어느 때보다 활동적이다. 예를 들어 "죽음을 택할 권리"(The Right to Choose Death)라는 제목으로 루스 러셀(O. Ruth Russell) 교수가 쓴 다음의 기사를 살펴보자 (1972년 2월 14일자 뉴욕 타임즈). "이제 죽어가고 있는 고령의 불치병 환자 수천 명 — 그것도 경우에 따라서는 막대한 양의 수혈과 영양 주사와 인공 산소 호흡기와 다른 과감한 수단의 도움을 받아서 살고 있지만, 틀림없이 죽기를 원하고 있는 — 의 사람들을 왜 계속하여 목숨을 연장시키고 있는가 진정으로 물어 봐야 할 때이다." 세상에는 어떤 특별한 수단에 의지하지 않고 그저 말 그대로 "살아 있지만 죽어가고 있고 불치병에 걸려 있으며 고령인" 수천 명의 사람들이 있다. 러셀 박사는 어떤 사람들이 "틀림없이 죽기를 원하고 있다"고 말하고 있는데, 어떻게 해서 그녀는 이런 사람들의 상당수가 생명을 누릴 수 있도록 도움을 받을 수 있을지라도 그렇게 도와준 모든 일들에 도무지 감사하지 않을 것이라고 생각하게 되었을까? 우리들은 사람들이 이런 고통을 당하지 않는 사람들이라 할지라도 "죽고 싶어"라고 말하는 것을 듣지만, 얼마 지난 후 사는 문제에 대하여 그 말과는 전혀 다른 생각을 하고 있음을 발견하게 된다.

세간에는 "권리"니 "동정"이니 하면서 많은 주장들이 터져 나오

희망서를 채택하여 이 경비의 지출을 줄인다면, 오직 의료 보장 항목으로 된 저금이 12억 달러에 이를 것이다……"(워싱턴 포스트, 1977년 6월 22일 수요일자 보도).

고 있다. 이 용어들은 좀더 도덕적이고 동정심이 많았던 시대에서 빌려온 말들로서 지금은 순전히 조작적이며 기만적으로 사용되고 있다. 왜냐하면 이 말들은 가장 야만적인 사상들을 정서적으로 어떤 고결함을 지니고 있는 듯이 오도할 수 있기 때문이다. 이 사실들을 받아들이게 될 때, 그 결과들은 추악한 것이다. 원래의 소위 이념은 금새 잊어버리고 실용적이며 자의적이며 경제적인 요인으로 바뀌게 된다. 상황은 더욱더 잔인하게 되어 생명과 사람과 개성과 인간성 따위는 신경쓰지도 않게 되는 것이다.

1973년 미국 의학 협회(American Medical Association)의 의장으로 선출된 말콤 토드(Malcolm Todd)박사는 비록 그 결정들이 단지 의료적인 개입의 억제라 할지라도 의사들로만 자비로운 살인 여부에 대하여 결정을 내려서는 안 된다고 주장하였다. 그리고 그는 다양한 종류의 사람들로 구성된 위원회에 의해서 필요한 결정을 내릴 것을 제안하였다. 이 말이 무엇을 나타내려는지 알겠는가? 이 위원회라는 것은 그저 결정 책임을 많은 사람, 소위 전문가들에게 확대시키는 방법일 따름이며 이 전문가라는 사람들이 자기 분야의 기준에 근거를 두고 각각 결정을 내리자는 것이다.

이와 같은 확대 검토에 의하여 객관성 또는 도덕성의 견고한 기반이 형성되지는 않는다. 이들이 요구하는 것은 다만 너무나 많은 돈이 노년층에 소비되고 있다고 믿는 사람들일 뿐이며, 비상한 수단의 사용 여부를 결정하기 위하여 시작한 위원회라는 것은 객관성과 도덕적 기준을 가지고 있지 않다면 선별 살인 결정 위원회(death-selection committee)가 되기 쉽다.[7]

필립 애디슨(Philip H. Addison) 박사는 런던에 있는 의료 수호 협회(Medical Defense Union)의 의장이었을 당시, 영국의료협회

---

[7] 어떤 위원회가 자연적으로 발전하여 금지된 범위를 넘어서 나아가는 보기로서 낙태를 활동 영역의 하나로 삼은 인권 위원회(Human Rights Commission)를 들 수 있다.

과학교육이사회(British Medical Association Board of Science and Education)는 벨기에 겐트에서 개최되었던 제3차 의료법 세계대회(World Congress on Medical Law)에서 죽어가는 환자들 중에서 안락사를 요구하는 환자는 거의 없다고 발표하였다. 자신들이 죽어가고 있음을 알고 있는 사람들은 보통 생명의 연장을 환영한다. 그 보고서는 계속해서 앓고 있는 병의 성격이나 내용이 어떤 것이든 오늘날에는 (안락사를 시키지 않고서도) 고통 없이 평온하게 죽을 수 있다고 말한다. 현대 의학은 생명의 단축 없이도 고통을 극복할 수 있다는 것이다. 만약 이것이 사실이라면 안락사의 합법화를 요구하는 사건은 현저하게 줄어들 것이다.[8]

그러므로 안락사에 대한 실용주의적 주장들은 사실에 근거를 두었다기보다는 오히려 저급한 생명관을 담고 있는 세계관에 근거를 두고 있는 경우가 흔하다는 사실을 알게 된다. 조작이 난무하며 같은 본질을 지닌 대중 매체가 사람들에게 압력을 가할 가능성이 많은 오늘날에 안락사의 희생자가 될 사람들 편에서 표시한 약간의 의사를 일종의 기준으로 정한다 할지라도, 희생자가 될 지 모르는 사람들이 특히 병들었거나 고통을 당하고 있는 상태라고 한다면 실제로 어떤 선택을 하게 되겠는가?

안락사에 대한 또 하나의 주장으로는 "상황윤리"를 대중화시켰던 조셉 플레처의 주장이 있다. 그는 1973년 미국 간호학 저널(*American Journal of Nursing*)에서 존엄한 죽음에 대하여 다음과 같이 논의하였다.

> 우리가 자비와 동정이라는 이유로 치료적 낙태(therapeutic abortion)를 행하듯이 태반에 들어 있는 인간 이하의 생명을 적극적으로 살해하는 것은 윤리적으로 인정하면서도, 커다란 몸체를 지닌 인간 이하의 생명을 적극

---

[8] *Medical Tribune*, October 10, 1973.

적으로 중단시키는 일은 승인하지 않는다면 그것은 불합리한 일이다. 양수 검사를 해서 태아에게 끔찍한 결함이 있다는 점이 밝혀졌을 경우 임신을 중단시키는 것이 우리의 도덕적 의무라고 한다면, 뇌검사에 의하여 암에 걸린 환자의 뇌에 암세포가 퍼지고 있다는 것이 밝혀졌을 때, 그 환자의 가망 없는 비참한 상태를 끝내주는 것도 역시 마찬가지로 우리의 의무이다.[9]

여기서 플레처는 아무런 논의도 없이 "동정"으로 아기들의 목숨을 끝마치도록 해주는 일은 윤리적 승인을 받았다고 천명하고 있다. 그 다음에 그는 매우 문제가 많은 "윤리적 승인"이라는 말을 의무의 맥락에서 설명하고 그 일을 행하는 것이 우리의 의무이기 때문에, 암에 걸려 암세포가 뇌에까지 퍼진 환자의 생명을 끝내주는 것 역시 우리의 도덕적 의무라고 말한다. 그의 말에 의하면, 다른 주장은 우스꽝스러운 것이다.[10]

그러므로 다시 한번 인도주의적인 제스처를 가장하여 가장 통탄할 만한 정조(sentiment)가 제시되고 있는 것이다. 이것은 노예 제도가 진정 흑인의 유익을 위한 것이며, 흑인도 중국에 가서는 정원의 헛간에서나마 백인의 문화를 공유하게 될 기회를 갖게 된 것을 감사하게 될 것이라는 이론을 적극적으로 지지하였던 노예 소유주들을 기억나게 한다. 나치 역시 그들이 죽인 희생자들이 사회의 보편적 선이라는 지고의 목적을 위하여 희생되고 있다고 주장했다. 그러므로 우리는 조셉 플레처와 같은 사람들을 인명에 대하여 쓸데없이 끼어드는 심각한 간섭자로 생각할 수 있다. 그들은 또한 하나님께서 하실 일에 쓸데없이 끼어드는 간섭자들이기도 하다.

---

[9] Joseph Fletcher, "Ethics and Euthanasia," *American Journal of Nursing*, 73 : 670 (1973).

[10] 의학적으로 플레처의 보기는 좋은 것이 아니다. 뇌 주사로 뇌의 전이가 드러날 수 있지만 고통이나 위험한 상황은 없을 수도 있다.

안락사와 법

 안락사 분야에서 일어나는 사건의 대부분은 법정에서 발생하고 있다. 신문에서는 이런 주제들에 대하여 많이 읽을 수 없지만, 하나의 소송에서 판결이 날 때마다 법적 선례는 남게 된다. 과거 수년 동안 미국의 법정들은 허다한 법적 선례들을 남겨 왔으며, 안락사, 치료 중단, 죽을 권리 등의 주제들에 대하여 많은 논의를 해 왔다. 존 화이트헤드(John Whitehead)가 제2의 미국 혁명(*The Second American Revolution*)에서 지적하고 있다시피, 법정에서 무슨 일이 일어나고 있는지 이해해야만 어떻게 그리 쉽게 미국에서 안락사가 합법화될 수 있었는지 이해할 수 있게 될 것이다.

 특히 치료가 특수하며 환자가 불치병으로 고생할 경우, 미국의 현행 법률은 성인에게 의학상의 치료를 거부할 권리를 주고 있다. 주 정부가 그 사람의 목숨을 유지시키는 것이 훨씬 이득이 있다고 확신하지 않는 이상, 어느 누구도 해당 성인에게 치료를 받도록 강요할 수 없다. 치료를 거부할 수 있는 권리는 언제나 관습법(common law)의 일부였다.

 그러나 법정은 카렌 퀸란 사건에서 치료를 거부할 수 있는 관습법의 권리를 넘어서서 이른바 프라이버시에 대한 헌법적 권리라는 새로운 권리에 대하여 언급하였다. 이 새로운 권리에는 원치 않는 치료를 거부할 수 있는 권리가 들어 있다. 최근 매사추세츠의 한 법정은 만약 환자가 새로 수립된 헌법적 권리를 행사할 수 없는 경우라면, 그 환자를 위하여 그러한 결정을 내리도록 다른 사람을 지명할 수 있다고 판시하였다. 환언하면, 다른 누군가가 그 사람이 살아야 할 것인지 죽어야 할 것인지를 결정할 수 있다는 말이다.

 퀸란 사건 담당 법정이 치료를 거부할 수 있는 헌법적 권리를 선포함으로써 그 권리를 남용할 수 있는 문이 활짝 열리게 되었으며, 미국에서 안락사를 합법화하는 길을 열어 놓게 되었다. 헌법적 권리는 관습법의 권리보다는 훨씬 광범위하며 훨씬 넓게 확대 해석될 소지가 많다. 관습법은 이미 치료 거부권을 인정하고 있었다. 그러나 그러한 권리가 헌법의 일부라고 하게 되자 법정들은 그 권리가 의미하는 바가 무엇인지 나름대로의 해석을 전개하기 시작하였다.

1973년 대법원은 프라이버시의 권리를 새로운 헌법적 권리로 제정하였다. 그들의 해석에 따르면 그 권리에는 낙태할 수 있는 권리가 들어 있다. 그러므로 법정들이 헌법적 권리들을 해석하기 시작하면 아무도 그 결과를 예측할 수 없게 될 것이다.

이와 같은 헌법적 권리의 확대는 바로 브라더 폭스 재판(Brother Fox case)으로 알려져 있는 뉴욕의 한 재판에서 일어났다. 이 재판에서 재판부는 사람에게는 존엄한 죽음을 죽을 헌법적 권리가 있다고 판시하였다. 그러나 그 법정은 계속하여 판시하기를, 비록 환자가 치료의 중지를 원한다고 통지하지 않았을지라도 다른 사람이 그 환자를 위하여 "대리 판단"을 내려 치료를 중지할 수 있다고 말하였다. 다른 사람이 당신의 죽을 권리를 행사하여 당신에게 죽음을 가져다 줄 수 있다는 말이다.

이 재판에서 법정이 치료 거부권을 말하지 않았던 점을 주목해 보라. 이 법정은 그보다 훨씬 강하고 적극적인 권리인 죽을 권리에 대하여 언급했던 것이다. 이와 같은 어휘의 변화는 매우 중요하다. 죽을 권리라는 말은 합법화된 안락사를 지지하는 또 하나의 법조문일 수 있기 때문이다. 모든 사람에게 죽을 권리가 있다면, 모든 사람에게는 직접적인 또는 간접적인 수단에 의하여 자신의 목숨을 끊을 권리(또는 타인을 시켜 자신을 대신하여 그 일을 하도록 할 수 있는 권리)가 있게 된다. 이것은 더 이상 그저 어느 한 사람이 죽어가는 과정만을 연장시킬 따름인 값비싸고 고통스런 치료를 거절하려고 결정을 내리는 그런 문제가 아니다. 이것은 안락사의 합법화를 의미하는 것으로 쉽게 해석될 수 있는 새로운 헌법적 권리인 죽을 권리를 만들어 낸 법정의 문제이다. 이와 같이 이것은 법정에만 속하는 문제도, 결정하는 개인에게만 속하는 문제도 아니며, 모든 사람의 문제이다.

다행스럽게도 그 소송은 고등 법원으로 올라갔다. 고등 법원의 판사들은 아무런 헌법적 의미의 죽을 권리에 대하여 언급하지 않고, 그 사건에 대하여 판결을 내렸다. 그 판사들은 법은 이미 충분하고 명확하므로 새롭고 복잡한 헌법적 권리를 창조해 낼 필요가 없다는 의견을 제시했다.

브라더 폭스 사건은 몇 가지 이유에서 우리에게 일종의 경고 노릇을 하고 있다 하겠다. 이 소송 사건은 이 미국 땅에서 얼마나 교묘하게 안락사의 합법화가 법으로 제정될 수 있는가를 우리에게 밝혀주고 있다. 하나의 법정이 새로운 헌법적 권리를 창조해 낸다. 그러면 그 다음 법정에서는 그 권리를 확대시키며, 곧 이어 우리는 우리 사회와 가족들 가운데서 노인과 기형아와 우리가 가지고 있는 완전의 기준에 모자라는 누군가를 합법적으로 살해할 수 있게된다. 낙태의 합법화가 미합중국 대법원이 내린 한 번의 판결로 이루어지게 되었듯이, 안락사의 합법화는 판사 한 사람의 빠른 두뇌 회전에 의해 합법화될 수 있을 것이다.

둘째로, 브라더 폭스 사건은 언어의 사용에 관하여 우리에게 경고를 주고 있다. 말은 여러분의 입장을 다른 사람에게 설득시키는 데 있어서 중요한 수단이다. 안락사 찬성론자들은 "존엄한 죽음", "죽을 권리" 따위의 슬로건으로 자기들의 진의를 감추는 데 능숙하다. 이러한 어구들은 쉽게 사람들의 주위를 끈다. 모든 사람들은 존엄한 죽음이 있다고 믿는다. 그러나 이러한 슬로건들이 법정에서 해석될 경우, 이것들은 대단히 새로운 뜻을 부여받게 된다. 죽을 권리와 같은 말도 그 말이 기실 법적으로는 당신이 스스로 당신 자신을 죽일 수 있다는 뜻이며, 또는 당신이 죽기를 원치 않을 경우라도 다른 누군가가 당신을 죽일 수 있다는 뜻이라는 것을 파악하게 되기 전까지는 매우 그럴 듯하게 들린다. 언어란 강력한 것이다. 그러나 그 말은 법정에서 풀이하면 단순한 슬로건 이상의 것이 된다. 그 말이 이제는 이 땅의 법이 된다. 그리고 종종 그 해석은 우리의 예상과는 전혀 딴판이 된다. 우리는 우리의 동정심을 유발시키는 교묘한 말장난과 사상에 현혹되어 안락사를 받아들이도록 조작당하지 않을까 주의해야 한다. 이 미국 땅에 현존하고 있는 안락사 찬성 세력들은 자기들의 진정한 속셈을 가리기 위하여 이러한 슬로건들을 일부러 채택하고 있다. 그들은 아직 미국의 대중들이 안락사의 합법화를 인정할 단계가 아님을 알고 있으며, 이 분야에 있어서 법정의 힘이 어느 정도인가 잘 알고 있다. 과거, 낙태 찬성론자들은 법정이 낙태 합법화에 대한 자기들의 유일한 희망으로 알았다. 이와 마찬가지로 영아 살해 찬성론자들도 법정의 중요한 역할을 알고 있다. 한편으로 그들은 사탕발림을 한 감언 이설로 우리의 두려움을 달래면서, 다른 한편으로는 타인의 선택에 의한 죽음이라는 그들의 목표를 달성시키기 위하여 사법 조직 속에서 분주히 뛰어다니고 있을 것이다.

신문 보도

이미 합법적이라고 천명받은 자의적인 낙태뿐만 아니라 또 다른 종류의 살인 형태를 받아들이는 속도가 너무 빨라서 그 옹호자들까지도 놀랄 지경이다. 의료계와 의학계의 전문 직업인들만이 죄인은 아니다. 일반 대중의 무관심과 특수한 몇몇 집단의 부정적인 활동이, 인간이 지닌 독특한 가치를 무너뜨리는 데 크게 기여하고 있다. 정부의 각료들뿐만 아니라, 언론 매체 역시 이 문제를 쳐다보지도 않으며, 또는 독자적인 도덕적 기반을 견고하게 다지지 못한 채 그저 이리저리 떠돌아다니고 있다. 그러나 주범(主犯)은 바로 인본주의적 합의이다. 이 인본주의적 인생관과 세계관은 사람을 기계라고 선언하며, 인간이 보기에도 인간의 가치를 깎아내린다.

대중 매체에서 다룬 안락사 논의를 몇 개 검토해 보도록 하자. 미국 연합 통신사(AP)는 "'노인을 위한 죽음의 알약'에 대하여 열띤 논쟁을 벌이는 영국"(Debate Rages In England Over "Death Pill For Aged")이라는 한 기사를 다음과 같이 실었다 : 영국인 의사 존 건드리(John Goundry)는 "죽음의 알약"이 유용하여 아마도 20세기 말에는 의무화될 것으로 내다보고 있다. 그는 만약 노인들이 요구한다면 의사들이 "죽음의 알약"을 줄 수 있을 것이라고 한다. 또 그는 "나는 결국 안락사를 주관하며 주장하는 국가를 볼 수 있을 것이다"고 말하고 있다.[11]

영국 노인 후원회(Help the Aged)의 회장인 데이비드 호브만(David Hobman)은 죽음의 알약에 대한 제안은 히포크라테스 선서와 완전히 어긋난다고 말했다. 그러나 이 선서는 이미 변질되었으며(참조. 제1장 주3), 인간성의 상실이 심해짐에 따라 훨씬 근본적으로 변할 것으로 예상된다.

스웨덴의 공공 위생 담당 의사인 라그나 토스(Ragnar Toss)는 매년마다 자살하는 이천 명 이상의 스웨덴 국민들을 위하여 ㅡ "그들을 치료하기 위해서가 아니라 그들이 자살하는 것을 도와주기 위하여" ㅡ 자살 진료소를 열기를 원하고 있다. 1977년 8월 유명한 스웨덴 의학 저널(*Swedish Medical Journal*)지에 기고한 글에서 토스 의사는 이 제안이 현재 여성들이 낙태 문제를 두고 행하는 선택과 관련 있다고 말하고 있다.

지금까지 살펴보았듯이 이것은 미래의 일이 아니다. 제 마음대로 행하는 낙태에서 영아 살해로, 영아 살해에서 다시 안락사로 생각이 이어지면서 이제 "타인의 선택에 의한 죽음"은 점차 생각해 볼 수 있는 일이 되고 있다. 영국에서 발생한 한 여인의 사건은 낙태, 영아

---

[11] *Philadelphia Evening Bulletin*, August 13, 1977.

살해, 안락사를 생각해 볼 수 있는 것으로 이행하는 과정을 여실히 보여주는 실례이다. 이는 인간성 상실을 향한 자연적 추세의 모든 것을 보여주는 것이다. 욜란드 맥쉐인(Yolande McShane)이란 여성이 요양원에 있는 자기 어머니에게 다량의 수면제를 가져가 정량을 초과하여 복용하도록 강요했다. 그러자 그 어머니는 기독교에 뿌리를 둔 태도를 취하면서 저항하였다. "개는 영혼이 없지만 인간의 탈을 쓰고, 나중에 천벌을 받을까 두렵구나. 이것은 지옥에 떨어질 죄야." 그 딸이 이 말을 듣고 대꾸했는데, 이는 기독교적 기반이 침식되고 그에 따라 인간성이 상실되어 당연하게 나타날 수 있는 대답이었다. "어디를 둘러봐도 사람들은 다 그렇게 하고 있어요. 이것은 이제 죄가 아니예요. 요즘은 아무것도 아니란 말이에요."[12]

물론 인간이 하나님의 형상으로 창조되지 않았다면, 사회의 유익을 위하여 기형아와 노인들을 제거해서는 절대로 안 된다고 말해야 할 까닭이 없을 것이다. 일단 사회와 법정이 생명과 인격성을 나누어 버리면 말이다. 그럴 경우 옳고 그름은 어떤 특정한 시기에 그 사회의 과반수가 생각하고 있는 것이나 또는 그 순간에 법원의 판사들이 사회의 유익을 위하여 내린 판단의 문제가 될 것이다. "사회의 선"과 같이 고상하게 들리는 말이 냉랭하고 딱딱한 경제학으로 대체될 때 나사는 즉시 한 바퀴 돌게 된다. 욜란드 맥쉐인 사건은 이 점을 잘 보여주고 있다. 당시 그녀는 빚을 지고 있었으며, 어머니를 안락사시키는 데 성공했더라면 어머니의 유언에 따라 상당한 몫을 상속받았을 것이다.

신문 보도에 따르면 "죽음의 알약"을 옹호하고 안락사를 주장하는 국가를 볼 수 있게 될 것이라고 말했던 그 의사는 경제학에 근거하여 자기의 주장을 세웠다. 존 건드리 의사는 "수백 개의 영국 종합 병원들이 병든 노약자들을 수용하는 시설로 바뀌었으며, 한때

---

[12] *Time*, September 5, 1977, p. 29.

부자들이 드나들었던 호텔들이 지금은 노인들을 수용하고 있다. 경제는 아주 나빠지고 있다"고 말했다.[13]

만약 이것이 단 한 사람의 생각일 뿐이라고 말한다면, 그렇게 말하는 여러분들은 그에 대하여 재고해 보기 바란다. 낙태에 대하여 미국에서 벌어지고 있는 논쟁의 새로운 요소는 무엇인가? 그것은 순전히 경제이다. 뉴스위크지는 한 기사의 제목을 "낙태 : 누가 지불하는가?"(Abortion : Who Pays?)라고 붙였다. 이 기사는 1977년 6월 20일에 있었던 낙태 자금에 대한 대법원의 판결을 취급한 것이었다. 낙태에 대한 기독교적 합의를 내버림에 따라 자유 낙태와 태어난 아이들에 대한 양육 가운데 어느 것이 사회로 하여금 돈을 더 쓰게 하는가의 문제로 논의는 변천하고 있다. 뉴스위크지는 이렇게 보도하고 있다. "보건교육복지성의 평가에 따르면, 임신 초기 3개월 이내에 낙태시킬 때 드는 비용은 150달러인 반면, 원치 않는 아이 일인당 납세자가 첫 해에 내야 할 비용은 2,200달러이다."[14] 물론 이 수치는 임신 초기에는 원치 않는 많은 아이들이 나중에는 환영을 받게 되고 태어난 다음에 사랑을 받게 되며, 따라서 사회에 경제적으로 부담이 되지 않는다는 사실을 고려하지 않고 있다.

루이스 포웰(Lewis Powell) 판사는 각 주는 낙태를 금지시키지 않을 수도 있으나, 낙태를 위해 반드시 세금을 내야 하는 것은 아니라고 판시한 1977년 대법원 결정에 대한 대다수의 의견 가운데 하나를 기록하였다. 포웰은 거기에다가 "합법적인 인구 통계학적 배려가 낙태와 출생 사이의 중립적 입장에서 벗어나는 데 핵심적인 근거가 될 수 있다"고 주를 달았다. 이 "합법적인 인구통계학적 배려"란 한 지역에서는 인구를 늘이고 다른 지역에서는 인구를 억제하기 위하여 정부가 일부에서는 자유 낙태를 허용하고 일부에서

---

[13] *Philadelphia Evening Bulletin*, August 13, 1977.
[14] *Newsweek*, July 4, 1977.

는 자유 낙태를 허용하지 않을 수 있다는 뜻이다.

또는 이 말은 정부가 인구 조절을 위하여 어느 계층이나 인종에게는 자유 낙태를 허용하며 다른 계층이나 인종에게는 허용하지 않을 수 있다는 뜻일 수도 있다. 일개 대법원 판사가 쓴 이 주를 읽고 그 내용이 정부 조작과 또 하나의 비인간화를 가능하게 한 것을 보고 놀라지 않으며 분노하지 않을 사람이 어디 있겠는가? 여기에서 다시금 법의 이름으로 도덕이 사라지면서 우리 인류는 경제 효용과 조작의 대상으로 전락하고 마는 것이다.

유태인 대학살

여러분에게는 이 모든 것들이 여전히 극단적인 설명으로 보이는가? 그 지류는 세 갈래로 나누어진다 : 첫째, 법정과 입법자들이 만든 자의적인 사회학적 법, 둘째, 전문 의학계의 태도 변화, 셋째, 대중의 일반적인 무관심과 이기주의로 나누어지는데 이것은 "권리"라는 명목으로 더욱더 쾌락주의적인 생활 양식을 띠고 있다.

최근의 역사는 오늘날 우리가 어디에 있는지 우리에게 중요한 점을 가르쳐 주고 있다. 역사가들이 인류의 비정상적인 행동 패턴의 상당수가 나치 경험에 집중되어 있음을 점차 인식해 가고 있다고 우리는 생각한다. 리처드 루벤스타인(Richard L. Rubenstein)은 그의 책 역사의 교묘함 : 대량 학살과 미국의 미래(*The Cunning of History: Mass Death and the American Future*)에서 유태인 대학살에 대하여 다음과 같이 언급하고 있다.

> 파괴의 과정에는 독일 사회 각 분야의 협력이 필요했다. 정부 각료들은 새로운 개념과 법령을 이끌어내고, 교회들은 아리안 혈통이 우월하다는 증거를 제시하였으며, 체신부는 새로운 개념과 몰수와 시민권 박탈과 추방의 메시지

들을 전달해 주었다. 군대의 게슈타포와 SS 친위대는 한 장소를 처형 장소로 사용하였다. 다시 말하자면, 그 일이 이루어지는 데 있어서 독일 제국의 모든 주요 사회, 정치, 종교 기관의 참여가 필요하였는데, 이 기관들은 참여했던 것이다.[15]

유념해야 할 중요한 사실은 전문 의학계가 낙태와 안락사를 입안하는 데 지도적 역할을 했다는 점이다. 만약 그 당시 독일 의사들이 안락사 실행에 있어서 모범적이며 능동적으로 역할을 담당하지 않았더라면, 히틀러의 멸종 계획은 진행되다가 중단되었거나 느려졌을 것이다. 그러나 실망스럽게도 의학계의 대다수가 나치즘을 따라갔다. 적지 않은 수의 의사들이 테러와 인종 학살과 멸종 계획과 나치 치하에 있던 불행한 소수 인종에 대한 적극적이고도 야만적인 실험에 가담했던 것이다.[16]

1946-1947년 사이에 보스턴의 정신과 의사인 레오 알렉산더(Leo Alexander)는 국방부 장관 고문직과 동시에 뉘른베르크(Nuremberg)의 전범 재판소 자문 위원회 회장직을 맡고 있었다. 유명한 논문인 "독재 치하에서의 의학"(Medical Science Under

---

[15] Richard L. Rubenstein, *The Cunning of History* : *Mass Death and the American Future*(New York : Harper & Row, 1975).

[16] 가인에 대한 표시 : 인간 폭력에 대한 탐구(*A Sign for Cain* : *An Exploration of Human Violence*, New York : Macmillan, 1966, 1969)에서 프레데릭 워댐(Frederic Wertham)은 독일의 여러 계층 사람들이 개인의 의지와 양심을 정부의 의지와 양심에 복종시켰던 점을 아주 분명하게 나타낸다. 독일에서 잇따라 생긴 비인간화와 비인격화-그리고 이 점은 우리에게도 교훈이 된다-는 독일 국민과 특별히 나치가 자기들의 희생자들에 대한 미움으로 인해 이데올로기적으로 미쳐버렸다는 점이 아니라 그들이 그들의 운명에 전적으로 무감각했다는 점이다.
안락사 계획에서 살인을 하였던 자들은 학계에 종사하는 의사들이었으며, 대개는 유수한 대학의 교수들이었다. 이들은 우리가 미친 과학자들에 대하여 말하는 그런 의미의 "미친" 사람이 아니었다. 그들은 공리주의의 주문에 빠져 환자를 죽이는 대신에 환자를 보호할 때 드는 비용에 좀더 골몰했던 것이다.

Dictatorship)에서 그는 그 문제를 간략하게 설명하였다. 1949년 이 미국 땅에서 그가 처음으로 그 문제들에 대하여 글을 썼을 때, 그 분야에 큰 관심을 모았다. 그러나 그 문제들은 오늘의 우리에게 있어서는 더 중요한 문제들이다. 다음의 글은 알렉산더 박사의 발표문에서 중요한 내용이다.

> 다른 이데올로기의 장식과는 무관하게 나치의 지도적 철학 원리들을 포함하여 최근 독재 정치의 지도적 철학 원리는 "합리적 효용"과 그에 대응하는 이론과 계획 수립으로 보았던 내용이 도덕적, 윤리적, 종교적 가치들을 대신하고 있는 헤겔 철학이었다…….
> 나치 독일 치하의 의학계는 이 헤겔주의적 경향과 결탁하여 특별히 다음 사업에 협력했다 : 전체 사회의 "쓸모없는" 비용을 절약하기 위한 만성 질환 환자들의 대량 학살, 사회적인 불온 분자 혹은 인종적으로나 이데올로기적으로 부적합자로 판명된 자의 대량 학살, 지배 집단 내부에 있는 불순 분자들에 대한 개별적이며 은밀한 숙청, 군사 의학 연구에 인간을 실험 재료로 가차 없이 사용하는 것…….
> 그 의학계는 안락사 운동의 기본 태도를 수용하면서 출발했는데, 그 태도는 존재할 가치가 없는 생명도 있다는 것이다.
> (1933년 히틀러가 권좌에 오르기 전) 선전 공세는 만성 질환 환자들에 대한 전통적인 19세기의 동정적 태도를 반대하고 공리주의적, 헤겔주의적 관점을 채택하도록 방향을 취하였다. 1931년 바이에른 정신과 의사 모임에서는 만성 정신 질환 환자들의 단종(斷種)과 안락사 문제를 토의하였다.[17]

---

[17] Leo Alexander, "Medical Science Under Dictatorship," *New England Journal of Medicine*, 241 : 39–47, July 14, 1949(이 글은 뉴스위크지 1973년 7월 9일자에 실렸던 것이다).

의학계의 몇몇 인사들을 포함한 많은 사람들이 히틀러가 무대에 등장하기 이전에 이 원리들을 수용하고 있었다.

알렉산더 박사는 히틀러가 이 "살인 센터에서" 27만 5천 명을 살해했다고 말한다. 계속해서 그는 그렇게 살해당한 사람들이 그저 "학살의 진입 단계였을 뿐이며……만성 질환 환자들을 위한 살인 센터들에서 쓰인 방법들과 훈련된 요원들은 동구에 있는 훨씬 큰 센터들의 핵심 요원들이 되었는데, 이곳에서는 모든 유태인들과 폴란드인들을 학살하고 3천만 명의 러시아 주민들을 죽일 계획이 있었다"고 덧붙이고 있다. 가장 먼저 살해당한 사람들은 노약자, 불구자, 정신병자, 지진아, 장애자였다. 마침내 제2차 세계대전이 다가오자, 멸망받을 불쾌한 자들 속에 간질병자들과 제1차 세계대전 때 팔, 다리 등이 절단된 자, 귀가 아주 못생긴 아이에 심지어 오줌싸개 아이까지 들어 있었다.

의사들은 사회의 돈을 절약하고 절감하기 위하여 생사를 다루는 이 계획에 가담하였다. 성인들은 세뇌당했다. 그 가운데 유명한 예는 "나는 고발한다"(I Accuse)라는 제목의 활동사진이었는데, 이것은 안락사를 다룬 영화였다. 알렉산더 박사는 이 영화에 대하여 논평하면서, 다음과 같이 보고하였다.

> 이 영화는 다발성 경화증(multiple sclerosis)으로 고생하던 한 여인의 생애를 묘사하고 있다. 이 영화에서 의사인 그녀의 남편이 자기를 동정하는 동료가 옆방에서 들려주는 부드러운 피아노 소리에 맞추어 그 병든 아내를 마침내 죽인다. 이 이데올로기의 수용은 어린 아이들에게까지 전파되었다. 널리 사용했던 고등학교 수학 교과서의 하나인 정치 교육에 이바지하는 수학(*Mathematics in the Service of Political Education*)의 1935년도 제2판과 1936년도 제3판은 왜곡된 용어로 만성 질환 환자와 불구자들의 치료와 재활에 드는 비용을 산출하는 문제들을 싣고 있다. 한 문

제를 예로 들면, 국가가 "불구자와 정신병자들"을 치료하기 위해 드는 비용으로 신혼 부부들에게 얼마나 많은 결혼 수당을 줄 수 있으며, 얼마나 많은 새 주택 단지를 지을 수 있느냐를 묻고 있다.[18]

제2판이며 가장 널리 사용한 판인 이 교과서는 히틀러가 권력을 잡은 직후인 1935년에 나왔다. 알렉산더는 다음과 같이 계속 말한다.

> 1939년 9월 1일 히틀러는 안락사에 대한 최초의 직접 명령을 하달했다. 국가의 모든 기관들은 성명, 인종, 배우자 유무, 국적, 친척, 그리고 정규적으로 방문하는 사람, 방문 오는 사람, 재정 책임자 등등에 대한 설문에 기재하고 5년 이상된 환자나 노동 불능자에 대하여 보고할 것을 명령받았다. 환자들이 죽음을 당할 것인지의 결정은 이 간략한 정보에 전적으로 의존하여 전문 자문 위원들, 대부분 주요 대학의 정신과 교수들로 이루어진 위원들에 의해 내려졌다. 이 자문 위원들은 그 환자들을 직접 본 적이 없었다.[19]

특별히 아동들을 살해하기 위한 조직이 있었는데, 이 조직에는 "유전 형질과 체질로 인한 중병에 대한 과학적 연구 담당 국가 위원회"(Realm's Committee for Scientific Approach to Severe Illness Due to Heredity and Constitution)라는 완곡한 명칭이 붙어 있었다. 살해 센터로 환자들을 수송하는 일은 "자선 환자 수송 회사"(The Charitable Transport Company for the Sick)가 맡

---

[18] Ibid.
[19] Ibid.

앉다. 이에 덧붙여 알렉산더 박사는 "공공 치료 자선 재단"(The Charitable Foundation for Institutional Care)이 "과세의 목적을 알려주지 않고 친척들로부터 살해 비용을 모으는 책임을 졌으며, 사망 진단서에는 사망 원인이 위조되었다"고 말하고 있다.

알렉산더 박사는 "의학적 태도의 초기 변화"(The Early Change in Medical Attitudes)라는 제목으로 다음과 같이 경고하고 있다. "그 모든 것은 살 가치가 없는 생명도 있다는 태도를 받아들임으로써 출발했던 것이다." 이것이 오늘날 낙태와 영아 살해와 안락사 운동에서 받아들여지고 있는 바로 그 태도이다.

알렉산더 박사는 계속 경고하면서 이렇게 덧붙인다. "그러나 중요한 것은 불치병 환자에 대하여 갖는 이러한 태도가 이 모든 정신의 전체 흐름을 움직이게 한, 지렛대 밑에 끼워진 지극히 작은 받침대인 쐐기였다는 사실을 깨닫는 것이다."

이 태도가 오늘의 우리에게 대단히 만연되어 있다. "지렛대 밑에 끼워진 작은 받침대인 쐐기"가 예전에는 전혀 마음먹을 수도 없었던 일을 향해 문을 열고 있다.[20]

---

[20] 우리는, "사망 희망서"가 우리 사회를 안락사 운동으로 활짝 열리기 쉽게 하는 연약한 울타리의 모서리로 활동할 실제적인 도구의 하나가 될 것으로 믿는다. 사망 희망서는 이제 몇몇 주에서 법률로 시행하고 있는 문서로, 이 문서는 의사들에게 작성자의 치명적인 질병이나 비상한 치료에 대하여 할 일을 지시한다.

모든 사망 희망서의 첫번째 중요한 걸림돌은 환자의 질병에 대하여 사용하는 치명적이라는 말의 사용을 중심으로 놓여 있다. 사망 희망서는 의사에게 환자의 의도가 아닐지 모르는 어떤 권리를 주고 있다. 그리고 이 환자는 자기의 질병이 치명적인지 모를 수 있다. 그리고 그 환자의 죽음은 곧바로 오는 것이 아닐 수도 있다.

사망이 어느 때로 임박해 있다고 말하는 것은 아주 어려운 일이다. 우리 가운데 한 사람(쿠프)이 사망이 임박했다고 하는 선서서(宣誓書)에 서명할 수 있을 것 같았던 첫번째 환자가 있었는데, 그 환자는 치명적인 신경종양이라고 생각되는 병에 걸렸다. 환자는 법대를 졸업하고 그후로 30년 이상을 살고 있다. 이 경험은 거듭 계속되었다. 캘리포니아 법률 용어로 말하자면, 죽음을 "임박한 것"으로 만드는 것은 바로 의사의 판단이다.

아칸소 법률 제1부에는 의사와 이 문제를 토론할 수 없는 환자의 경우에 "인위적,

알렉산더 박사는 매우 정확한 시각으로 이렇게 덧붙인다. "그러므로 철저히 검사해야 할 것은 의사들의 태도를 강조하는 데 나타난 이 미묘한 변화이다." 모든 것을 상대적으로 보는 태도와 더불어 이 사회의 인본주의적인 기반이 만들어낸 현대의 풍토에서, 오늘의 미국 대학생들이 나치가 지배하던 시대에 대하여 어떻게 생각하고 있는가를 고찰해 보는 것도 매우 교훈적일 것이다. 하버드 대학 인문과학 대학원 부학장인 리처드 헌트(Richard M. Hunt) 박사는 다음과 같이 말한다.

> 본인은 수년 동안 하버드에서 여러 과정을 가르쳐 왔다. 나는 이 과정들을 가르칠 때 직선적 역사관으로 강의했다. 최근 나는 새로운 접근 방식을 시도했다. 그 과정을 나는 "억압된 사회, 나치 독일에서의 도덕적 딜레마"(Moral Dilemma in a Repressive Society : Nazi Germany)라고 이름 붙였다. 역사적 사실들과 인물들에 대한 사례 연구를 통하여 본인은 나치 현상을 그 내부로부터, 말하자면 희생자들, 가해자들, 방관자들, 참된 신자들, 그리고 저항 운동가들로 그 세대를 살았던 사람들의 경험과 증언을 토대로 해서 제시하고자 했다.
>
> 간단히 말해서, 본인은 학생들의 반응에 상당히 놀랐다. 나는 도덕과 관련된 딜레마에 대하여 개인적으로 해석해 보라고 과제를 내주었다.
>
> 수강생들이 제출한 학기말 보고서에서 발견했던 것은 나치들의 압제에 대한 도덕적 무관심의 문제가 아니었다. 나치의 월권 행위들을 축소시키려거나 교묘히 변명하려고 시도한 학생들은 아무도 없었다.

비상한, 극단적 혹은 근본적, 의학적 혹은 외과적 수단이나 절차"라는 용어가 들어 있다. 일반인이라도, 이 조항은 판도라의 상자를 여는 것과 같음을 알 수 있을 것이다.

오히려 나에게 가장 강한 충격을 준 것은 역사상 그 특정한 장소와 시간 속에서 독일 국민이 직면했던 중요한 도덕적 딜레마들에 대한 절망적인 운명론적 결론이었다.

이런 식의 답변이 흔했다. "게슈타포가 지금 당장 위협한다면 누가 감히 거리낌 없이 말하며 저항할 수 있겠는가? 당신은 할 수 있겠는가? 나는 할 수 있겠는가? 아마할 수 없을 것이다!"

나를 가장 당황하게 만든 것은 그와 같은 주장의 마지막 끝 부분에 있었다. 이 점에까지 이른 몇몇 학생들은 그와 같은 무죄 판단이 지니고 있는 도덕적 위험성을 어느 정도 인식한 것으로 보인다. 그들의 도피로는 죄책을 모든 사람에게 분담시켜서 개인의 책임을 약화시키려는 것이었다.

명백히 우리 시대의 몇몇 추세들은 무책임, 즉 죄책감 면제 사회를 향하여 달려가고 있는 듯하다. 어떤 사람들은 책임 있는 선택과 벌금 지불과 결과에 대한 감수와 같은 미덕들이 모두 오늘날에는 쇠퇴하고 있다고 말할지도 모르겠다.

다음 번에 이 과정을 가르칠 때, 본인은 좀더 강력하게 역사의 우연한 사건과 변형가능성(open-endedness)에 대한 본인의 신념을 강조하고자 한다. 어쨌든 도덕적 결정과 그에 따른 결과의 관계가 지니고 있는 의미를 전달할 것이다. 가장 중요하게는 초기 단계에서 보인 각 개인들의 독자적인 행위들과 기관들의 강력한 입장이 오랜 후에는 차이를 만들어낸다는 것을 지적하고자 한다. 나는 무책임한 역사를 가르치는 일에서 손을 뗐다.[21]

---

[21] Dr. Richard M. Hunt, "No Fault Guilt-Free History," *The New York Times*, February 16, 1976. Copyright ⓒ 1976 by The New York Times Company. Used by permission.

마치 이 학생들이 나치 독일을 공부할 때마냥 오늘날 우리 시대 속에서 진행되고 있는 일을, 역사를 반성할 때처럼 깊이 인식하면서 이해하기란 심히 어려운 일이라는 점을 생각해 볼 때, 헌트 박사의 학생들이 표명한 태도는 심히 위험하기 짝이 없는 것이다.

안락사 운동— 이 용어는 가능한 모든 의미를 담아 쓴 말이다—은 큰 힘과 강력한 설득력을 지니고 오늘 우리와 함께 있다. 선량한 많은 사람들이 안락사 강령의 몇 가지 유익하게 보이는 것에 이끌리고 있다. 그 까닭은 그렇게 해도 책임을 면할 수 있을 것처럼 생각하고 있기 때문이다. 그렇지만 틀림없이 많은 사람들은 이런 일로 인하여 우리가 어디에 이르게 될지까지는 생각하지 않는다.

우리가 지렛대의 받침대 원리, 쐐기의 원리를 우려하는 것을 교만하게 내버리지 말라. 낙타가 천막 속에 코를 들이밀면, 머지않아 당신의 침대 위에 올라설 것이다. 역사가들과 법학자들은 지금 우리가 무슨 이야기를 하고 있는지 잘 알고 있을 것이다. 언제나 앞발이 나가면, 뒷발도 따라나가는 법이다. 만약 첫 단계가 비도덕적이었다면, 그 뒤에 이어지는 두번째 단계도 역시 비도덕적이라는 것은 틀림없는 사실이다. 그러나 첫 단계가 도덕적이라 해서 두번째 단계 역시 반드시 도덕적인 것은 아니다. 그러므로 우리는 다음 단계가 어떻게 될지 단계마다 잘 살펴보아야 한다.

언어적 속임수에 의하여 우리는 소름끼치는 사실을 받아들이게끔 채비를 갖추게 될 수도 있다. 1974년에 열린 세계 인구 조절 회의 (the World Conference on Population Control)가 낙태를 "다산 통제의 회상적 방법"(a retrospective method of fertility control) 이라고 지칭했을 때, 우리는 정말이지 영아 살해나 안락사를 그럴 듯하게 미화시키는 방법이 참으로 많다는 것을 알게 되었다.[22] 영국

---

[22] Donald P. Warwich, "The Moral Message of Bucharest," *The Hastings Center Report*, December 19, 1974.

에서 어떤 사람들은 이분 척추병에 걸린 아동을 굶겨죽이는 것을 "저칼로리 다이어트"(low calorie diet)라고 부른다!

언어는 미묘한 지시체이며 동시에 강력한 도구이기도 하다. 여러분은 실제로 발생하는 일이 주는 강한 충격을 완화하기 위하여 사용하고 있는 고의적인 언어 변화를 생각해 보기 바란다. 낙태는 그저 "태아 조직의 제거"(removal of fetal tissue) 또는 임신 상태의 "중단" 내지 "종결"이 된다. 이제 자녀가 없는 부부들은 "자식으로부터 자유로운" 부부가 된다. 이 말은 교묘하게 자식들을 원치 않았던 짐으로 정해 버린다. 말은 힘을 가지고 있다. 우리가 사용하는 말은 사실상 우리가 가지고 있는 개념들과 이 개념이 낳는 결과들을 만들고 있다. 살해 센터로 사람들을 실어 나르던 대행기관을 자선 환자 운송 회사라고 이름 붙인 나치들의 언어 사용을 생각해 보라. 그러나 우리는 그렇게 순진하게 되지 말자. 태어나지 않은 아기를 "태아 조직"이라 할 때도 그것과 똑같은 말의 힘이 발휘되고 있는 것이다.[23]

우리는 지금 우리가 겪고 있는 상황이 결코 손을 쓸 수 없는 상황으로까지 몰고 갈 수 있는 중요한 시점이라고 본다. 물론 가공할 만한 비인간성의 시대가 하루 아침에 실현되는 것은 아니다. 그 시대는 천천히 밀려들고 있다. "개인의 자유"에 대하여 목청 크게 도덕적인 발언을 하고 "권리"를 호소하는 사람들은 자기들이 지금 무엇을 시작하고 있는지조차 모르는 경우도 흔하다. 그들은 자기들

---

[23] 사람이 사물을 정확하지만 모호하게 말할 수 있다. 그래서 참된 의미가 드러나 있지만 숨어 있게 된다. 수정된 난자는 접합체(zygote)이다. 성교 후 수정을 방해하는 알약이 수정란의 착상을 방해할 것이라고 누가 의심하겠는가?

1965년 미국 산부인과회(American College of Obstetricians and Gynecologists)는 인간 임신의 정의를 바꾸어버렸다. 수태(Conception)는 "수정"이란 뜻을 가지지 않게 되고 그 후로는 "착상"이라는 뜻이 되었다.

미국 산부인과회 전문 용어 회보 *Bulletin*(1965년 9월)에서는 수태를 수정된 난자의 착상이라고 다시 정의한다. "착상이 일어나지 않으면 임상적으로 정자와 난자의 결합을 추적할 수 없으므로 이 정의는 신중히 정해졌다."

이 성취하고자 하는 어떤 동떨어진 조건만 응시하고서 사태가 움직여 나가는 전체의 방향을 고려하지 못하고 있다. 어느 정도 시간이 흐르면 그들은 사태를 되돌려 놓고 싶을 것이다. 그러나 그때는 너무 늦은 때이다. 인류의 이기심과 탐욕은 이기적인 목적들을 극대화하기 위하여 서로 약탈하면서 모든 간격과 틈을 넓혀 놓게 될 것이다.

주요 관심사

우리의 관심은 이 문제의 여러 측면에 쏠려 있다. 무엇보다도 먼저 우리는 태어난 자와 태어나지 않은 자, 늙은이와 젊은이, 흑인, 백인, 갈색인, 황인에 상관없이 모든 인간 생명의 존엄성을 지지한다는 점을 밝혀 두어야겠다. 우리는 낙태를 인정하고, 낙태에서 영아 살해로, 마침내 오늘날에는 도저히 생각해 볼 수도 없지만 불과 수년 내에 받아들여질, 광범위하게 퍼진 안락사 계획으로 냉혹하게 이동하는 전문 의학계의 태도를 두려워한다.

우리는 삶과 죽음에 대한 이러한 문제들을 두고 더 이상 항의나 외침이나 행동주의도 없다는 것을 유념해야 한다. 우리는 자신들이 사회에 무엇인가 도움을 주고 있다고 생각하여 아동들을 굶겨 죽이는 사람들이 있다는 것까지도 인정할 수 있다. 그들은 절대적인 윤리적 기준이 없어서 자신들이 생각하는 것이 사회가 자신들을 인도하는 데 도움이 된다는 생각을 품고 있을 따름이다. 그러나 우리는 왜 다른 사람들이, 도덕적 기반을 가지고 있는 사람들이—우리는 그런 많은 사람이 있다는 것을 안다—외치지 않는지 이해할 수 없다. 가스실에서 처음으로 독일 노인들과 불구자들과 지진아들이 죽음을 당했을 때, 그와 비슷하게 전문 의학계나 무감각한 국민들이 외치는 일이 없었기 때문에 우리는 이런 일에 관심을 쓰는 것이다. 이런 일이 아우슈비츠에서 있었던 일과 같이 되는 것은 시간 문제일지 모른다. 스스로를 그리스도인이라고 부르는 자들은 도덕적 기반을 가지고 있으므로 이런 일들을 중요한 관심사로 삼아 개인적으로 희생을 당하는 것을 무릅쓰고라도 기꺼이 개인의 존엄함과 신성함을 위하여 개인적으로나 공개적으로 애써야 한다.

잠시 논의가 주로 도덕과 윤리와 관련해서 이루어지고 있지만, 우리의 또 다른 관심사는 다음과 같다. 즉 경제적 요인을 덧붙이면 어떻게 되겠는가 하는 것이다. 만일 당신이 사회적으로 짐이 되고 또한 경제적으로도 짐이 되면, 생명이 당신에게 얼마나 값진 것이든지 상관없이 당신이 살아 남을 기회는 거의 없다.

다시는 역사가들이, 1973년에 대법원이 낙태를 결정하고 영아 살해의 관행이 시작된 이후 20세기 마지막 날에 전문 의학계가 전혀 외치지 않았으며 전문 의학계 이외에서도 전혀 외치지 않았다고 말하는 일이 없도록 하자. 미국의 의사들이 모든 인간 생명의 가치를 인정하는 도덕적 고결함을 지지했다면, 여러 범주 중에 속하는 우리 시민들을 멸절하는 계획은 결코 있을 수 없었을 것이라고 말하는 일이 없도록 하자. 그리고 다른 무엇보다도 그리스도인들이 전혀 외치지 않았다는 말이 나오지 않도록 하자. 모든 그리스도인들은 모든 사람들이 아프든지 건강하든지, 젊은이든지 늙은이든지 간에 왜 서로 다르며, 독특한 개인으로서 가치를 가지고 있는지 알고 있다. 사람들은 하나님의 형상으로 지음받았기 때문에 독특한 것이다.

대체 인류에게는 무슨 일이 일어난 것인가? 왜 우리는 사람인 것을, 인간이 된 것을 두려워하고 있는가? 왜 생활이 가져다 줄 수 있는 가장 커다란 복을, 살아 있고 사랑과 부드러움과 온유함과 배려와 관심을 가진 사람이 되는 상태를 누리는 것을 두려워하는가?

우리는 경제학이나 효율 도표나 효율 계획을 먼저 내세우기보다는 사람인 것을, 즉 진짜 피와 살을 가진 사람이 된 것을 먼저 내세

위야 한다. 우리는 기계처럼 생각하고 활동하며 심지어 자신의 생활 양식을 유지하기 위하여 살인하려는 유물론적인 로보트가 될 수 없다. 이런 태도는 잘못된 것인 만큼 또한 어리석은 것이다. 어리석다는 것은 그런 사람들이 자신의 아름다운 인간성을 톱밥과 재로, 부서진 가정으로, 낙태로, 굶어 죽은 아이들로, 감금당해 결국은 절명하는 노인들로 바꾸어버렸기 때문이다. 인격체가 된다는 것은 개인적인 평안과 풍요에 집중하기보다는 따스하고 사랑이 많은 사람, 그런 사람이 되는 것에 의식적으로 집중할 사람들에게 무한히 커다란 보상을 준다.

우리는 여러분에게 이 비인격적인 시대에 인격체가 되라고 도전하는 바이다. 이 비인간적인 시대에 인간이 되도록 하라. 당신의 삶 속에 사람을 제일로 생각하라. 그 사람이 온전한 사람이든, 흠이 있는 사람이든 상관없다. 이것은 당신이 "사람들과 더불어 사람이" 될 수 있는 필생에 한번 있는 기회다. 정신을 차리라. 당신과 당신 주위에 있는 자들은 모든 사람을 자신의 형상으로 만드신 인격적인 하나님의 형상으로 지음을 받은 사람이다.

우리는 어떤 민족의 세계관이 그 민족 가운데 속한 개인이 자신과 다른 사람을 바라보는 방법에 어떻게 영향을 미치는지 살펴보았다. 중요한 것은 당신의 기본적 세계관이다. 이 세계관은 엄청난 결과를 가지게 될 것이다. 사람들이 서로에 대하여 비인간적으로 대하는 것에 온건하게 반발한다고 바뀌는 것은 없을 것이다. 그런 공포에 대하여 취하는 외적인 행동은 개인이 자기의 판단 기준을 떠받치는 기초를 평가하고 그 판단 기준을 자기 주위의 세계에 적용하는 일을 평가하는 내면적 행동으로 시작해야 한다.

하나님께서는 구약 시대에 가나안 족속의 영아 희생 관행을 특별히 싫어한다는 것을 표시하셨다. 이교를 보면 이 일은 굳이 가나안 족속에게만 국한된 일이 아니었다. 예를 들면, 고대 유럽인들도 역시 자기 자손들을 신들에게 제물로 바쳤다. 이 사람들은 "신들로부터 자신들이 원했던 개인적 평안과 풍요를 사기 위하여" 자기 자손들을 죽였던 것이다.

오늘날 무차별한 낙태와 영아 살해와 안락사도 역시 "개인적 평안과 풍요를 위하여" 행하고 있다. 자기 아이들과 다른 사람들의 아이들을 파멸시키는 사람들도 역시 자신들의 생활 양식을 유지하기 위하여 신들에게, 즉 유물론적 세계관과 관행으로 섬기는 신들과 만물의 이기주의적 중심이요 척도인 "자아"라는 신에게 희생제사를 드리고 있는 것이다.

네덜란드 사람들은 나치가 점령하던 네덜란드에서 유태인이던 자기 동료를 위하여 변호하고, 숨겨주고, 보호하고, 항거하는 일에 개인적인 희생을 많이 함으로써 두드러진 면모를 보였다. 독일 의사들이 히틀러를 위하여 했듯이 하라고 나치가 명령을 하달했을 때에도, 네덜란드 의사들은 거부했다. 그 결과 네덜란드 전문 의학계는 의사라는 청지기직을 수행하는 데 있어서 아무런 오점을 남기지 않았다. 만일 독일 의사들이 거부했다면 어떻게 되었을까?

당시 네덜란드 지하 조직에 나돌았던 저항 운동 팸플릿에는 다음과 같은 권고 내용이 있었다.

> 유태인을 진저리치게 핍박하는 것에 저항하자!
> 공장과 지역에서 자체 방어 조직을 결성하라!
> 심하게 맞은 유태인 노동자 분파와 연대하라!
> 나치의 폭력에서 유태인 아이들을 구해 당신의 가정으로 데려가라!
> 투쟁! 투쟁! 투쟁!
> 연대하라! 힘을 내라!
> 자랑스럽게 조국의 자유를 위하여 싸우라!

네덜란드 저항 운동은 위대한 용기와 불과 몇 대의 타자기로 무장하여 그 시대의 악에 대항하여 굳게 섰다. 우리들 가운데 고상한 인간관을 가진 자들은 인간성과 개인의 존엄함과 신성함을 위하여 묵직한 일격을 가할 영향력도 있고 자유도 있는 이 시대를 지혜롭게 사용하도록 하자.

대안

비인간성을 종식하고 싶은 그리스도인이든지 비그리스도인이든지 동정심과 사랑으로 그 문제에 대안책을 제시해야 한다. 지금 우리가 제시하고자 하는 바는 우리가 추진해야 할 실제적인 제안들의 목록을 망라하는 것은 결코 아니다. 우리는 이 제안들을 위하여 개인적 평안과 풍요를 희생해야 한다. 그런 목록들은 완전히 이룰 수 있는 것이 아니므로, 우리는 단지 예를 제시할 것이다.

교회와 낙태를 반대하는 다른 단체들은 미혼모와 낙태 문제에 부딪히게 될지 모르는 기혼 여성들에게 실제적인 도움을 더 줄 수 있도록 준비해야 한다. 이런 문제에 몰두할 각오도 없이 "낙태하면 안 돼" 하고 두 그룹의 여성들에게 그저 말만 하는 것은 비인간적인 상태가 되는 또 다른 방법일 따름이다.

미혼모에게는 기거할 장소가 필요할지 모른다. 아기를 가질 수 없어서 입양하기를 원하는 부모가 많다는 사실을 염두에 두고 미혼모를 설득하고 미혼모에게 설명하는 일은 시간을 들여야 한다. 만약 그 미혼모가 직접 아기를 양육하겠다고 결심하면, 아기를 어떻게 양육해야 하는지 상담이 필요할 것이다. 아기가 태어날 것을 기다리는 미혼모가 흔쾌히 이용할 수 있는 기관이 있어야 하지만, 낙태가 정당하지 않다고 믿는 사람들도 각각 개인적으로 온정을 베풀고 재정적으로 돕고 다른 지원도 주려는 준비가 있어야 한다.

여러분은 미혼모를 여러분의 가정에 기꺼이 받아들여 아기를 낳기 전까지 몇 개월씩 돌봐 준 적이 있는가? 태어난 아기들은 입양된 가정에서 지금 행복하게 자라고 있는가? 아니면 그 아이들이 여러분의 가정에서 몇 달을 지내면서 생명과 죽음에 대하여 다른 관점을 갖게 된 엄마들과 함께 잘 살고 있는가? 우리 대부분은 출산을 기다리는 미혼모를 돌보는 상당 기간을 우리 생활에 포함시켜야 할 것이다.

라브리는 지적인 면에서나 실천적인 면에서나 광범위한 삶의 영역을 총망라하는 기독교 실천 공동체의 본보기로 알려져 왔다. 설립한 지 27년 이래로 라브리에서 보살핌과 격려를 받고 여러 가지 면에서 도움을 받은 미혼모들이 끊이지 않았다. 곤경에 빠진 사람들을 가족의 일부로 받아들이는 것이 라브리 생활의 한 단면이었기 때문에, 병원에서 새로 태어나는 아기가 부모가 원한 아이로서 환영받으면서 세상에 태어나는 몇 가지 극적인 순간도 목격할 수 있었다. 라브리는 "미혼모를 위해 일하는" 기관이 아니라, 모든 영역에 걸쳐 가정을 개방하는 공동체이다. 물론 개인적으로 관심을 쏟을 가능성과 공간은 제한된다. 어쨌든 라브리 사역자들은 아기를 낙태시키지 않기로 결심한 많은 여성들을 도울 수 있었다.

낙태를 고려하지 않을 수 없도록 부추기는 여러 가지 문제들에 맞닥뜨린 기혼 여성을 위해서는 교회의 도움이 중요한 요소가 될 수 있다. 만일 엄마가 일을 나가야 한다면, 교회는 그 아기들을 돌봐 주어야 하지 않겠는가? 참으로 이와 같은 구제 방법이야말로 교회가 마땅히 이루어야 하는 공동체의 한 표현으로서 실현할 수 있을 것이다. 교회가 교회 건물을 이용하여 아동 보호 센터를 운영할 수도 있으며(우리의 교회들 대다수가 단 한 가지 목적을 가지고 있을 뿐이다), 교회의 지체들이 주마다 몇 시간을 내어 자기 가정에서 한 아이씩 맡아 돌보아 줄 수 있을 것이다.

우리는 지금 보편적인 공식을 제시하려는 것이 아니라, 낙태는 잘못이라고 말하게 되면 우리가 충고한 결과에 곧바로 우리가 기꺼이 동참해야 한다는 도전에 맞닥뜨리게 하려는 것이다. 성경의 진리를 굳게 믿는 그리스도인들에게 있어서 성경이 가르치고 있는 바를 그대로 행하는 것은 절대적으로 중요하다. 우리는 사람들의 육체적인 필요에 대하여 관심을 쏟아야 한다.

영아 살해에도 똑같은 원칙을 적용할 수 있다. 어떤 가정이 태어난 장애아를 죽도록 내버려 둘 수 없다고 결심한다면, 교회는 그 부모와 가족들을 도외시해서는 안 된다. 교회는 그 초창기부터 교회의 생활과 증거의 일부로 물질적인 측면에서나 다른 측면에서 지체들을 서로 돌아 보았다. "장애아를 가장 잘 도운" 많은 선한 가정들이 기독교에서 **출발했다**. 그러나 여기에 덧붙여서 생각해 보아야 할 것은, 다른 교회의 지체들도 장애자를 돕는 이러한 궂은 일에 동참하여 한 주일에 얼마간 시간을 내어 장애자가 있는 가정을 도울 수 있도록 교회들이 계획을 세울 수 있어야 한다는 것이다.

프란시스 쉐퍼가 미국에서 목회했던 여러 교회들 중의 한 교회에 다운 증후군을 앓고 있던 아동과 정신 지진아가 있었다. 그 부모들은 너무 가난하여 자기 자녀들에게 특수 교육을 시킬 엄두도 내지 못했고 정부의 지원도 형편없었다. 그래서 쉐퍼는 그 두 아이들과 매주 얼마간 시간을 내어 함께 지내게 되었는데, 그 아이들의 비약적인 향상을 보고 온 회중이 즐거워했다. 쉐퍼에게는 그리스도인으로서 한 모든 일 중에 이 일만큼 만족을 준 사역은 결코 없었다. 마찬가지로 에버리트 쿠프(C. Everett Koop)는 임신한 많은 소녀들을 펜실베이니아의 여러 기독교 가정에서 보살피도록 주선했다. 이렇게 보호를 받는 동안 임신한 소녀들과 그 아버지들의 불편한 관계가 없어지고, 소녀들은 그리스도인이 되었으며, 원치 않는데 생긴 아기들은 자식 없는 부부들이 입양하여 그들의 기쁨이 되었다.

다시 말하면, 우리는 지금 보편적인 공식을 제공하고 있는 것이 전혀 아니다. 어려운 상황이 어떤 것인지 생각하고 이 생각을 어떻게 구체적으로 실천하느냐가 중요한 것이다. 이러자면 노력과 관심

관심과 노동과 보통 돈이 드는 법이다. 그리스도인의 사랑과 인간미는 그저 "영아 살해는 잘못이다"고 말하는 것으로 끝나지 않는다. 그 사랑과 인간미는 자기의 개인적인 평안과 풍요를 떼내어 도덕적으로 올바로 판단하여 내린 결론에 함께 동참하는 것을 뜻한다. 이 말은 국가에 모든 책임을 떠넘기는 것이 아니다. 우리는 그리스도인으로서 그 모든 짐을 국가에 떠넘기고 물러날 수 없다. 대부분의 경우 이 말은 기독교 공동체가 모두 힘을 합하여 장애자들을 돌보는 것을 뜻한다. 그리스도인이 아닌 단체들도 장애아로 태어난 사람이 사람답게 자랄 수 있도록 방법을 모색해야 한다.

여기서 잠시 곁가지로 낙태를 의제로 삼지 않더라도 여권 신장 운동의 긍정적인 측면이 달성될 수 있다고 주장해도 좋겠다. 여권 운동과 낙태를 연결시킨 것은 낙태를 공인화하려는 사람들의 교묘한 전략이다. 이 전략은 운동을 필연적인 관계가 전혀 없는 낙태의 수단으로서 여권 운동을 이용하고 있다. 불행하게도, 이 운동의 지도자들은 때때로 비인간적인 입장을 낙태 요구와 관련하여 정강(政綱)에 포함시켰다. 이것은 여성 해방과는 거의 상관없으므로, 이런 태도를 논리적으로 갈 데까지 몰고 가면 이 자의적이고 비인간적인 입장은 여성뿐만 아니라 모든 다른 사람들의 노예화를 심화시키게 할 뿐이다. 아이를 낙태시키거나 영아를 죽인다고 해서 여성이 "해방될" 수 있는 것은 아니다. 여성의 권리는 근본적으로 각각 인간이 귀중하고 인명이 거룩하다는 성경적 견해에 뿌리를 내리고 있다.

살 가치가 없는 생명 같은 것은 없다는 원칙을 고수하는 사람들은 도덕적 의무를 감당해야 한다. 우리도 역시 치명적인 병을 앓고 있는 사람들과 죽어가는 노인들에 대하여 책임을 지고 있다. 런던에 있는 세인트 조셉 호스피스(Saint Joseph's Hospice)와 미국 코네티컷 주의 뉴 헤븐 호스피스 가정 간호팀(The Hospice Home Care Team of New Haven)은 둘 다 기독교에서 출발한 기관으로서, 생명에 확신을 주고 생명을 고양시키면서 죽어갈 수 있는 몇 가지 방법을 우리에게 제시해 준다. 우리는 뉴 헤븐의 일을 개인적으로는 알지 못하지만, 그곳에서 매주 상당 시간을 내어 책을 읽어 주고, 이야기해 주고, 기독교 신앙에 대하여 말해 주고 그저 죽어가는 환자와 함께 있어 주는 한 친구를 통하여 호스피스의 대표와 친하게 되었다. 대체로 그런 호스피스는 세 가지 일을 한다. 첫째로, 고통을 줄이기 위하여 가능한 모든 의학 지식을 사용한다. 둘째로, 환자를 방문하여 책을 읽어 주고 사랑이 많은 사람과 거의 계속 만남을 가지게 하여, 그 시간 동안 환자들이 혼자 있거나 버림을 당하지 않게 한다. 인간이 되었다는 것은 버림당하지 않았다는 것이다. 셋째로, 가족을 한 단위로 대한다. 그 가족과 그 가족의 필요와 곤경에 처한 개인을 한 인간 단위로 함께 있도록 보살핀다. 이 호스피스는 죽어가는 사람들을 상대하는 것이 아니라, 살아 있는 사람들을 죽을 때까지 돌보아 준다. 이것이 바로 우리 그리스도인들이 죽음의 비정상성과 그리스도를 통하여 경험하게 될 장래 부활의 승리를 믿으므로 자연스럽고 당연하게 나타나는 태도가 아니겠는가?

우리가 안락사를 반대한다면, 치명적인 병에 걸리지는 않았지만, 외롭고 기력이 없는 노인들도 돌보는 책임을 져야 할 것이다. 우리 가운데 한 사람이 그런 부담을 지는 일에 대하여 개인적으로 지식을 가지고 있다. 프란시스 쉐퍼의 어머니는 생애 마지막 7년을 스위스에 있는 쉐퍼의 집에서 보냈었다. 처음에 그녀는 식사를 하러 내려가고 산을 산책하고 교회에 참석할 수 있었다. 그러나 점차 사정이 바뀌어져, 쉐퍼의 어머니는 계속 간호를 받아야 했고, 특별히 허리를 다치고 난 다음에는 말할 것도 없었다. 이 모든 일이 라브리에 일이 많았을 때 일어나고 있었다. 학생과 다른 사람들이 번갈아 가며 쉐퍼의 어머니와 장기를 두고, 그 어머니에게 책을 읽어 주고, 함께 이야기하는 등 참으로 함께 있어 주었다. 쉐퍼의 가족 혼자라면 이 일을 할 수 없었을 것이며, 만일 혼자 했다면, 그 일하는 사람뿐만 아니라 그 가족들에게도 짓누르는 부담이 되었을 것이다. 그러나 하나된 공동체 속에서 그 어머니는 잘 보살핌을 받았을 뿐만 아니라, 그런 보살핌은 아름다운 일이기도 했다. 이런 식으로 봉사하는 사람들은 자기의 생활이 이 땅에 뿌려지는 한 이런 경험을 통하여 그 생활이 고양되는 것을 더 잘 알고 있을 것이라고 우리는 확신한다.

우리의 관심사는 노인과 병든 자를 죽이지 않는 일 이상의 것이다. 우리의 관심사는 "그들에게 참된 생명을 주는 것"이다. 물론 치명적으로 병든 사람을 돌볼 시설들이 있어야 한다. 사실상, 그리스도인들과 다른 사람들은 세인트 조셉 호스피스와 같은 장소가 좀더 많은 호스피스의 본보기가 된다는 사실을 주의하여 보아야 한다. 그러나 가능한 한 우리 시대와 같이 점점 작아지는 아파트와 반가정적 영향에도 불구하고, 노인들과 불구자와 죽어가고 있는 사람들에게 삶의 전영역에서 참으로 생명을 누릴 수 있는 기회를 주어야 한다. 이런 일에는 가족과 관계를 맺고 기독교 공동체와 함께 하는 일이 포함된다. 사람의 목숨을 수호하는 그리스도인 의사와 다른 의료 전문가들은 이 전영역에서 특별히 공헌할 수 있다. 그러나 이 일은 그들만의 책임이 아니다(그리고 국가만의 책임도 분명히 아니다). 이 일은 우리가 "안락사는 잘못이다"고 적절하게 말하는 바로 그때에 우리의 책임이 된다.

우리는 현실주의자가 되어야 한다. 우리가 논의한 대안들을 시행하려면 많은 돈이 필요하다. 이 대안들은 우리 각자에게 자기의 평안과 풍요를 얼마간 요구한다. 그러나 우리는 반드시 우리의 평안과 풍요를 희생해야 한다. 이는 무엇보다도 먼저 이 대안들이 정당하기 때문이다. 이 일은 성경 전체와 특별히 그리스도의 가르침에서 가르치는 바이다. 그리고 둘째로, 이 일은 생활의 짐을 나누어지는 것이 될 것이다. 그리고 언젠가는 우리가 도움을 받을 때가 있을 것이며, 그때 우리는 도움을 받고 기뻐하게 될 것이다.

문제는 온전하지 못한 영아, 지진아, 불구자와 신체적으로나 정신적으로 노화되는 징후를 드러내는 노인들의 가치가 얼마나 되는가가 아니다. 문제는 바로 이것이다. 즉 우리가 이들의 궁핍을 채워주려고 손을 뻗칠 만큼 어울리는 사람인가 하는 것이다.

만일 우리가 20세기 후반기를 살면서 역사에 좋은 기억을 남기고 싶으면, 우리가 지금까지 이야기해 온 온갖 악들을 중단시킬 일을 해야 한다. 만일 우리가 돌아 앉아 아무 일도 하지 않는다면, 우리가 아무 생각 없이 취한 수동적인 태도와 무감각한 태도는 적극적이며 무감각하지 않은 사람들이 일하지 못하게 함으로써 활발하게 악한 결과가 생기게 할 것이다. 아주 많은 사람들이 너무 하는 일이 없다는 사실은 "잘못된" 일에 대항하여 "올바른" 일을 하려는 어떤 모호한 생각으로 단순하게 헌신하는 것 이상의 많은 일을 할 것을 우리에게 촉구한다. 사람으로서 우리는 깊은 내적 원리가 어떠한지에 따라 그만큼밖에 안 된다. 우리는 우리의 세계관이 어떠한지에 따라 그만큼밖에 안 된다.

다음 장에서는 우리에게 생명과 윤리와 악에 대항한 적극적인 도덕적 태도의 궁극적인 기초가 무엇인지 탐구하려 한다. 우리는 다름 아닌 성경적 기독교와 성경을 살펴볼 것이다. 왜냐하면 확고한 원리의 얼개가 없이는, 확고한 세계관이 없이는 확고하고 지속적으로 악에 저항하는 일은 있을 수 없고 있지도 않을 것이기 때문이다. 심지어 자신의 생활과 개인적인 도덕적 결정에 정합(整合)적인 통일성도 있을 수 없으며 있지도 않을 것이기 때문이다.

제 4 장
인간 존엄성을 위한 기초

 우리는 지금까지 이 책에서 인류 역사에서 자행된 가장 큰 악을 살펴보았다. 우리 사회는 자기 자손들, 수백만의 자손들을 처형했다. 우리 사회는 그 생명을 빼앗는 것을 정당화하고, 심지어 그렇게 하는 것이 덕이라고 주장했다. 이것은 해방된 인간을 향한 우리의 진보에 있어서 새로운 단계라고들 말했다.
 그런 상황이 진공 상태에서 나온 것은 아니다. 우리 각자는 세상을 바라보는 전체적인 방식을 가지고 있는데, 이 방식이 우리가 매일 하는 일에 영향을 준다. 이것을 일러 "세계관"(world-view)이라고 한다. 그러므로 우리는 의식하든지 의식하지 못하든지 상관없이 모두 세계관을 가지고 있다. 우리는 우리의 세계관에 따라 행동하고 우리의 세계관은 우리에게 궁극적인 진리가 되는 것에 근거를 두고 있다.

유물론적 인본주의 : 우리 시대의 세계관

 우리가 앞부분에서 살펴보았던 비인간성을 낳은 것은, 서구 사회가 모든 실재는 물질만으로 이루어져 있다고 하는 세계관을 택했기 때문이다. 이 관점은 때때로 철학적 유물론이라고들 언급하는데, 이 견해는 오직 물질만이 존재한다고 주장하기 때문이다. 때로는 이를 자연주의(naturalism)라고도 부르는데, 이 견해는 초자연적인 것은 없다고 말하기 때문이다. 오직 인간에게서만 출발하고 인간을 만물의 척도로 삼는 인본주의는 그 철학이 유물론적이다. 명칭이야 무엇이 됐든지 상관없이, 이것은 오늘날 우리 사회를 떠받치고 있는 세계관이다. 이 견해에 따르면, 우주는 "초자연적인" 하나님이 창조하셨으므로, 여기에 이른 것이 아니다. 오히려 우주는 어떤 형태로든지 영원히 있어 왔고, 지금의 형태는 단지 과거 어느 때에 일어난 우연적 사건들의 결과로 생겨난 것에 불과하다.

서구 사회는 대체로 하나님께서 계시고, 성경이 진리라는 기초에 근거를 두었다. 이런 견해는 여러 방식으로 사회에 영향을 주었다. 그러나 지금은 유물론적 혹은 자연주의적 혹은 인본주의적 세계관이 언제나 기독교에 대하여 우월한 태도를 취하고 있다. 그런 유물론적 세계관을 붙잡는 사람들은 기독교가 비과학적이며, 증명할 수 없는 것이며, 그저 "신앙"의 영역에 속할 뿐이라고 주장해 왔다. 그들은 기독교는 신앙에만 근거를 두고 있지만, 인본주의는 사실에 근거를 두고 있다고 말한다.

케임브리지 대학의 에드먼드 리치(Edmund R. Leach) 교수는 이 견해를 다음과 같이 분명하게 설명했다.

> "우리의 신 개념은 역사의 산물(産物)이다. 내가 이제 초자연적인 것에 대하여 믿는 바는 내가 부모님으로부터 배운 것에서 나온 것이며, 부모님들이 내게 가르쳤던 것은 그들이 전에 배웠던 것에서 나왔으며…… 등등이다. 그러나 그런 신념은 오직 믿음으로만 정당화되는 것이며, 이성으로는 결코 정당화되지 않는다. 그리고 참된 신자라면, 역사의 변천과 과학적 지식의 성장으로 그 말들이 명백히

무의미한 것이라는 것을 보여 주었음에도 불구하고 같은 언어적 표현을 사용하여 자기의 믿음을 계속 재확증하게 될 것이다.[1]

그래서 어떤 인본주의자들은 자신들이 그리스도인보다 훨씬 나은 것처럼 행동한다. 그들은 과학과 기술이 진보하고 (진화론과 같은 개념을 통하여) 역사를 좀더 잘 이해하면 하나님과 창조의 개념이 아주 우스꽝스럽게 되는 듯이 행동한다.

하지만, 이러한 우월한 태도는 이상한 것으로, 이는 지난 반세기 동안 가장 놀라운 발전 가운데 하나가 교육을 잘 받은 사람이나 못 받은 사람 사이에서 심대한 비관론이 커지고 있기 때문이다. 우리 사회의 사상가들은 오랫동안 자신들에게 최종적인 해답이 전혀 없음을 인정해 왔다.

우디 알렌(Woody Allen)의 예를 들어 보자. 사람들은 대부분 그를 코미디언으로 알고 있지만, 그는 "종교적인 해답"이 버려진 후에는 인간이 어디에 서 있을 것인지에 대해 깊이 생각했다. 그는 에스콰이어(*Esquire*, 1977년 5월)지에 실린 한 글에서 사람들이 다음과 같은 상태로 내던져져 있다고 말한다.

> "……소외, 고독, (그리고) 광기에 다다른 허무……모든 동기와 모든 활동 뒤에 있는 근본적인 것은 전멸과 죽음에 대항한 끊임없는 전쟁이다. 이 전쟁은 공포 속에서 전적으로 마쳐시키고 있으며, 모든 사람의 업적을 무의미한 것으로 만든다. 카뮈가 기록했던 것처럼, 그(개인)가 죽거나 사람(전체 인류)이 죽을 뿐만 아니라, 여러분은 끊임없이 계속될 어떤 기술적인 작업을 하고자 싸우며, 그

---

[1] "When Scientists Play the Role of God," *London Times*, November 16, 1978.

리하여 바로 우주가 얼마 지난 후에는 존재하지 않을 것
이라는 사실을 깨닫게 된다. 그런 문제들이 각 사람 안에서
종교적으로나 심리적으로나 실존적으로 해결되기 전에는
사회적, 정치적 문제들은 엉망으로가 아니면 결코 해결되
지 않을 것이다.

알렌은 자기의 영화 애니 홀(*Annie Hall*)에서 다음과 같은 말로 자기의 견해를 요약한다. "삶은 끔찍한 일과 비참한 일로 나누어져 버렸다."

많은 사람들은 이런 식의 말이 그저 기질적으로 비관적인 사람과 유머 감각도 없이 삶을 보는 사람들에게서 나오는 말로 지나쳐 버리고 싶어한다. 우디 알렌은 우리에게 그런 사치를 허용하지 않는다. 그는 그저 삶을 똑바로 보고 자기가 본 것이 무엇인지 용감하게 말하는 사람으로서 말하고 있다. 만일 인격적인 하나님이 없다면, 우리 눈으로 볼 수 있고 우리 손으로 만질 수 있는 것 너머에는 아무것도 없다. "만일 사실이 그렇다면" 알렌이 옳다. 사람은 무의미하고 두려운 것이다. 유명한 화가 폴 고갱(Paul Gauguin)이 자살하려고 시도하기 직전에 자신의 마지막 그림에 대하여 쓴 것처럼, "우리는 어디서 왔는가? 우리는 무엇인가? 우리는 어디로 가는가?" 그 대답은 온 곳도 없고, 아무것도 아니며, 갈 곳도 없다는 것이다. 인본주의자 블랙햄(H. J. Blackham)은 이런 사실을 다음과 같이 극적인 예를 들어 설명했다.

> 인본주의의 가정에 근거를 두면, 삶은 무(無)에 이르며, 삶이 무에 이르지 않는다고 하는 모든 주장은 속임수이다. 만일 골짜기 위로 절반 거리만 놓이고 허공에서 끝나는 다리가 있다면, 그리고 그 다리가 몰려 드는 사람으로 가득 차 있다면, 사람들은 차례로 심연으로 떨어진다. 그 다리는 어느 곳에도 도달하지 않으며, 그 다리를 건너려고 앞으로

> 밀려드는 사람들은 아무 곳에도 가지 못하고 있다……사
> 람들이 어디로 가고 있다고 생각하든지, 그 여행을 위하여
> 자신들이 무슨 준비를 했든지, 얼마나 여행을 즐길 수 있을
> 것인지 그것은 중요하지 않다. 유일하게 반대를 한다면,
> 그런 상황은 공허함의 한 가지 모델임을 객관적으로 지적
> 하는 것일 따름이다.[2]

이런 사실을 이해하는 데는 고등 교육을 받지 않아도 된다. 이런 일은 인본주의 관점의 출발점에서 바로 나온다. 즉 모든 것은 그저 물질일 따름이라는 관점의 출발점에서 바로 나온다. 말하자면, 영원히 존재해 온 것은 오직 어떤 물질이나 에너지 형태이며, 지금 우리 세계의 모든 것이 바로 이것이며, 다소 복잡한 형태를 가진 물질이나 에너지일 뿐이다. 그래서 제이콥 브로노브스키(Jacob Bronowski)는 인간의 정체(*The Identity of Man*, 1965)에서 이렇게 말한다. "인간은 자연의 일부로, 돌이나 선인장이나 낙타가 자연의 일부인 것과 똑같다." 이런 견해에서 사람은 우연히 생긴 좀더 복잡한 존재일 뿐이지 독특한 존재는 아니다.

이런 세계관 안에는 인간이 동물이나 생명 없는 물질의 가치보다 높은 최종적이며 명백한 가치를 가지고 있다고 믿을 여지가 없다. 사람들은 그저 분자의 다른 배열일 뿐이다. 그러므로 인본주의 세계관에 대하여 말해야 하는 두 가지 요점이 있다. 첫째로, (마치 기독교는 온갖 문제를 가지고 있고, 인본주의는 모든 해답을 가지고 있다는 듯이 하는) 기독교에 대한 그 우월한 태도는 참으로 정당한 근거가 없다는 것이다. 두 세기 전 계몽주의의 인본주의자들은 자신들이 모든 해답을 발견하게 될 것이라고 생각했다. 하지만, 시간이 흐르자 이 낙관적인 희망은 거짓임이 입증되었다. 그들의 후손

---

[2] H. J. Blackham, et al., *Objections to Humanism* (Riverside, Connecticut : Greenwood Press, 1967).

들은 그들의 유물론적 세계관을 함께 가졌지만, 세월이 지나감에 따라 "최종적인 해답이 없다"고 점점 더 크게 말하고 있다.

둘째로, 또한 이와 같은 인본주의 세계관에 따라 우리는 현재 벌어지는 바와 같이 인간 생명을 평가 절하하게 되었다. 기술과 인구 과밀도 물론 부분적으로 역할을 했지만, 이렇게 인간 생명을 평가 절하하게 만든 주범은 아니다. 그리고 이 세계관은 우리가 장차 훨씬 더 인간 생명을 평가 절하하는 데 이르지 않도록 막아 줄 한계점을 제공하지 못했다.

그러므로 이 세계관이 미래에 그 방향을 역전시킬 것이라고 생각하는 것은 유치하고 책임 없는 짓이다. 좋은 뜻으로 "옳은 일을 하는 것"만으로는 충분하지 못할 것이다. 독특한 가치를 지지하는 합당한 이유를 모든 인간 생활에 주는 세계관에서 흘러나오는 확고한 원칙의 얼개가 없이는 우리가 앞 장들에서 살펴본 저급한 인간 생명관이 불러일으킨 현재의 악에 실질적으로 저항하지 못할 것이며 저항하는 일도 없을 것이다. 비인간성을 가져온 것은 다름 아닌 유물론적 세계관이었다. 그러므로 이 비인간성을 몰아내는 것은 다른 세계관이어야 한다.

낙태와 영아 살해와 안락사와 유전학 지식의 남용에 대하여 감정적으로 불편해 하는 것으로는 충분하지 않다. 인간 생명을 이처럼 평가 절하하는 일에 대항하기 위해서는 우리 사회의 상당히 많은 사람들이, 인간의 존엄성을 뒷받침하는 기초를 주기를 바라고 혹은 주려고 할 뿐만 아니라 참으로 그 기초를 주는 세계관을 택하여 그 세계관으로 살아야 한다. 60년대의 급진적인 운동은 좀더 나은 세상을 바랐던 점에서 옳았다. 또 비인간적인(plastic) 우리 사회의 천박함과 거짓에 대항하여 싸운 점에서 옳았다. 그러나 그들의 급진성은 그 많은 구성원들의 청년기 동안에만 계속되었다. 이 운동은 급진적이라고 주장하긴 했지만, 충분한 뿌리가 없었다. 그들의 세계관은 지지자들의 열망에 생명력을 불어넣는 일을 할 수 없었다.

그 이유는 무엇이었는가? 그것은 그들이 저주하고 있었던 사회와 마찬가지로, 그 운동 역시 충분한 세계관을 가지고 있지 못했기 때문이다. 그래서 저항으로는 충분하지 못하다. 올바른 이상을 가지는 것만으로는 충분하지 못하다. 조금이라도 기억하고 있는 사람들, 60년대만이라도 회고해 볼 수 있는 사람이라면, 그 "저항이나 올바른 이상을 가지는 것" 이상의 무엇이 있어야 한다는 사실을 알 수 있을 것이다. 참으로 급진적인 대안을 발견해야 한다.

그러나 어디서 그리고 어떻게 발견해야 하는가?

적절한 세계관 찾기 : 방법의 문제

우리는 여러 가지 가능성을 살펴보기 전에, 방법의 문제를 해결해야 한다. 우리가 우리의 "해답"이 해결해 주리라고 기대하는 것은 무엇인가?

우리가 살펴볼 수 있는 일은 아주 많지만, 이 시점에서 우리는 두 가지만 집중적으로 살펴보고자 한다. 첫번째 것은 소위 "우주와 그 형식"이라는 것이며, 둘째는 "인간의 인간됨"(mannishness of man)이다. 처음 것은 우리를 둘러싸고 있는 우주가 신기한 지그소 퍼즐(jigsaw puzzle, 여러 개로 쪼갠 한 장의 그림을 원 그림대로 맞추는 완구-역자주)과 같다는 사실에 관심을 쏟는다. 우리는 많은 세세한 것들을 보고, 이 세세한 것들이 어떻게 서로 결합되는지 알기를 바란다. 과학자들은 세세한 것들을 보고서 어떻게 그것들이 모두 일관성 있게 체계를 이루는지 알아내려고 한다. 그래서 첫번째로 대답해야 할 문제는 다음과 같다. 어떻게 하여 우주가 이렇게 되었는가? 어떻게 우주가 지금과 같이 이런 형식, 이런 유형, 이런 지그소 같은 성질을 가지게 되었는가?

둘째로, "인간의 인간됨"은 인간이 세상에 있는 다른 모든 것과 다르다는 사실에 관심을 돌린다. 예를 들어, 창조성에 대하여 생각해 보라. 모든 문화와 모든 시대의 사람들은 "고급 예술"에서 꽃꽂이까지, 은 장신구에서 고급 기술로 만든 초음속 비행기까지 많은 종류의 물건을 만들어냈다. 이 점은 우리 주위에 있는 동물들과 대조를 이루는 것이다. 사람들은 또한 죽음을 두려워하며, 참되게 선택하려는 열망을 가지고 있다. 내친 김에 말하면, 자신이 쓴 글에서 선택했다고 **생각할 뿐**이라고 말하는 사람조차도 잘못되어 있고 참되게 선택했을 때에만 의미를 갖는 말과 구절들로 속이 빠져들게 된다. 인간은 말을 한다는 점에서도 독특하다. 즉 사람은 구체적이고 추상적인 개념들을 다른 사람들에게 전달해 주는 말로 이 개념들을 표현한다는 것이다. 사람들은 또한 마음이라는 내면 생활을 가지고 있다. 그들은 과거를 기억하고 미래를 향하여 계획한다. 다른 요소들도 지적할 수 있겠지만, 이 정도로도 사람을 세상에 있는 다른 사물과 구별하는 데 충분하다.

　어떤 세계관이 인간이 독특하다는 이 주목할 만한 사실을 충분하게 설명하는가? 우주의 존재와 우주의 형식과 인간의 독특함을 설명해 줄 수 있는 세계관이 있는데, 그 세계관은 성경을 통하여 우리에게 주신 것이다. 과학자들이 실재에 대하여 생각하는 것이 사실상 실재 자체와 대응하는지 알아보려고 점검하게 되는 방식과, 실재가 참인지 살펴보려고 성경적 세계관을 점검하는 방법 사이에는 주목할 만한 비슷한 점이 있다.

　하지만, 많은 사람들은 이런 주장에 강하게 반발한다. 그들은 그 문제, 즉 모든 것이 어디로부터 왔으며, 지금과 같이 된 것은 무슨 이유인가라는 문제를 알지만, 하나님을 포함하는 해답을 생각하기를 꺼려 한다. 그들은 말하기를, 하나님은 "종교"에만 속해 있으며, 종교적 대답들은 사실들을 다루지 않는다고 한다. 오직 과학만이 사실을 다룬다는 것이다. 그래서 그들은 기독교적 대답은 참된 해답이 아니라고 말한다. 기독교적 대답은 "신앙적 해답"이라고 한다.

　기독교적 대답은 이상한 것이 된다. 왜냐하면 현대인들은 새로운 개념에 개방적인 것과, 오랫동안 믿어 온 것에 모순되는 견해를 기꺼이 살펴보려 하는 것을 자랑으로 여기기 때문이다. 그들은 이런 태도가 "과학적으로 되는 일"이 필요로 하는 것이라고 생각한다. 하지만, 어떤 사람이 하나님을 포함한 해답을 가지고 (지금 우리가 살펴보고 있는 것과 같은) "크고" 가장 기본적인 문제의 영역으로 들어가려 하면, 갑자기 문을 닫아 버리고 열려 있던 마음이 닫히고, 아주 다른 태도, 즉 독단적인 합리주의가 들어선다.[3]

---

[3] 합리주의에 대하여 한 가지 낱말을 포함시키고 싶다. 계몽주의는 사상의 혁명으로 18세기 유럽에서 생긴 것이다. 계몽주의의 중요한 이념 가운데 하나는, 사람이 자율적인 존재라는 것, 즉 사람은 자기 자신으로부터 출발하며, 자신이 만물의 척도가 된다는 생각이었다. 그래서 계시가 들어설 여지는 전혀 없었다. 철학자들은 (사람의) 이성이 가장 높은 것이어야 하지 하나님으로부터 오는 소식이 가장 높은 것이 아니라고 생각했다. 이런 관점에서 보자면, 우리는 이 운동을 합리주의라고 부르게 된다.

이 낱말의 뜻은, 합리주의의 지지자들은 인간이 (비록 유한하고 한계가 있는 존재이지만) 자신으로부터 출발할 수 있고, 만물을 설명할 수 있는 모든 정보를 모을 수 있다고 가정했다는 것이다. 합리주의는 인간 외부의 지식을 거부하며, 특별히 하나님으로부터 오는 지식은 모두 거부한다. 합리주의는 자연스럽게 우리가 이 장 처음에 서술한 오늘날의 두드러진 세계관에 도달하는데, 이 세계관은 유물론(오직 물질만 존재한다)이나 자연주의(초자연적인 것은 존재하지 않는다)이다.

합리주의자들은 이 유물론이나 자연주의를 자기들의 세계관으로 삼고서 기적, 죽은 자 가운데서 살아남, 예수님의 변화와 같이 소위 "초자연적인" 것이 들어설 여지를 점점 주지 않았다. 그러므로 이런 일들은 지식을 넘어서는 것이며, 따라서 거의 혹은 전혀 가치가 없는 것이라고 말했다. 그 후에는 자의적으로 이것들은 불가능한 것이라고 말했다. 이 견해는 과학적 사실 때문에 나타난 것이 아니라, 이들이 받아들인 합리주의 세계관에 뿌리박고 있었다.

철학자들과 합리주의적 신학자들은 이런 사고 방식에 영향을 받아 성경에서 합리주의적 이념에 적합한 것들과 적합하지 않은 것들을 나누었다. 이들의 태도는 다음과 같이 간단하게 요약할 수 있겠다. 즉 하나님을 역사 속에서 활동하시는 분으로 보지 않기 때문에 이들은 성경을 대충 자연적인 부분과 초자연적인 부분으로 나누려고 했다. 이들은, 초자연적인 부분들은 "현대인"이 받아들여도 될 만한 가치 있는 것이 아니고 이 부분들은 필연적으로 원시 미신의 영역에 속하는 것이며, 이 부분들에 대하여 알 수 있는 객관적으로 참된 것은 전혀 없다고 생각했다.

이런 접근 방식을 취한 사람의 보기로는 1835년 예수전(*The Life of Jesus*)을 쓴

인간 존엄성을 위한 기초   155

이 일은 묘한데, 첫째로 크고 가장 기본적인 문제에 대한 인본
주의의 설명이 다른 어떤 "신앙적인 해답"과도 같다는 점을 거의

독일 학자 데이비드 프리드리히 슈트라우스(David Friedrich Strauss)를 들 수 있다. 이 책에서 그는 복음서에 있는 자료들은 대부분 "신화적"이라고 말했다. 그는 변화산상의 변화에 대하여 말하면서 이렇게 썼다. "신약이 인정하고 있는 이런 역사적 초자연적 해석을 주장할 수는 없다." 그래서 그가 제시한 바가 있는데, 이것은 복음서 이야기의 철저한 비신화화였다. 참된 역사는 이런 신화로부터 떼어놓아야 한다고 그는 말했다.

슈트라우스는 이런 견해를 말한 최초의 학자였지만, 여러분은 예수전의 연대, 즉 1835년으로부터, 오래 전에 그 혁명이 일어났던 것을 알 수 있다. 이 운동은 대체로 "종교 자유주의"라고 부르는데, 이는 이 운동이 성경에 "자유롭게" 접근하기 때문이다. 이 운동은 19세기 동안 힘있게 성장했다. 그리고 이 운동의 전제는 오늘날 프로테스탄트 세계의 많은 학자들과 점점 그 수가 많아지는 로마 카톨릭 신학자들이 취하는 전제이기도 하다.

이런 성경 접근 방법이 아주 혼란스럽게 하는 점은, 이 운동이 과거의 전통에 찬성하지 않는다는 것이 아니라 이 운동이 "과학적"이라고 주장한다는 것이다. 기독교는 현대 과학에 대하여 두려워할 것이 없음을 분명히 해두어야 하겠다. 실로 기독교는 과학이 생기는 데 도움을 주었다. 전통과 권위는 그저 맹목적으로 받아들여서는 안 되고, 전에 믿었던 바가 실로 참된 것인지 살펴보기 위하여 검토해 보아야 하는 것이다. 위험스러운 것은 "과학적"이라고 하는 주장을 잘못 사용하는 점이다. 우리는 이런 잘못된 사용을 일러 강력하게 "속임수"라고 해도 지나치지 않다고 생각한다.

종교 자유주의자들은 과학적이라는 낱말을 사용하여, 사람들이 자연 과학에 대하여 받아들이고 있는 확실성과 객관성과 같은 것이라는 인상을 주었다. 이들은 이런 주장을 하여, 어떻게 성경이 실제로 생겨났는지에 대한 자기들의 여러 이론들을 제시했고, 이런 이론에 근거를 두고서, 그리스도인들이 전에 받아들였던 가르침을 바꾸어 버렸다. 이들은 5,000명을 먹이신 일과 예수께서 물 위를 걸으신 일 같은 성경의 기적 이야기를 거부했다. 그러나 이들은 이렇게 거부하는 일 이상으로 나아갔다. 예를 들면, 이들은 다가올 인류 대심판, 그리스도의 대속을 통한 구원, 그리스도의 신성, 부활, 동정녀 탄생 등과 같은 개념들도 거부했다. 남은 것은 도덕 종교뿐이었다. 어떤 사람은 이를 일러, "산상보훈의 종교"라고 했다(그러나 이 말은 심각하게 잘못 표현한 것인데, 산상보훈은 아주 고상한 도덕법을 가르칠 뿐만 아니라 예수께서 친히 집행하시는 미래 심판과 같은 것을 아주 분명하게 가르치기 때문이다).

일반 사람들에게, 이런 발전은 당혹스러운 것이었다. 하지만, 많은 사람들에게

알아차리지 못한 듯하기 때문이다. 인본주의 세계관에서는 모든 것이 오직 물질로부터 출발하며, 발전된 것은 무엇이든지 오직 물질

학자들의 급진적인 결론은 저항할 수 없는 것으로 보였는데, 이는 이 학자들이 이런 결론들을 세심하고 객관적인 과학적 학문 활동의 결과로 제시하였기 때문이다. 이 학자들과 의견을 달리 하는 것은 반계몽주의자가 되는 것을 뜻했다. 전통적인 생각을 주장하는 것은 그저 진리가 이끄는 곳이면 어디든지 진리를 따르고자 하는 정신을 거부하는 것을 가리켰다.

오늘날 우리가 서 있는 현시점에서 보면 이런 견해가 얼마나 유치한 것인지 알기란 참으로 쉬운 일이다. 왜냐하면 그 당시 이후로 생긴 일은 첫째로 소위 과학적 이론의 내재적 취약함이 명백해졌기 때문이다. 둘째로 문자 그대로 여러 톤(ton)이나 되는 고고학 자료들이 성경이 기록하고 있는 시대와 지리적인 위치로부터 발굴되었기 때문이다. 학문으로서 고고학은 지난 수백 년간 커다란 발전을 이룩했다.

학자들은 충분히 과학적이지 못하기 때문에 이 점에서 실패한다. 이들은 자기들보다 먼저 함정에 빠진 자들에게 빠져 버렸다고 ─ 하나님의 계시에 대한 선입견으로 안 생각들을 성경 비평 학문에 관련을 지으려고 했다고 ─ 비난한 그 함정에 빠져 버렸다. 이들은 자기들의 세계관 때문에 하나님께서 성경에 담겨 있는 내용들을 믿을 만하게 하셔서 인간에게 전달해 주셨다는 가능성을 받아들이지 않으려 한다. 이들은 "기계적 영감론"(dictation theory of inspiration, 받아쓰기식 영감론)이라는 말로 이 생각을 희화화(戲畫化)한다. 이들은 이런 말로 마치 수세기 동안 (하나님께서 성경을 통하여 우리에게 진리를 주셨다고 주장한) 학자들이 하나님께서 성경 기자들을 마치 타자수처럼 쓰셔서 하나님께서 인간더러 이해하기 바라시는 것을 그저 치기만 하게 하셨다고 가르쳤던 (가르쳐야 하는) 것처럼 행동한다. 그러나 어떤 학자들은 기계적 영감론을 가르치긴 하지만, 이런 이론은 일반적으로 받아들이는 개념이 아니었다.

일반적으로 받아들이는 개념은, 하나님께서 성경을 기록하실 때 사람의 개성이나 그들의 중요성을 파괴하지 않으시면서 사람들을 사용하셨다는 것이다. 하지만, 이들이 쓴 것은 결국 하나님이 보시기에 사람들이 기록된 권위로 가지는 데 필요한 것이었다. 성경 기자마다 "자기 자신대로"였다. 말하자면, 기자마다 다른 문체와 다른 역사적 맥락과 다른 문학 형식과 때로는 다른 언어로 기록했지만, 하나님께서는 이 사람을 이끌어 하나님께서 기록하기 원하셨던 것을 기록하도록 하셨다. 그래서 성경이 다루고 있는 모든 영역에 진리가 있게 되었다.

비평가들은 지난 세기에 받아들였던 전통을 이어갔는데, 이 전통은 하나님께서는 초자연적으로 세상 속에서 일하실 수 없다고 주장했다. 슈트라우스가 말한 바와 같이, "신약이 인정하고 있는 이런 역사적 초자연적 해석을 주장할 수는 없다." 슈트라우스는 다음의 이런 점에서는 옳았다. (예수님의 가르침을 포함하여) 신약이

안에서만 발전한 것이며, 우연에 따른 물질의 재구성일 뿐이다.

유물론적 과학자들은 "왜" 사물이 존재하는지에 대하여 과학적

관찰할 수 있는 역사 속에서 초자연적으로 일어난 사건에 대하여 가르치는 것은 바로 슈트라우스와 다른 자유주의 신학자들이 부인한 그 내용이라는 점이다.
　이런 사고 방식은 여전히 아주 많은 자유주의 학문을 떠받치고 있는 그런 사고 방식이다. 예를 들어, 왜 하나님께서 예수께서 탄생하실 때 동정녀 탄생을 일으키셨던 일이 불가능한가? 결국 하나님께서 먼저 탄생 과정을 계획하셨다면, 왜 하나님께서 어떤 경우에 자신이 만드신 인과의 정상적인 작용에 끼어들어 다른 것을 시작하실 수 없는 것일까? 또, 만일 하나님께서 태초에 만물을 지으셨다면, 왜 하나님께서는 죽은 자에게 생명을 주시고 예수의 몸이 무덤으로부터 올라오게 하실 수 없는가? 이런 일과, 이런 일과 비슷한 일들을 그렇게 단정적으로 부인한 유일한 이유는 합리주의 혹은 자연주의 세계관을 이미 받아들였기 때문이다.
　사람들이 성경에 대하여 비평하는 소리를 여러분들이 들을 때, 과학적인 듯이 보이는 것이 언제나 과학적인 것은 아니며, "학문의 확실한 결과"라고 주장하는 것이 언제나 그렇게 확실한 것은 아님을 기억하라.
　신약 문서의 연대에 대한 최근의 보기를 들어보자. 백 년 넘도록 신약 문서는 (혹은 문서의 대부분은) 예수님의 사역 당시에나 그 직후에 기록된 것일 수 없다는 생각이 학자들 사이에 떠돌아 다녔다. 이 학자들 가운데 어떤 사람은 복음서는 150년 이후에 기록된 것이며, 따라서 아주 신빙성이 없는 것이라고 넌지시 말했다. 이런 식으로 학자들은, 바울이나 베드로나 요한이 썼다고 가정하는 서신들이, 실은 이들이 쓴 것이 아니라 자기들이 쓴 글을 사람들이 받아들이도록 하려고 사도들이 죽은 지 오랜 세월이 지나 사도들의 이름을 빌려 쓴 것으로 알지 못하는 기록자들이 쓴 것이라고 제시하는 것이 보통 일이 되었다.
　울위치(Woolwich)의 전직 주교이자 신약 학자이며 지금은 케임브리지의 트리니티 대학 학장으로 있는 존 로빈슨(John Robinson)은 신약 연대 재추정 (*Redating the New Testament*, 1976)이라는 책을 썼다. 놀라운 일은, 전에 이 저자는 아주 "자유주의적" 입장을 취했다는 점이다. 신약 연대 추정에 대한 자기 책 서두에서 그는 "일반적으로 알고 있는 것보다 훨씬 더 신약의 연대는 사실보다 전제에 근거를 두고 있다"는 사실을 깨달았을 때 처음으로 신약 기자들에 대하여 추정한 후대 연대에 의문을 제기하기 시작했다고 말한다. 그리고 그는 유명한 신약 학자, 도드(C. H. Dodd)로부터 받은 편지에서 다음과 같이 인용한다. "나는 이런 후대 연대 추정의 많은 것이 아주 자의적이고 심지어는 제멋대로이고, 논증을 제시할 수 없는 것으로부터 나온 것이라는 데 당신과 의견을 같이 하는 바입니다."

으로 이해하지 못하며, "어떻게" 생명이 시작했는지에 대해서도 과학적으로 전혀 이해하지 못하며, 이 세계관이 그 과학자들에게 심대한 문제, 즉 우디 알렌이 "소외, 고독 '그리고' 광기에 다다른 허무"라고 표현한 문제를 남겼지만, 많은 현대인들은 아무것도 대답하지 못하는 유물론적 인본주의의 "대답"을 좋아하여 여전히 "하나님"이라는 말을 사용하는 해답을 반사적으로 거절하고 있다. 이것은 단지 편견일 뿐이다.

하지만, 우리는 이런 편견이 최근에 생긴 것이며 자의적인 것임을 이해해야 한다. 버클리에 있는 캘리포니아 대학과 샌프란시스코 주립 대학에서 가르쳤던 어니스트 벡커(Ernest Becker) 교수는, 지난 50만 년 동안 사람들은 언제나 두 세계, 즉 보이는 세계와 보이지 않는 세계를 믿어 왔다고 말한다. 보이는 세계는 사람들이 매일 생활하는 곳이고, 보이지 않는 세계는 좀더 강한 힘이 있는 곳이니, 보이는 세계의 의미와 존재가 보이지 않는 세계에 의존하고 있었기 때문이다. 150년 전에 계몽주의의 이념들이 전서구 문화에 퍼졌을 때, 갑자기 우리는 보이지 않는 세계가 존재하지 않는다고 자의적으로 말하는 것을 들었다. 이는 오늘날 많은 세속 사람들에게 교의(教義)가 되었다.

그리스도인들은 과학의 가설을 맹목적으로 받아들여야 하는 것 이상으로 성경의 체계를 맹목적으로 받아들여야 하는 것이 아님을 지적하여 이러한 편견에 답변해 주려고 한다. 과학자가 하는 일은 세계에서 어떤 현상을 탐구하는 것이다. 그 다음에 과학자는 이 현상을 이해하도록 해주는 설명을 두루 찾는다. 바로 이것이 가설이다. 그러나 가설은 반드시 검증해야 한다. 그래서 사실상 관찰되는 것과 가설로 삼은 것이 대응하는지 살펴보기 위하여 주의깊게 검증 작업을 설정하고 고안하게 된다. 만일 대응하면, 과학자는 그 설명이 올바른 것으로 받아들인다. 만일 대응하지 않으면, 이 설명을 잘못된 것으로 버리고, 대안적인 설명을 찾는다. 실질적으로 그 명제가 어떻게 "검증"(verification)되었는지에 따라 가설은 중력의 법칙이나 열역학 제2법칙과 같이 과학 안에서 "법칙"으로 받아들여진다.

우리는 그 방법을 주의깊게 보아야 한다. 그 방법은 특정한 자물쇠에 맞는 올바른 열쇠를 찾으려는 것과 비슷하다. 우리는 처음의 열쇠로 열어보고, 그 다음 열쇠, 그 다음 열쇠로 차례로 마지막까지 해보다가 운이 좋으면 그 가운데 하나가 맞게 된다. 같은 원리가 위에서 말한 큰 문제를 살펴볼 때 적용된다고 그리스도인들은 주장한다. 여기에 현상이 있다. 어떤 열쇠가 그 현상의 의미를 열어줄 것인가? 어떤 설명이 올바른가?

우리는 유물론적 인본주의의 대안과 동양 종교의 대안 등을 살펴볼 수 있을 것이다. 그러나 둘 가운데 어느 것도 위에서 말한 가장 기본적인 문제의 일부를 해결하지 못한 채 남겨두고 있다. 그래서 우리는 기독교적인 대안을 검토하기 위하여 방향을 돌려본다.

명백한 것은, 그리스도인들이 성경을 단순히 하나의 대안으로만 보지 않는다는 점이다. 그리스도인으로서 우리는 성경이 객관적으로 참되다고 본다. 왜냐하면 우리는 성경이 지식과 생활에 모두 해답을 주는 것을 발견했기 때문이다. 하지만 토론을 위하여, 기독교적 대안을 하나의 대안으로 보도록 비기독교인을 초대해 보도록 하자. 그러나 기독교적 대안을 하나의 대안으로 본다고 하여 맹목적으로 그렇게 하는 것이 아니라 적절하고 충분한 근거가 있기 때문이다.

그러나 이 점을 주목해 보라. 자연 과학자는 인류에 대하여 참으로 중요하고 핵심적인 문제를 다루는 사람들과 비교해 볼 때 어떤 일을 아주 쉽게 한다는 점이다. 자연 과학자는 실재 세계의 작은 부분들, 즉 나뭇잎과 세포와 원자와 소립자를 탐구하며, 이런 사물들은 인격이 아니고 아주 정확한 법칙을 따르기 때문에 자연 과학자는 비교적 쉽게 설명을 얻을 수 있다. 케임브리지 대학의 동물학 교수였던 판틴(C. F. A. Pantin)은 전에 이렇게 말했다. "아주 영리한 사람들이 자연이라는 시험지의 비교적 쉬운 문제들에 대하여 대답을 하고 있다." 이것은 자연 과학을 헐뜯는 말이 아니다. 자연 과학은 자체의 연구 원리에 따라 일관성 있게 작동하면서 우리 주위의 세계에 있는 물질을 점점 살펴 들어간다. 케임브리지 대학의 도르프(W. H. Thorpe) 교수가 말하는 것처럼, 자연 과학은 "인간의 모든 총체적 경험의 어떤 영역으로 조심스럽게 제한된 것, 즉 인간 경험의 어떤 부분을 이해하고 자연을 다스릴 수 있기 위한 기술이다."

그러므로 나뭇잎과 세포와 원자나 소립자와 같이 개별적 자연 사물들에 대한 연구보다 더 핵심적인 우리의 그러한 체험 영역을 살펴볼 때, 우리는 구체적인 것에서 비구체적인 것으로 옮겨가고 있는 것이 아니다. 오히려 우리는 실재의 조그마한 부분에서 좀더 큰 부분으로 방향을 돌리고 있는 것이다. 잠시 과학자를 그려 보라. 그는 세세한 특정물을 바라보고 있으며, 공인된 절차에 따라 자신의 과학적 연구를 수행하고 있다. 우리는 이미 과학자가 해답을 발견하려고 사용하는 방법을 토론했다. 이제 우리는 우리가 바라보고 있는 전체 현상, 즉 실험을 하고 있는 과학자를 다시 살펴 보아야겠다. 과학자가 의자에 앉아서 자기의 문제에 대하여 해답을 찾을 수 있는 이유는 오직 그가 자기의 상황에 대하여, 사실상 전체 세계에 대하여 두 가지 거대한 가정을 했기 때문이다. 무엇보다도 먼저 그는 자기가 보고 있는 사물이 좌우간 서로 잘 맞아 떨어진다고 가정하고 있다. 물론 이때 소립자 물리학과 같은 영역은 단순한 설명으로 해결될 수 없지만 그래도 상관없다. 만일 과학자가 자신이 연구하고 있는 사물들이 서로 잘 맞아 떨어진다고 가정하지 않으면, 해답을 발견하려고 시도하지 않을 것이다. 둘째로, 과학자는 자기가 한 인격으로서도 해답을 찾을 수 있다고 가정하고 있다.

다른 말로 하면, 위에서 말한 큰 문제들이 과학자들이 작업하고 있는 그 얼개를 구성한다는 것이다. 도르프의 말을 다시 인용해 보

자. "나는 최근에 가장 뛰어난 이론 과학자들 가운데 한 사람이 자기의 과학적 동기는 두 가지 근본적인 태도에 근거를 두고 있는데, 그것은 자기의 책임에 대한 확신과 자연의 아름다움과 조화에 대한 경외라고 말하는 것을 들었다." 그래서 우리는 위에서 말한 큰 문제를 대답하는 데 참여한다는 것은 어떻게든 "실재 세계"에서 점점 멀어지는 것이라는 모든 주장에 반대해야 한다.

사실은 정반대이다. 우리는 이러한 큰 문제들에 다가가면서, 우리 각자가 하루 24시간 동안 살아가고 있는 실제 세계에 — 어떻게 마을 반대편으로 갈 수 있는가 따위의 문제를 생각해서 해결할 수 있는 실제 사람과, 사랑할 수 있는 사람과, 도덕적인 판단을 내릴 수 있는 사람들이 사는 세상에 — 접근하는 것이다. 다른 말로 하면, 이것들은 충분한 설명을 구하며 외치는 현상들이다. 이것들은 우리 자신과 우리를 둘러싼 세계에 대하여 우리가 가장 잘 아는 일들이다. 어떤 세계관이 이런 일들을 포괄할 수 있는가?

루이스(C. S. Lewis)는 기독교적 답변에 대한 대안은 둘이 있다고 지적했는데, 그 두 대안은 서구의 인본주의 철학과 동양의 범신론적 철학이라고 한다. 우리는 이 점에 동의할 것이며, 동양 철학이 기독교적 체계에 "반대되는" 대답이라는 그의 관찰에도 동의한다. 그러나 우리는 이 점에 대하여 뒤에 살펴보겠다. 잠시 우리는 서구의 유물론적 세계관에 관심을 쏟도록 하자.

때때로 우리는 언론이나 라디오에서 기름 탱크가 바위에 부딪혀 원유가 바람과 조류에 휩쓸려 아름다운 해변을 망쳐 놓았다는 기사를 대하게 된다. 우리는 그런 방법으로 인본주의의 문제를 그려 볼 수 있겠다. 모든 인본주의 철학이 반드시 좌초되게 하는 바위가 하나 있다. 그것은 바로 상대적 지식과 상대적 도덕의 문제, 다르게 표현하자면 유한성 혹은 제한성의 문제이다. 인류가 이제 세상에 대하여 도덕적으로 완전 무결하다 해도, 사람들은 여전히 유한할 것이다. 사람들은 한계가 있다. 이 사실은 하나님으로부터 해답을 얻을 수 있는 가능성을 거부한 것과 함께 인본주의자를 상대적 지식의 문제로 몰고 간다. 과거 200년 동안 이러한 상대주의에 대한 대안은 존재하지 않았다. 그리고 인본주의 세계관 안에서는 대안이 있을 수 없을 것이다. 바로 이 점을 우리가 이제 보여주고자 한다.

우리가 안다는 것을 우리는 어떻게 아는가

중세 철학과 구분되는 근대 철학의 초기 단계 동안에, 즉 17세기경 유럽에서 철학자들이 곤란을 겪고 있던 문제는 바로 "우리가 안다는 것을 우리는 어떻게 아는가" 하는 것이었다.

초창기 근대 과학자들은 이전의 인간 권위를 거부하여 자연 과학에서 진보를 이룩했다. 예를 들면, 그들은 중세 과학으로부터 얻은 유산들을 상당히 거부했다. 그 당시 연구는 아리스토텔레스의 개념들이 지배하고 제한을 가했다. 천문학 영역에서는 이 사실이 프톨레마이오스 체계(ptolemaic system)가 휩쓸었다는 사실을 뜻했다. 갑자기 사람들이 관찰하기 시작했고, 이는 천체를 이해하는 전체 체계에 대하여 의심을 하는 것이다. 물론 그 결과, 코페르니쿠스의 혁명이 있게 되었다. 즉 태양이 지구의 주위를 도는 것이 아니라 오히려 지구가 태양의 주위를 돈다는 발견이다. 그래서 그 때까지 널리 퍼졌던 생각들에 대해서 일반적으로 태도를 바꾸었다. 과학자들은 이렇게 말했다. "우리에게 전해 내려오거나 이전의 여러 권위로부터 나온 생각들을 받아들여서는 안 된다. 우리는 무(無)에서 출발하고 단순하게 세상을 관찰하며 어떻게 세상이 움직이는지 보아야 한다. 그렇지 않으면, 우리는 거기에 존재하는 것을 보는 데 방해를 받을지 모른다."

하지만 초창기 근대 과학자들은 이전의 인간의 권위와 견해를 거부하듯이 하나님께서 성경에 주신 지식을 거부하지는 않았다. 예를 들면, 프란시스 베이컨은 학문의 신기관(*Novum Organum*,

1620)에서 이렇게 썼다. "그러므로 결론을 내리면, 어떠한 사람도 자신의 경솔함과 절제를 잘못 사용하여, 하나님의 말씀을 담은 책이나 하나님이 하신 일을 담은 책보다 더 많이 잘 연구할 수 있다고 생각하거나 주장하지 못하게 하라."[4] "하나님의 말씀을 담은 책"은 성경이고, "하나님이 하신 일을 담은 책"은 하나님이 만드신 세계이다.

근대 과학자들은 19세기 후반 마이클 패러데이(Michael Faraday)와 제임스 클러크 맥스웰(James Clerk Maxwell)의 때까지는 일반적으로 인간의 권위를 거부한 얼개 속에서 살고 생각하고 일했지만, 성경에서 우주에 대하여 가르친 것은 존경했다.

철학자들(그리고 이후의 유물론적 과학자들)은 좀더 비약했다. 그들의 오류는 실로 제한을 가하고 있었던 과거 인간의 권위에서 벗어나는 것과, 사람을 중앙에 놓고 하나님의 권위도 거부해 버리는 것을 혼동해 버린 점이다. 그들은 오직 인간이 한 관찰 위에 모든 것을 세우고 싶었다. 바로 이것이 인식론(알고 있는 것을 어떻게 아는가)의 문제가 현대 철학에서 아주 중요하게 된 과정이었다. 이 문제는 바로 오늘날까지 계속 남아 있다.

이 문제를 처음으로 거론한 철학자는 르네 데카르트(René Descartes, 1596-1650)였다. 데카르트는 제일 철학에 대한 명상들(*Meditations on First Philosophy*)에서 다음과 같이 기록했다.

> 밤에 내가 이 특정한 장소에서 나 자신을 발견한 꿈을 꾼 일이 얼마나 자주 일어났는가……실제로는 내 침대에 누워 있었는데 말이다. 지금 이 순간 내가 눈을 떠서 이 종이를 보고 있는 것 같다……하지만, 나는 이것을 곰곰이

---

[4] Francis Bacon, *The New Organon and Related Writings* (Indianapolis : Bobbs-Merrill, 1960).

생각해 보면서 수많은 경우에 내가 자면서 비슷한 환상에 속은 것이라는 생각을 하며, 조심스럽게 이렇게 계속 반성하노라면 우리가 깬 상태와 자고 있는 상태를 분명하게 구별할 수 있을 법한 어떤 표지가 없는 것을 너무 명백하게 알게 되어 놀라움에 사로잡힌다. 그리고 나의 놀라움은 지금 내가 꿈을 꾼다고 나 자신을 거의 믿을 수 있다는 것이다.[5]

여기에 삼백 년 전에 표현된 현대의 인식론적 문제가 있다. 모든 지식은 감각으로부터 나오지만, 우리는 우리 자신의 감각을 어떻게 의지할 수 있는가? 때때로 꿈을 꾸면서 우리는 사물을 아주 실재인 것처럼 경험하고 있으나, 그 실재는 오직 우리 머리 속에만 있을 뿐이다.

우리는 1966년 미켈란젤로 안토니오니(Michelangelo Antonioni)가 확대(*Blow-Up*)라고 부른 영화를 기억한다. 이 영화의 핵심적인 문제 가운데 하나는 이와 같은 문제였다. 어떤 사진사가 런던의 한 공원에서 죽은 사람을 사진 찍었는데, 그 다음에 이 사진이 사실상 실재의 일부인지 아니면 약물 환각 여행과 비슷한 환영의 경험인지 불확실해졌다. 인본주의 세계관 안에서는 정답을 말해 줄 최종적인 방법이 없다. 그리고 안토니오니는 요점을 생생하게 보여주면서 영화를 끝낸다. 즉 테니스를 치는 사람이 공 없이 운동을 한다. 보이지 않는 "공"이 왔다갔다 하고 관객들은 (존재하지 않는) 그 "공"이 테니스장 그물을 넘어 사진사의 발 앞에 "떨어질" 때까지 이쪽에서 저쪽으로 공이 가는 "길"을 보고 있다. 사진사는 잠시 무엇을 해야 할지 망설인다(관찰이 그저 대다수의 문제인가? 사물의 실재가 사회의 일반적인 찬성으로부터 나오지 다른 어떤 곳

---

[5] René Descartes, *Meditations on First Philosophy* (Indianapolis : Bobbs-Merrill, 1960).

에서는 안 나오지 않는가?). 그 다음 사진사는 허리를 굽혀 그 "공"을 주워 코트 안으로 던져 다시 돌려보낸다. 여기에 오직 인간을 근거로 하여 인식론을 수립한 어떤 체계의 문제를 명석하게 묘사해 놓았다. 이 영화는 우리가 살고 있는 시대의 철학적인 진술이었다.

이 새로운 접근 방식의 역사 중에 하나로 철학에서 다른 예를 들어 보자. 즉 데이비드 흄(David Hume, 1711-1776)의 예이다. 흄은 1732년에 인성론(*A Treatise of Human Nature*)으로 세상에 충격을 주었다. 존 로크(John Locke, 1632-1704)는 이미 옳고 그른 것의 "본유 관념"이라는 개념을 거부했다. 즉 로크는 이 관념들은 태어날 때부터 지성에 본래 있다는 사실을 거부한 것이다. 이 사실은 많은 사람을 곤란하게 했는데 그 후에 흄이 한걸음 더 나아간 도전을 가지고 갑자기 등장했다.

아주 놀라운 것은 흄이 하나님과 "보이지 아니하는 세계"의 사물들에 대한 회의론을 넘어서 보이는 세계에 대한 회의론으로까지 나아갔다는 것이다. 그는 그 중에서도 인과율의 개념을 의심했다. 즉 흄은 외부 세계에는 한 사물을 다른 사물의 원인이라고 말할 수 있게 하는 실재가 있다는 개념에 의문을 제기했다. 우리는 나무가 휘고 흔들리며 그 나뭇잎들이 땅에 떨어지며 들에 흩날려 돌아다니는 것을 볼 때, 자연스럽게 바람이 이 현상을 일으킨다고 말한다. 흄은 이런 개념에 의문을 제기했던 것이다.

모든 지식은 오직 감각으로부터 나온다고 말한 로크로부터 시작하여 흄은 인과율이 감각으로 지각되는 것이 아니라고 주장했다. 우리가 지각하는 것은 서로 밀접하게 뒤따라 이어지는 두 사건이다. 그는, 그것은 관습이며 이 관습으로 우리는 인과율이라는 용어를 말할 수 있지만, 이는 사물들 자체 안에서 작용하는 객관적인 "힘"(force)은 전혀 아니라고 주장했다. 누구라도 이런 사고 방식이 어디에 이르는지 알 수 있다. 그리고 그 당시에도 그 사고 방식을 그렇게 이해했다. 만일 인과율이 실재하는 것이 아니라면, 과학은 불가능하다. 왜냐하면, 과학자들이 다루고 있는 것은 한 사건에서 다음 사건으로 그 원인과 결과의 길을 추적하는 것이기 때문이다.

현대 영국의 인본주의자인 캐스린 노트(Kathleen Nott)는 인본주의에 대한 반대들(Objections to Humanism, 1967)에서 흄에 대하여 날카롭게 다음과 같이 기록했다. "위대한 철학자 중에 한 사람인 흄은……허무주의적 심연 너머까지 자기 코를 내밀었다."[6] 이 말은 옳다. 흄은 우리 경험의 가장 기본적인 요소를 의심하고 있었다. 그러나 그는 자신의 전제(즉, 자기의 출발점)에 일관성을 가지려고 노력하고 있었다. 이렇게 하여 그는 어디에 이르렀는가? 지식 자체에 대한 회의론에 도달했다. 흄은 의도적으로 그 당시 영국에 널리 퍼져 있던 기독교 세계관을 반대하는 글을 썼다. 그는 성경으로부터, 사람들이 그 앞에서 책임을 지고 있는 하나님으로부터, 사람이 물질 이상의 존재라는 사실로부터, 모든 자연 법칙을 무시해 버리는 죽음 이후의 생명으로부터 나온 이념의 체계를 부숴버리기를 원했다. 하지만, 그는 일상적인 생활의 사물에 대해서조차 불확실한 상태로 끝맺었다. 캐스린 노트가 계속하여 말하는 것과 같이, "흄의 철학하는 법(philosophizing)은 실로 근본적 회의론으로, 이 회의론은 초자연적인 것은 말할 것도 없고 자연적인 것이 도저히 거기 존재했다고 믿을 만한 확실한 논리적 근거를 남겨 두지 않았다."[7]

그러나 흄에 관한 훨씬 더 놀라운 일이 있다. 그의 철학은 회의론으로 귀착되었다. 그러나 그는 회의론으로 살 수 없었다. 그는 "허무주의적 심연 너머까지 자기 코를 내밀었다." 그리고 우리는 그가 끝에 서서 넘겨다 보고 있는 것을 상상해 볼 수 있다. 그러면 무엇을 그렇게 보고 있는가? 노트는 흄이 "심리학적인 위기가 포

---

[6] H. J. Blackham, et al., *Objections to Humanism* (Riverside, Connecticut : Greenwood Press, 1967).

[7] Ibid.

인간 존엄성을 위한 기초 167

함되어 있는 것을 보았을 때 '회의론'을 갑자기 철회했다"고 말한다. 흄은 인성론(1권)에서 다음과 같이 말했다.

> 내가 그토록 수고하여 가르쳐 주입한 이런 논증에 내가 진정으로 동의하는지, 참으로 내가 모든 것이 불확실하다고 주장하는 그런 회의론자들 가운데 하나인지 묻는다면……나는……나도 다른 사람도 모두 언제나 진지하고 계속적으로 그런 주장을 취하는 것은 아니라고……대답해야겠다. 나는 식사를 하고, 주사위 놀이를 하고, 친구와 대화하고 함께 즐거워한다. 그리고 서너 시간 즐기고 난 후에 이런 사색으로 돌아가려 할 때, 이런 사색들은 너무 차갑고 부자연스럽고 우습게 보여서 마음으로는 그런 일에 더 이상 몰입할 수 없는 것을 발견하게 된다. 그러므로 회의론자들은 이성으로 자기의 이성을 변호할 수 없다는 것을 주장할지라도, 여전히 계속하여 추론하고 믿는다. 그리고 철학의 논증으로 몸의 진실성을 감히 주장할 수 없지만, 그는 같은 규칙으로 몸의 존재에 대한 원리에 찬성해야 한다.[8]

우리는 지식의 원천을 탐구하는 데는 두 가지 기본적인 대안이 있을 뿐이라고 믿는다. 하나는 어떤 사람이 자기 문제에만 해답을 발견하려고 시도하는 것이다. 다른 하나는 하나님으로부터 계시된 진리를 찾는 것이다. 우리는 뒤에 두번째 대안을 살펴볼 것이다. 이제 우리는 처음 것을 살펴보고 있으며, 이것은 모든 인본주의적 체계가 반드시 붙잡고 씨름해야 하는 기본적인 문제이다. 즉 지식의 문제이다.

---

[8] David Hume, *A Treatise of Human Nature* (New York : E. P. Dutton, 1956).

임마누엘 칸트(Immanuel Kant, 1724-1804)와 철학에서 나타난 그의 "코페르니쿠스적 혁명" 그리고 루드비히 비트겐슈타인(Ludwig Wittgenstein, 1889-1951)과 20세기 언어 철학을 포함하여 우리가 다루었던 이념들의 이어지는 역사에 대하여 다른 세세한 내용들을 많이 고찰할 수 있을 것이다. 하지만 우리는 여기서 멈추고자 하는데 부분적으로 현대 철학의 논의가 너무 전문적인 것이 되지 않게 하려 함이나, 주된 이유는 현대 철학이 태동했던 백년 어간에 기본적인 어려운 점들이 이미 드러났기 때문이다.

사람은 자기 자신으로부터 출발하면 자신이 주위 세계를 관찰할 수 있고, 자신의 관찰이 실재와 대응한다는 이 놀라운 가능성에 대하여 충분히 설명할 수 없다. 문제는 사람이 모든 것을 할 수 없다는 것뿐만이 아니다. 필요한 것은 망라된 지식이 아니고 모든 지식을 가능하게 하는 기초이다. 즉 우리 경험으로 가장 작은 사물이라도 모두 지각할 수 없음을 안다고 해도, 우리가 무언가를 참으로 지각했음을, 즉 "지각"(perception)이 그저 우리 뇌 속에 있는 "상"(image)이 아니고, 우리 자신으로부터 우리가 만들어 낸 실재의 모델이나 상징이 아니라는 확신을 우리는 원한다. 우리는 실재와 참으로 접촉했음을 알기를 원한다. 흄조차도 자신의 철학 방법이 무의미한 것과, 이 철학 방식이 자신의 세계 경험과 맞지 않았음을 인정해야 했다. 인본주의의 측면에서 이 점은 큰 긴장이다. 즉 이성(reason)을 지지하는 근거(reason)가 없는데 그와 동시에 이성의 실재를 의지하여 계속 살아가야 하기 때문이다.

바로 여기서 물어보아야 할 점은 이것이다. "그러나 지식에 대한 '충분한 설명'을 가져야 할 이유는 무엇인가?" 데카르트와 흄, 그리고 다른 사람들이 자신들의 경험과 일치하는 이론적 기초를 발견할 수 없었다는 점에 동의하면, 그저 사유한다는 것만으로 충분하지 않은가? 아마도 여러분 가운데 많은 사람들은 이 글을 읽어 오면서 이렇게 묻고 싶었을 것이다. 이는 좋은 질문으로, 세상 사람들의 대부분은 로크와 흄, 그리고 다른 사람들이 제기하기를 원하는 그런 문제로 결코 고민하지 않기 때문이다. 사람들 대부분은 일상 생활에 열중하고 결코 실재와 환영, 주체와 대상 등에 대하여 번민하지 않으면서 단순하게 살고 있다. 그리고 우리는 마치 사람들이 주위 세계를 지각하지도 인식하지도 않는다는 사실을 함축하는 양 그들의 경험이 본질적으로 타당한 것이 아니라고 넌지시 비치고 있는 것은 아니다. 사람들은 실제로 지각하고 인식하고 있다. 우리가 말하고 있는 것은 그들이 알거나 모르거나 상관없이, 그들의 경험은 오직 성경에서 표현하고 있는 우주, 즉 하나님이 창조하신 우주 속에 살고 있기 때문에 가능하다는 사실이다. 그들의 내적인 인식 기능은 하나님께서 친히 만드셨고, 사람들의 주위에 있는 세계와 그 형식과 일치하도록 만드신 것이다.

하지만, 우리가 "사람이 이런 식으로 지식을 갖는 것이 가능한 이유는 무엇인가?"라는 물음을 지나치려고 한다면, 오직 사람으로부터 시작하는 모든 체계에는 두 가지 큰 문제점이 있음을 기억해야 한다. 기름 탱크와 바위의 보기를 다시 생각해 보라. 바위는 우리가 살펴보고 있었던 지식의 문제이다. 이 문제는 핵심적인 문제이다. 그러나 지식이라는 부서진 배에서 흘러나오는 오염은 두 가지 형태가 있다. 첫째는 모든 사물의 무의미함이고 둘째는 도덕의 상대성이다.

모든 사물의 무의미함

현대 사상가의 대다수는 우주와 사람을 인본주의적 기초에서 보게 되면 우주와 인간의 무의미함에, 인류 전체뿐만 아니라 개별 인간인 우리 각자의 무의미함에 이르게 된다는 사실에 동의한다. 하버드 대학과 스미스소니안 천체 물리학 관측소(Smithsonian Astrophysical Observatory)의 스티븐 와인버그(Steven Weinberg)

교수는 처음 삼 분: 우주의 기원에 대한 현대적 견해(*The First Three Minutes : A Modern View of the Origin of the Universe*, 1976)란 책을 썼다. 여기서 그는 지금까지 설명해 온 어느 누구보다도 더 명백하게 우주와 그 기원에 대한 현대 유물론적 견해를 설명한다.

그러나 그의 설명이 끝나고 그가 비행기에서 땅을 내려다보고 있을 때 와인버그는 다음과 같이 기록했다. "이 모든 것이 그저 압도하리만큼 적대적인 우주의 작은 부분이라는 사실을 깨닫기란 아주 어렵다. 이 우주는 말할 수 없을 정도로 생소한 초기 상태로부터 진화하여 이제 끝없는 냉기나 참을 수 없는 열기가 장차 사라질 미래에 직면하고 있다. 우주가 좀더 이해할 수 있는 것으로 보일수록, 우주는 더욱 무의미하게 보인다."[9]

와인버그가 우주는 좀더 "이해할 수 있는" 것으로 보인다고 말할 때, 그는 물론 우리가 과학의 진보를 통하여 물리적 우주를 더 많이 알게 되는 것을 언급하고 있다. 그러나 이는 유물론적 얼개 속에서 알게 되는 것이며, 이 얼개는 우주를 물리학과 화학으로만, 즉 기계로만 고찰하는 것임을 주목하여 보라. 여기에 아이러니가있다. 이러한 이해도 일종의 이해이지만, 눈먼 사람에게 시력을 주고는 볼 수 있는 것을 없애 버리는 것과 같다. 우디 알렌이 앞에서 말한 것을 우리가 들었듯이, 그런 실재관은 "공포 속에서 전적으로 마쳐시키고 있으며, 모든 사람의 업적을 무의미한 것으로 만든다."

그래서 저 큰 문제에 대한 설명 없이 혼자 내버려 두기를 바라는 사람에게 우리는 아주 인자하게 "당신에게 홀홀히 남아 있는 것이 무엇인지 보시오" 하고 말해 주어야 한다. 이는 그저 수사법이 아니다. 이번 세기의 수십 년이 흘러 오면서, 스티븐 와인버그와 우디

---

[9] Steven Weinberg, *The First Three Minutes : A Modern View of the Origin of the Universe* (New York : Basic Books, 1976).

알렌처럼 말하는 사람이 점점 많아졌다. 이는 분명하게 말해야 할 일이 되었다. 18세기의 계몽주의에서 나온 19세기의 엄청난 낙관론은 점점 퇴조해 갔다.

만일 모든 것이 "끝없는 냉기나 참을 수 없는 열기가 장차 사라질 미래에 직면해" 있다면, 모든 사물은 무의미하다. 이것이 첫번째 문제, 첫번째 오염의 문제이다. 두번째 문제도 역시 마찬가지로 나쁘다.

도덕의 상대성

물질로 된 우주는 가치의 근거를 전혀 주지 못한다. 물질로 된 우주로부터 출발한 사람들은 서술할 수는 있지만, 결코 정의할 수는 없다. 이 사람들은 서술형으로는 말할 수 있지만, 명령형으로는 말할 수 없다. 예를 들면, 이들은 물리적 힘이 무엇을 포함하고 있으며 그 힘이 생리학적으로 어떻게 작용하는지 서술할 수는 있지만, 물질로 된 우주만으로는 힘을 어떻게 "사용해야 하고, 사용하지 말아야 하는지"에 대하여 아무런 개념도 이끌어낼 수 없다. 이 사람들이 할 수 있는 일은 오직 어떤 도덕적 체계가 "사회 계약"이라는 기초 위에서 시간이 지나감에 따라 작동해 왔다고 주장하는 것이다. 이 사회 계약을 우리는 51퍼센트의 도덕관이라고 부른다. 즉 과반수가 이런 일이 작용하는 데 좋은 방법이라고 생각하면 그 방법이 "도덕"이 되는 것이다. 이 얼마나 혼란스러운가! 이 얼마나 큰 불행인가! 이런 견해를 가지면 어떤 행위든지 정당화할 수 있는데, 우리들의 최근 역사가 그 두려운 보기를 보여 주었다.

알더스 헉슬리(Aldous Huxley)는 30대에 멋진 신세계(*Brave New World*)라는 작지만 기발한 소설로 이 모든 것을 분명하게 말했다. 그는 이 책에서 현재의 도덕, 특별히 성 관계에 대한 도덕을 뒤엎은 사회를 그리고 있다. 독특한 사랑의 관계 안에서 나타내는

신실함은 "악"이 되고, 난잡한 성이 "선"이 된다.[10]

바로 여기에 인본주의의 딜레마가 있다. 인본주의자들은 큰 문제에 해답을 만들어내야 한다. 그러나 그들의 제한된 경험으로부터는 확실한 것을 전혀 알 수 없다. 만일 우리가 모든 인류의 사고 방식을 모을 수 있다 해도, 여전히 오직 제한된 지식밖에 없을 것이다. 대문자 T를 가진 진리(Truth), 즉 모든 시대와 모든 사람에게 참이 될 설명은 불가능한 것이 될 것이다.

그러므로 남아 있는 것은 "상대적인" 진리이며, 상대적인 진리와 함께 상대적인 도덕이다. 시간이 흘러가면, 우리의 도덕 체계가 가진 "확실한 것들", 즉 권리 장전(bills of rights)과 자유 헌장(charters of freedom)과 정의 원리와 모든 것조차 파멸해 버릴 것이다. 알렉산드르 솔제니친(Aleksandr Solzhenitsyn)은 이 문제를 인본주의 철학의 이론적인 문제로만 이해하지 않는다. 그는 이 철학이 담고 있는 함축의미로 고민했다. 그는 다음과 같이 쓰고 있다.

> 공산주의는 모든 절대적 도덕 개념들을 거부한다는 사실을 결코 숨기지 않았다. 공산주의는 선악(善惡)을 논란의 여지도 없는 범주로 보는 것을 경멸한다. 공산주의는 도덕을 상대적인 것으로 본다. 상황에 따라서는 수천 명을 죽이는 행동이라도, 선할 수도 있고 악할 수도 있다. 공산주의는 몇 안 되는 사람이 정의(定意)한 계급 이데올로기에 전적으로 의존한다……. 그러므로 선악과 같은 말을 진정으로 사용한다면 그것은 어색한 일로 여겨지게 된다. 그러나 우리가 이런 개념들을 없애 버리게 된다면, 무엇이 남겠는가? 우리는 동물의 지위로 전락할 것이다.

우리는 서양에 살면서 상대적 도덕의 기초 위에서 활동하는 것이

---

[10] Aldous Huxley, *Brave New World* (New York : Harper & Row, 1932).

오직 철의 장막 안의 국가뿐이 아님을 이해해야 한다. 이제 서양도 역시 그런 기초 위에서 활동하고 있다. 유물론적 세계관이 서양의 사고 방식도 역시 지배했다. 그러므로 우리는 솔제니친이 경고했던 것처럼 이곳에서도 똑같은 비인간성을 보게 될 것을 알 수 있다. 우리는 돌아 앉아 "그런 일은 이곳에서는 결코 일어날 수 없습니다" 하고 생각하지 말아야 한다. 더욱 나쁘게 되어, 우리가 혼동하여 문제는 주로 오직 군사적이거나 경제적 힘이라고 생각해서는 안 된다는 것이다. 문제는 좀더 미묘하고 좀더 긴급하고 암처럼 자라서 바로 지금 우리 가운데 있다. 즉 유물론적 철학이 서양의 인본주의적 세계관을 떠받치고 있다는 것이다. 마르크스는 우리의 경제 체계와 다른 경제 체계를 제안했는지 모르지만, 우리는 그와 같은 기본적 세계관을 가지고 있다.

하지만, 이런 세계관을 주장하는 사람들에게 가장 큰 딜레마는, 이 세계관 안에서는 일관성 있게 살 수 없다는 사실이다. 우리는 이 사실이 데이비드 흄에게서 어떻게 마찬가지로 나타났는지를 보았다. 마치 극작가 사무엘 베케트(Samuel Beckett)가, 말은 아무 의미도 전달해 주지 못하며, 언어를 포함한 모든 것이 부조리하다고 "말"할 수는 있는 것처럼, 베케트는 말을 사용하여 희곡을 쓰고 심지어는 무의미함에 대한 희곡을 써야 했다. 만일 베케트가 사용한 말이 청중들에게 의미를 전달해 주지 못하면, 그는 말을 포함하여 모든 것이 무의미하다고 말할 수 없다.

이런 모순을 지적하려면 끝도 없을 것이다. 진실은, 성경적 세계관을 거부한 모든 사람은 실재에 대한 관념과 실재 사이의 긴장 상태에서 살아야 한다는 사실이다.

그래서 어떤 사람이 모든 것은 오직 물질과 에너지일 뿐이라고 믿고 이런 사실을 철저하게 이끌고 나간다면, 의미도 죽고, 도덕도 죽고, 사랑도 죽고, 희망도 죽는다. 그렇지만! 각 사람은 사랑을 하고, 희망을 가지고, 옳고 그름의 기초 위에서 행동한다. 이것은 사람이 갖고 있는 세계관에도 불구하고 모든 사람은 사물의 본래 방식대로 이해한다고 우리가 말할 때 그 의미이다. 어느 누구도 자기 자신의 우주를 만들어 살 수 없다.

우리가 계속 이야기해 온 바와 같이, 이렇게 되는 이유는 개인이 기본적으로 바뀌지 않는 실재의 두 가지 측면에 직면해 있기 때문이다. 즉 우주와 우주의 형식 그리고 인간의 인간됨이다. 인본주의자들은 모든 것이 결국 물질이나 에너지일 뿐이라고 주장하지만, 큰 문제에 대해서는 아무런 해답도 없이 끝나고 말았다. 그들은 오직 무의미함과 상대적 도덕과 상대적 지식에 도달할 뿐이다. 그러나 인본주의자들은 실제로는 마치 의미와 실재 도덕이 있는 것처럼 행동한다. 예를 들면 그들은 잔인함과 잔인하지 않음, 정의와 불의가 같은 것이 아닌 것처럼 행동한다. 또한 인본주의자들은 지식을 가지고 있고, 이 지식에는 인과율이 실재하며, 과학이 가능하다.

이와 똑같은 딜레마가 기독교에 대한 또 다른 중요한 대안인 동양 철학에도 역시 존재한다. 이 모든 철학은 많은 차이가 있지만, 모든 것은 궁극적으로 비인격적인 것이라는 견해로부터 나온다. 우리가 경험하고 있는 우주는 신의 연장일 따름이라고 동양 철학자들은 말한다. 그런데 여기서 우리가 주의해야 할 것은, 이 동양 철학자들은 신은 인격이 아니라고 하는 점이다. "신"은 궁극적인 차별이 없는 "비인격적인 모든 것"을 뜻한다. 그래서 이러한 견해 안에서의 해결책은 우리가 인격적인 열망을 제거하고, 우리로 하여금 독립적인 실체, 전적으로 독립적인 자아로 만드는 것을 제거해야 한다고 말하는 것이다. 이런 "독립적인 자아"라는 개념이 바로 마야(maya), 즉 "환영"(幻影)이다.

동양적인 사고 방식으로는 유일한 실재가 모든 차별을 넘어서는 일자(一者)이며, 따라서 비인격적인 것이다. "남성"도 "여성"도 없고, "너"도 "나"도 없고, "선"도 "악"도 없다. 동양 사상가들이 모든 것은 물질이나 에너지라고 말하면서 시작한 "서양 인본주의자"

와 정확하게 같은 곳에 도달하는 것을 주목해 보라. 처음에는 두 가지 입장이 아주 다르게 말하는 것으로 들렸으나, 최종적으로는 같은 입장에 이르렀다.

그러므로 우리는 이렇게 다시 묻도록 하자. 이런 동양 세계관을 설명하는 사람이 이 세계관에 일치하여 살 수 있는가? 1974년 로버트 피르시그(Robert M. Pirsig)는 선(禪)과 모토사이클 정비 기술(*Zen and the Art of Motorcycle Maintenance*)이라는 책에서 재미있는 일화를 이야기한다. 이야기 속에서 자기 자신을 페이드러스(Phaedrus)라고 부르는 저자는 10년 동안 베나레스 대학에서 철학을 연구했다. 그는 자기가 어떻게 하여 그곳 생활을 그만두었는지 다음과 같이 말한다.

> 어느 날인가 강의실에서 철학 교수가 50년대로 여겨지는 시간에 세계의 환영적 성격에 대하여 즐거운 듯이 설명하고 있었다. 페이드러스가 손을 들고 히로시마와 나가사키에 떨어진 원자 폭탄이 환영이었다고 믿습니까 하고 차갑게 물었다. 그 교수는 웃으며 그렇다고 말했다. 그것이 대화의 끝이었다.
> ……인도 철학의 전통 안에서는 그런 대답이 옳은 대답일지 모르지만, 페이드러스와 신문을 정기적으로 읽고 인간의 대량 파멸과 같은 일에 관심을 쓰는 사람에게는 이런 대답은 절망적이며 충분하지 못한 것이다. 그는 강의실을 떠났고, 인도를 떠났다.[11]

그러므로 기독교에 대한 중요한 대안적 세계관은 오직 두 개가 있으며, 둘 다 비인격적인 것에서 출발한다. 서양은 유물론적 견해를

---

[11] Robert M. Pirsig, *Zen and the Art of Motorcycle Maintenance : An Inquiry Into Values* (New York : William Morrow, 1974).

가지고 있으며, 비종교적이다. 동양은 비유물론적 견해를 가지고 있으며, 종교적이다. 그러나 둘 다 비인격적인 체계이다. 이는 중요한 요점이다. 비교를 해보면, 두 체계의 차이는 무의미해져 버린다. 그 결과, 서양과 동양에서는 모두 사람을 사물의 실제 방식에 대하여 낯선 이방인으로 본다. 동양의 표현을 빌리자면, 사람을 마야 혹은 환영이라고 말한다. 서양의 표현을 빌리자면, 부조리한 기계라고 말한다.

서양에서 생긴 이 긴장을 완화하기

하지만, 동양과 서양에서는 모두 아무것도 아닌 것으로 보이지만 사실상 아주 실제적인 긴장을 완화하려고 노력한다. 즉 사람은 분명한 형태를 가진 실제 세계에 있다는 것이다. 줄리안 헉슬리(Julian Huxley, 1887-1975)경은 유물론적 측면에서 다음과 같이 인정하여 이 딜레마를 분명하게 표시했다. 즉 자신은 무신론자이지만, 어쨌든 사람들의 기대하는 것과는 달리 사람은 마치 하나님이 존재하는 듯이 행동할 때 더 훌륭하게 활동한다고 인정한 것이다. 헉슬리의 논증은 다음과 같이 계속된다. "그래서 하나님은 사실상 존재하지 않지만, 마치 존재하는 것처럼 행동하라!"

노르웨이의 극작가 입센(Henrik Ibsen, 1828-1906)이 들오리(*The Wild Duck*)에서 관찰한 바와 같이, "보통 사람에게서 생의 환영을 빼앗아라. 그리고 동시에 그 사람에게서 행복을 빼앗아라." 다른 말로 하면, 헉슬리는, 여러분은 거짓에 근거를 두고 일평생을 살 때에만 제대로 활동할 수 있다는 것이다. 유물론자에게는 거짓이지만 하나님이 존재하는 것처럼 행동하라. 처음에는 이 말이 유물론적 세계관이 만든 긴장을 덜어주기에는 연약한 해결책처럼 들린다. 하지만, 잠시만 생각해 보면, 이것이 참으로 두려울 정도로 해결책이 된다는 것을 보게 된다. 여러분은 이것이 감수성이 예민한

인간 존엄성을 위한 기초   177

사람에게는 가장 심대한 절망인 것을 발견하게 될 것이다. 이것은 낙관적이고 행복하고 합당하고 명쾌한 해결책이 아니다. 이것은 흑암과 죽음이다.

긴장을 덜어주는 다른 방법은 진화론을 통한 방법이다. 즉 우연에 의하여 점점 진보가 있다는 생각이다. 이 이론은 사람들에게 진보의 인상을 준다. 즉 원시 점액과 아메바로부터 진화의 연쇄를 거쳐, 우연에 의하여 단순한 탄소 분자로부터 복합 분자로 발전하여 급기야는 정점인 인류에 이른다는 진보의 인상을 준다.

지금은 진화론을 논의할 자리는 아니지만, 사람들이 이 이론에는 아무런 문제가 없는 양, 과학적인 측면에서조차 이 이론을 매우 쉽게 받아들이고 있다는 사실은 우리를 놀라게 한다. 이 문제들을 다같이 알고 논의하지 않는다고 해도 이 문제는 틀림없이 있다.[12] 하

---

[12] 그가 확신한 찰스 다윈(1809-1882)의 두 가지 중요한 주장들은 이제 진화론자들도 거의 전적으로 거부한 것이 되었다. 첫번째 것은 퇴화 기관에 대한 것인데, 이 퇴화 기관은 인간의 진화 발달 초기 단계에서 유용한 기능을 했던 것이지만, 후에 문자 그대로 자연 선택을 통하여 생긴 변화로 인하여 쓸모없이 되었다(고 가정했다). 퇴화 기관은 사고로 부상을 당한 후에 사용한 목발과 같은 것이다. 이 목발들은 얼마간 어떤 목적에 이바지하지만, 다리가 좀더 나아질 때 목발들은 더 이상 필요치 않다. 어떤 기관들을 "퇴화 기관"이라고 하는데, 이는 진화에서 이전 단계로부터 남은 것이라고 말한다. 이 주장에 대한 간단한 문제가 있는데 그것은 의학이 발달하면서 이들 기관의 대부분이 몸에서 유용한 기능을 하고 있음이 드러났다는 것이다.
다윈이 확신했던 두번째 중요한 주장은, "개체 발생이 계통 발생을 반복한다"는 금언이다. 이 생각은 태아가 처음 단계에는 물고기를 닮는 등 어머니 태 속에서 진화의 단계를 거친다는 것이다. 하지만 우리가 이 태아에 대하여 이해하면 할수록 이런 주장은 더욱더 의심스러운 것으로 보인다.
그러나 이 두 주장을 거의 포기했다 해도, 많은 사람들은 여전히 우연에 의하여 분자로부터 인간에게 이르는 단절되지 아니한 계선 이론을 믿는다. 하지만, 이들은 적어도 두 가지 문제를 가지고 있는 현대 논의에 직면하고 있다. 첫째로, 화석 증거를 발견하면 할수록 화석 기록에는 명백한 단절이 항상 있다는 사실이 더욱더 드러난다. 다윈은 자기 시대에 고생물학적 증거가 희소함을 인정했지만, 증거가 좀

지만 우리의 기본적인 관심사는 진화론 자체가 아니라 진화론이 인정해 온 "진보"라는 환상이다. "사람"이라고 부르는 이 놀라운 복합체는 우연에 의하여 점액에서 발생했다. 물론 진보가 있다는 것이다. 우리가 이미 말한 바와 같이, 인본주의적 세계관 안에는 참으로 목적이 있을 방법이 없는데도, 사람들은 이런 논증을 통하여 전체 실재가 목적을 가지고 있다고 상상하기에 이른다.

진화는 사람을 우월하고 가장 높은 존재라고 느끼게 하지만, 유물론의 얼개에서 전체 실재는 무의미하다. "고등"의 개념이란 아무 것도 아님을 뜻한다. 인본주의 세계관에서는 사람들이 식물과 동물보다 더 복잡하지만, "고등"하다는 것과 "하등"하다는 것은 모두 의미가 없다. 우리에게 남은 것은 모든 것이 슬프고 부조리하다는 것뿐이다.

그러므로 진보의 개념은 환상이다. 오직 어떤 신비적인 도약의 형태를 취해야 우리는 인격이 비인격으로부터 나온다는 사실을 받

더 많이 발견되면 새로운 증거가 이 가설을 지지해 줄 것이라고 말했다. 하지만 이런 일은 일어나지 않았다.

유인원에 대한 증거는 피상적인 것이며, 아프리카와 다른 지역에서 나온 최근 발견물들은 이 영역에서 까다로운 문제를 새로 일으켰다. 그러나 문제가 되는 것은 소위 인간과 유인원의 잃어버린 고리가 아니라, 전체 계선을 잇는 모든 잃어버린 고리이다. 물론 잃어버린 고리도 있지만, 전체 연결선을 잃어버린 것이다. 만일 사색적인 추측을 제거하면, 단순한 것으로부터 좀더 복잡한 유기체에 이르는 다른 연결선의 고리보다도 지질학적 연대의 다른 시기에 있었던 성숙한 생명 형태와 오늘날까지 혹은 사라지기까지 수백만 년 동안 변하지 않고 남아 있는, 많은 단순한 생명 형태를 사실상 발견하게 될 것이다.

오늘날 진화론자에게 있는 두번째 중요한 난점은, 아무리 많은 시간을 인정하더라도 어떻게 좀더 낮은 생명 형태가 좀더 높은 형태로 바뀔 수 있는지 설명해 줄 수 있는 충분한 메커니즘이 없다는 것이다. 최근 발생이론은 자연 선택이 진화의 방향을 거스르며 작동하고 있다고 지적하기도 한다. 있을 것 같지 않은 유익한 돌연변이를 인정하더라도, 자연 선택은 좀더 높은 복잡한 질서에 이르기보다 어떤 집단의 발생 능력을 단순화하는 듯이 보인다.

인간 존엄성을 위한 기초   179

아들일 수 있을 것이다.[13] 비인격＋시간＋우연이 어떻게 인격을 줄 수 있는지 그 방법이 그럴 듯하다고 증명해 주는 일은커녕 설명이라도 해준 사람도 없다. 우리는 미사여구에 미혹되고 있다. 그리고 인격이 (마술사의) 모자에서 나오고 있다.

오직 액체와 고체만으로 이루어져 있고, 자유로운 기체가 없는 우주를 생각해 보라. 물고기가 이 우주에서 헤엄을 치고 있다. 이 물고기는 아주 자연스럽게 그 환경에 순응하여 아주 행복하게 지낼 수 있다. 그 다음에 (환경론자가 우리를 믿게 하는 바와 같이) 맹목적인 우연에 따라 이 물고기는 기체가 전혀 없는 우주에서 계속 헤엄을 치면서 허파가 발달했다. 이 물고기는 더 이상 물고기로서 활동하거나 물고기가 할 일을 다하지 못할 것이다. 허파를 갖게 된 새로운 상태에서 이 물고기는 "고등"해지겠는가 아니면 "하등"해지겠는가? 이 물고기는 익사할 것이므로 분명히 하등해질 것이다.

같은 방식으로 어떤 사람이 우연에 의하여 비인격적인 것으로부터 튀어나왔다면, 그를 인격으로 만드는 것, 즉 목적과 의미에 대한 희망, 사랑, 도덕과 합리성과 미에 대한 인식은 궁극적으로 이루어질 수 없으며, 따라서 의미가 없다. 이런 상황에서는 사람이 고등한가 하등한가? 이와 같이 인류는 기준에 비추어 볼 때 가장 하등한 피조물이 될 것이며, 실재에 가장 어울리지 않는 존재가 될 것이다. 그러므로 우리는 진화론적 사상에서 나온다는 의미나 목적에 대한 환상이 얼마나 부질없는 것인지 보게 된다.

---

[13] 피에르 테야르 드 샤르댕(Pierre Teilhard de Chardin, 1881－1955)은 이 주장에 대한 보기가 된다. 그는 예수회 교도(Jesuit)이며, 프랑스 고생물학자 겸 철학자이다. 그의 진화론 접근 방법은 신비적인 언어를 사용하여 이 문제를 해결하려는 시도로서, 분명한 기독교 가르침이나 과학적 사상을 정당하게 평가하지 못했다.

동양에서 생긴 이 긴장을 완화하기

동양의 사고 방식에서는 "인격적인 신들"을 끌어들여서 이 긴장을 덜어보려고 시도했다. 충분한 지식이 없는 사람들에게 이 신들은 실제 사람으로 보인다. 이 신들은 인간으로 나타나며 인간들과 성적 관계를 맺는다고 말한다. 그러나 이 신들은 실제로 인격은 아니다. 이 신들의 배후에는 이 신들의 원천이 있는데, 그것은 "비인격적인 모든 것"으로, 이 신들은 이 모든 것에서 나온 것에 불과하다. 대다수의 신들과 여신들에게는 각각 "라마야나"(Ramayana)와 같은 신화가 따르는데, 이 신화는 보통 사람들에게 우주에 인격이 있다는 "느낌"을 준다. 사람들은 자기가 인격적으로 관계를 맺을 수 있는 것이 우주 안에나 우주 너머에 없는 것처럼 살기가어렵기 때문에 이런 것이 필요하다. 하지만 충분한 지식이 있는 사람들은 이해한다. 이들은 궁극적인 실재가 비인격적인 것임을 안다. 그래서 그들은 자기들의 "인격성"을 제거하려고 동양 종교의 여러 기술들에 몰입한다. 그들은 육체와 감각 혹은 "사랑"이나 "선"(善)과 같은 것에 제한당하지 않는 의식 상태를 이루는 것을 목적으로 삼는다.

우리가 살펴보고 있는 이런 긴장을 완화하려는 가장 세련된 시도는 아마도 바가바드기타(Bhagavad-Gita)일 것이다. 이것은 필시 B.C. 200년경 인도에서 나온 종교 문헌이다. 이것은 수세기 동안 힌두인의 대다수에게 영감의 원천이 되었고 아주 특별히 인도의 정신적, 정치적 지도자인 마하트마 간디에게 영감의 원천이 되었다. 이 책은 개인이 자비 활동에 참여할 것을 권하고 있다. 하지만, 동시에 개인은 "초연한 정신"으로 자비 행위를 할 것을 권한다. 그 이유는 무엇인가? 그것은 이 태도가 이런 경험들이 참으로 전혀 중요하지 않다는 것을 깨닫는 것이기 때문이다. 중요한 것은 인격을 넘어서는 의식 상태인데, 이는 인격성이란 결국 비인격적 우주 안에 있는 비정상이기 때문이다.

동양 종교는 대안으로서 우리 주변에서 벌어지는 일들에 대하여 설명하기 위하여 "영원한 윤회"(endless cycles)의 체계를 제안한다. 이것은 때때로 대양(大洋)에 비유되곤 했다. 대양은 잠시 동안 파도를 일으키지만, 파도는 여전히 바다의 일부이며, 그 다음에는 파도가 다시 대양으로 돌아가 사라진다. 아주 재미있는 것은 서양의 유물론자도 우주의 형태를 영원한 순환 이론으로 설명하려고 한다는 점이다. 유물론자는 비인격적인 물질이나 에너지는 언제나 존재하지만, 이 물질이나 에너지는 영원한 순환을 거치며, 형태만 바꾼다고 말한다. 맨 처음의 형태는 현재와 같이 팽창하고 있는 우주를 낳은 "대폭발"(big bang)로 시작했다. 자기들의 대답이 결국은 아무것도 대답해 주지 못하기 때문에 동양의 사고와 서양의 사고는 모두 이런 입증되지 않은 영원한 순환의 개념을 주장했다.

우리는 이 두 대안에 들어 있는 문제들이 실제로 있기 때문에 이 문제들을 강조했다. 기독교적 입장에 대한 유일하게 진지하고 지적인 대안들이 실제로는 해답을 주지 못하는 이런 영원한 곤경을 가지고 있다는 것을 알면 도움이 된다. 기독교는 이런 큰 문제에 해줄 말이 없다고 생각하고, 성경을 계속 살펴보지 않고 버리는 서양인들도 있으므로 서양인도 곤경에 처한 것은 마찬가지이다. 우리가 이미 말한 바와 같이, 이런 우월한 태도는 참으로 근거가 없는 것이다. 실제 상황은 아주 다르다. 계몽주의의 인본주의자들은 마치 자기들 이전에 있던 모든 것을 정복한 듯이 행동했지만, 두 세기가 지나자 상황이 달라졌다.

사람들은 이제 서양인이 자기가 직면한 여러 딜레마에 대한 해결책을 찾아서 기뻐하고, 이 큰 문제들에 대한 해답을 보고 환영했다고 생각했는지도 모르겠다. 그러나 사람들은 때때로 분명히 드러나 있는 진리도 열심히 찾으려 하지 않는다. 과거 수세기 동안의 서양 사상사가 이를 확증해 주고 있다.

이성은 죽었다

계몽주의의 표지는 "이성은 왕이다"였다. 주도적인 사상가들은 의식적으로 계시의 필요를 거부했다. 폴 하자드(Paul Hazard)가 *18세기의 유럽 사상(European Thought in the Eighteenth Century)* 에서 말한 바와 같이, 이들은 기독교를 심판했다.[14]

하지만, 점차로 이와 같은 인간 이성의 등극이 문제로 등장했다. 인간의 이성은 저 큰 문제들을 다루기에 충분히 크지 않았으며, 인간에게 남은 것은 상대적 지식과 상대적 도덕이었다. 인본주의자의 목에 둘리운 이 올가미는 시간과 세대가 지나면서 계속 조여졌.

그럼 인본주의자들은 무엇을 했겠는가?

아이러니컬하게도 인본주의자들의 모든 노력의 기초는 인간의 이성의 핵심적인 위치에 있었지만, 상대적 지식과 상대적 도덕의 문제에 부딪히자, 이들은 이성을 반박했다. 인본주의자들은 하나님의 계시 앞에서 패배를 인정하기보다는 혁명을 더 확장시켰고, 18세기의 자기 선조들은 참으로 생각할 수 없었을 방향으로 확장시켰다. 그리하여 현대의 비합리주의가 태어났다.

우리는 철학에서는 임마누엘 칸트(1724-1804)로, 신학에서는 프리드리히 슐라이어마허(Friedrich Schleiermacher, 1768-1834)로 돌아가 볼 수 있겠다. 현대 실존주의도 역시 쇠렌 키에르케고르(SØren Kierkegaard, 1813-1855)와 관계가 있다. 하지만 여기서 우리는 비합리주의의 역사를 고찰하고 20세기의 실존주의 주장자들을 연구하려는 것이 아니라, 비합리주의의 중요한 이론에 집중하고자 한다. 오늘날 우리는 모든 분야에서 이 비합리주의에 직면해 있으며, 이 개념을 이해하지 못하고는 현대인을 이해할 수 없다.

---

[14] Paul Hazard, *European Thought in the Eighteenth Century : From Montesquieu to Lessing* (Magnolia, Massachusetts : Peter Smith).

이제 몇 개의 용어들을 상당히 많이 사용할 것이므로, 독자들에게 주의를 기울일 것을 요청하는 바이다. "비합리주의" 혹은 "실존주의" 혹은 "실존주의적 방법론"이라고 말할 때, 우리는 아주 단순한 개념을 지적하고 있다. 이 개념은 철학자들이 아주 여러 가지 복잡한 방식으로 표현해 온 것이지만, 그다지 어려운 개념은 아니다.

여러분이 극장에서 서스펜스 영화를 보고 있다고 상상해 보라. 이야기가 전개되면서, 긴장이 계속 고조되다가 결국 주인공이 불가능한 상황으로 덫에 걸려들게 되면 모든 사람이 마음 졸이며 주인공이 어떻게 그 곤경에서 헤쳐 나올 것인지를 궁금해 할 때까지 고조된다. 서스펜스는 선량한 사람들이 등장하여 도움을 준다는 (주인공이 아닌 청중의) 지식 때문에 고조된다. 문제는 오직 "그 선량한 사람들이 제때 올 것인가" 하는 것이다.

이제 청중들이 선량한 사람들이 전혀 없고, 주인공의 상황이 처절할 뿐만 아니라, 완전히 희망이 없게 되었다는 사실을 알게 되었다고 상상해 보자. 그러면 명백하게 맨 처음으로 일어날 일은 서스펜스가 없어질 것이라는 사실이다. 여러분과 청중 모두는 도끼가 떨어질 때만을 기다리고 있을 것이다.

만일 주인공이 용기 있게 최후를 맞이한다면, 이는 도덕적으로 가상한 일이 되겠지만 상황은 비극적일 것이다. 하지만, 만일 주인공이 어디선가 도움이 곧 나타날 것처럼 행동하고, "누군가가 오고 있는 중이다", "도움이 곧 있을 것이다"고 생각하고 자위하고 있다면, 여러분은 모두 그 사람이 불쌍하다고 생각할 것이다. 아무런 소망이 없는 상황에서 살아 있기를 계속 바라는 것이 하나의 방법은 될 수 있을 것이다. 이러한 주인공의 바람은 무대 밖에서는 아무것도 아닌 것으로 바뀌게 될 것이다. 아무것도 없는 데서 구출하러 오는 선량한 사람들을 만들어 낼 수는 없을 것이기 때문이다. 할 수 있는 일이란 주인공이 마음으로 희망 없는 상태가 아니라 희망 있는 상태를 가지는 것뿐일 것이다.

희망을 가지는 상태는 거짓이나 환상에 근거를 두고 있는 것과 같으므로 객관적으로 보면 결국 부조리한 것이 될 것이다. 그리고 주인공의 상황이 어떠한지 진정으로 알고 있으면서도, 의식적으로 자신의 감정을 위로하고 계속하여 휘파람이나 불고 있다면, 우리는 "불쌍한 친구!" 혹은 "바보로군" 하고 말할 것이다. 이것은 우디 알렌 같은 사람이 자세히 똑바로 보고서도 아무것도 얻지 못한 그러한 의식적 기만(conscious deceit)이다.

이제 이것은 실존주의적 방법론의 모습이다. 만일 우리가 살고 있는 우주가 유물론적 인본주의자들이 말하는 것과 같다면, (우리가 우주에 대하여 생각하기를 멈출 때) 우리의 이성으로는 의미나 도덕이나 희망이나 아름다움을 가질 방법을 절대로 찾지 못할 것이다. 이것으로 우리는 좌절에 빠지게 될 것이다. 그리고 우리는 시지푸스 신화(The Myth of Sisyphus)의 첫 문장으로 표현된 다음과 같은 알베르 카뮈의 도전을 참된 것으로 받아들여야 할 것이다. "참으로 심각한 철학적 문제는 하나밖에 없다. 그리고 그것은 자살이다."[15] 왜 이런 부조리한 우주에서 살아 남아 있는가? 그러나 이곳은 우리가 멈출 곳이 아니다. 우리는 스스로에게 (도움이 없다 해도) "희망이 있다!"고 말한다. 또 (우리가 개인적으로는 죽고 우주적으로는 모든 의식적 생명이 끝나서 멸망할 것이지만) "우리는 극복할 수 있다"고 말한다. 이것이 바로 오늘날 우리가 모든 분야에서 직면하는 현실, 즉 현대 비합리주의이다.

경험 만세

이 모든 것을 이해하는 또 한 가지 방법은 현대인이 신비적으로

---

[15] Albert Camus, *The Myth of Sisyphus and Other Essays* (New York: Alfred A. Knopf, 1955).

되어가고 있다는 것에 대하여 말하는 것이다. 신비적이란 낱말은 사람으로 하여금 즉시 어떤 종교인에 대하여 생각하게 한다. 즉 여러 시간 동안의 기도나 명상 기법 등의 사용을 생각하게 한다. 물론 신비주의라는 낱말에는 이런 뜻이 담겨 있지만, 현대 신비주의는 상당히 다르다. 암스테르담에 있는 자유 대학교의 교수였던 로크마커(H. R. Rookmaaker)는 현대 신비주의는 "'신이 죽었으므로', 허무주의적 신비주의"라고 말했다.

기독교 전통 안에 나타났던 신비주의(예를 들면, 13세기의 마이스터 에크하르트〈Meister Eckhart〉)는 객관적이고 인격적인 하나님를 믿었다. 그러나 그들은, 하나님이 참으로 있지만 지성은 하나님께 도달하는 방법이 아니라고 말했다. 반면에 현대의 신비주의는 아주 다른 배경에서 나오며, 이 점을 우리는 아주 주의해야 한다.

현대 철학자들이 이성의 기초 위에서 해답을 발견할 수 없다는 것을 알았을 때, 이런저런 방법으로 "그것은 중요하지 않다!"고 말하는 주목할 만한 입장으로 넘어가 버렸다. 지성의 방법으로는 해답을 얻을 수 없지만, 우리는 지성이 없이 해답을 발견하게 될 것이다. "해답"은 그것이 무엇이 되었든지 "경험"될 수 있는데, 해답은 생각해서 얻어지는 것이 아니기 때문이다. 해답이 객관적, 초자연적 하나님에 대한 경험이 될 수 없다는 점에 주의하라. 중세의 신비주의적 사상처럼 이 하나님은 지성으로는 이해하기 어렵다. 우리가 지금 살펴보고 있는 "현대 신비주의"의 발전은 프리드리히 니체(Friedrich Nietzsche, 1844－1900)가 "신의 죽음"에 대하여 기념한 이후에, 유물론적 철학이 문화 전반을 장악하고 초자연적인 것에 대하여 회의론을 만들어 놓은 이후에 나타났다.

그러므로 현대의 신비주의는 자신이 믿기에 참으로 존재한다고 하는 (그러나 지성의 방법으로는 접근할 수 없는) 어떤 하나님께 도달하는 길을 "느끼려고" 하는 것이 아니다. 현대 신비주의는 어떤 것이 있는지 알지 못한다. 그가 알고 있는 것은 지성을 통해서는 궁극적인 것을 알 수 없다는 것이다. 그래서 남아 있는 문제는 "경험으로서의 경험"(experience as experience)이다. 이 경험이 서양의 현대인을 이해하는 열쇠이다. 여러분의 지성을 잊어버려라. 그리고 다만 경험하라! 이 말은 극단적인 것으로 보일지 모른다. 그러나 우리는 조심스럽게 그 점을 말하고 있다. 이것은 서양 사람들이 대부분 살면서 이제 의지하고 있는 철학이다. 일상의 목적들을 위해서는 지성이 유용한 도구이지만, 사물들의 의미에 대해서는, 저 큰 문제들에 대한 대답에 대해서는 지성을 제쳐 놓는다.

"실재가 무엇이든지간에, 실재는 유한한 지성의 개념 작용을 넘어서는 것이다. 따라서 실재를 기술하려는 시도는 잘못 가는 것이며, 유익하지 못하며, 시간 낭비이다." 이것은 서양의 현대 불교 신자의 말을 인용한 것이다. 세속 실존주의자들은 실재에 대한 동양의 그런 표현과는 동떨어져 있는 것처럼 보이지만, 이 실존주의자들이 해답을 찾는 방법으로 부적합하다고 지성을 거부하는 것은 같다. 바로 이것이 소위 실존주의자들의 "반란"의 핵심 내용이다. 이것은 지성에 대한 반란이며, 계몽주의가 이상으로 본 이성을 강하게 거부한 것이다. 뉴욕 대학의 윌리엄 바레트(William Barrett) 교수가 이를 표현한 것처럼, "실존주의는 마침내 철학으로 표현된 반(反)계몽주의이다."[16]

실존주의적 방법론에 따르면, 철학을 다루는 방법은 실재에 대한 명제들을 (비인격적이고 객관적으로) 고찰하는 지성을 사용하는 것이 아니다. 오히려 저 큰 문제들을 다루는 방법은 개인의 체험에 의존하는 것이다. 지금 살펴보고 있는 것은 반드시 참으로 존재하는 무엇에 대한 경험이다. 여기에 포함되어 있는 내용은 경험으로서의 경험이다. 객관적인 어떤 실재가 경험되고 있든지, 아니면 다른 무

---

[16] William Barrett, *Irrational Man : A Study in Existential Philosophy* (New York : Doubleday, 1958), p. 248.

엇이 경험되고 있든지 상관없다. 도움이 존재한다고 생각할 이유가 전혀 없지만, "도움이 오고 있다"고 말하면서 계속 자기 길을 가고 있는 우리의 가상의 주인공을 우리는 기억한다. 이것이 바로 중요한 경험으로서의 경험이며, 이것이 경험의 목적이다.

물론 실존주의자들이 말했던 것에는 가치 있는 통찰력도 있다. 한 가지 예를 들면, 실존주의자들은 대부분의 탈계몽주의 사상의 비인격주의와 과학주의에 저항했는데, 이것은 옳았다. 그들은 해답은 "사는" 것이지 "생각되는" 것이 아님을 옳게 지적했다(우리는 6장에서 이 점에 대하여 좀더 이야기할 것이다). 그러나 지성을 거부한 것은 전혀 해결책이 되지 못한다. 이것은 해결책으로 보이지만, 사실상 절망의 충고에 불과하다.

우리는 불교 신자와 세속 실존주의자들의 명백히 다른 입장으로 출발했지만, 이제는 크게 문화를 살펴보아야겠다. "문화적 파괴"(cultural breakpoints) 가운데 한 예로 60년대의 헤이트애슈베리(Haight-Ashbury)를 들 수 있는데, 반문화와 약물 문화가 거기서 나타났다. 톰 울프(Tom Wolfe)는 헤이트애슈베리에서 처음 며칠 동안 있었던 켄 케지(Ken Kesey)와 그와 함께 한 메리 프랭크스터(Merry Prankster)의 경험에 대하여 글을 쓰면서, 다음과 같이 말한다.

> 점차로 프랭크스터의 태도는 종교 신비주의자들이 언제나 느꼈던 중요한 일들을, 힌두교도와 불교도와 기독교도, 그리고 강신 무당이나 심지어 비행 접시 숭배자들에게까지 보편적인 것들을 수반하기 시작했다. 말하자면, 다른 세계, 좀더 높은 수준의 실재에 대한 경험이다······.
>
> 모든 비전과 모든 통찰력······은 새로운 경험으로부터 나왔다······. 이 경험을 스스로 가지지 못했던 대중들에게 이 경험을 어떻게 전달할 수 있겠는가? "여러분은 그것을 말로 표현할 수 없을 것이다." 여러분은 대중들이 그런

경험의 근사치라도, 즉 최고의 카이로스(*Kairos*)를 느끼도록 상황을 만들어야 했다(" "부분은 필자가 한 것임).

여러분은 여기에 어떤 뜻이 담겨 있는지 알겠는가? 우리는 이것이 이미 우리 뒤에 있는, "과거지사가 된" 반문화의 아무렇게나 된 가장자리(wild-fringe) 요소를 대표한다는 점에 동의할 수 있다. 그러나 우리는 그 중심적인 이념이나 태도가 서양에서 호흡하고 있는 공기의 일부가 되었음을 이해해야 한다. "모든 통찰력은······ 새로운 경험으로부터 나왔다." 경험하라. 이것이 바로 그 말이다. 그런데 그것을 어떻게 말할 수 있는가? "여러분은 그것을 말로 표현할 수 없다."

새로운 신비주의

초월 명상과 요가와 여러 숭배들과 같은 동양의 종교들과 기술들이 서양에 얼마나 전파되었는가? 우리는 60년대의 반문화를 넘어서 왔으나 어디로 가야 하는가? 동양에서 온 이 요소들은 비트 세대(beat generation)와 일탈자들에게는 더 이상 영향을 주지 못한다. 그러나 이제 동양에서 온 요소들은 중산 계급에도 유행하고 있다. 이 요소들은 어디에나 있다.

중요해진 사실은 어떤 경험을 일으키는 것이 있느냐 하는 것이 아니라 경험 자체이다. 현대 신학은 교회에서 어떠한가? 역시 마찬가지다. 아마도 용어는 "기독교적"이라고 하겠지만, 그 이념들은 전혀 다르다. 즉 경험이 중요한 것이지, 실재에 대한, 하나님에 대한, 구원에 대한, 그 나머지 것들에 대한 명제들이 중요한 것이 아니다. 경험을 일으키고 경험에 순응하는 것이 있는지는 중요하지 않다.

UFO(미확인 비행 물체)와 UFO에 대한 학문에 관심이 갑자기 커져가는 것은 어쩐 일인가? 먼 과거에서 지구를 방문한 우주인에 대한 에릭 폰 데니켄(Erich von Däniken)의 과학적 이론을 지지해 줄 만한 증거가 전혀 없음에도 수백만의 사람들은 이런 가정들에 사로잡혔다. 에릭은 자신의 생각에 과학적으로 그럴 듯한 분위기와 많은 전문 용어와 사진들을 갖다 붙였고, 지금이 "과학의 시대"이므로 사람들은 감명을 받는다. 그러나 실제 증거는 확실하지 않다. 우주의 다른 지역에 의식을 가진 생명체가 있는가? 우리는 알지 못한다. 만일 있다 해도, 기독교에 대하여 아무런 문제를 제기하지 못할 것이다. 여전히 지금 이것이 사실인지에 대한 증거는 전혀 없다. 그러면 왜 사람들은 이것을 받아들이는가? 우리는 이것이 비합리적인 것으로 움직이는 변화의 일부임을 넌지시 지적하는 바이다.

사람들은 생활에 희망을 줄 어떤 것을 갈망하고 있다. 그들은 정치인들과 많은 신학자들이 "착하게 되라, 착하게 되라, 착하게 되라"고 끊임없이 권고하며 말하는 공허하고 진부한 말들에 싫증이 난 것이다. 그래서 그들은 두려운 것이다. 저급한 수준의 생활과 점차 커지는 권위주의와 기근과 생태계 파괴와 황폐하게 만드는 전쟁의 위협과 더불어 일상 생활의 수준에서도 상황들은 참으로 희망이 없어 보인다. 그리고 그들은 어떤 해답을 구하고 있다. 그래서 미확인 비행 물체들이 다른 별에서 온 친근한 종족이 보내는 사신들이 된다. "두려워 말라. 그 군대는 여러분과 함께 있다!" 이는 최근에 유행하는 과학 공상 영화를 빌려 온 말이다. 그래서 사람들은 이것을 비합리적으로 믿는다. 만일 사람들이 자기의 지성을 사용한다면, 외부로부터 오는 친근한 사람들이 있다고 지지할 증거가 전혀 없음을 알게 될 것이다. 그러나 그들이 이런 것에 대하여 읽고 영화를 보면서 느끼는 체험의 감정으로도 충분하다. 이것이 실제로 있는지 없는지는 중요하지 않다.

신비주의(occultism)와 마술과 점성술이 점차 커가는 것은 어찌 된 일인가? 상점에서 파는 황도 12궁도가 우리 사회의 한 끝에서 다른 끝으로 퍼지게 한 것은 단지 경제학인가? 부분적으로 그렇게 한 것은 경제학이다. 하지만, 다시 한번 보면 실제 이유는 좀더 깊은 것이다. 사람들은 해답을, 자기들이 경험할 수 있는 해답들을 찾고 있다는 것이다.

마약을 "자기 의식의 확대" 수단으로 생각하는 사람들은 어떠한가? 이것 역시 방향은 같다. 여러분의 마음은 여러분에게 방해물이다 : "그것을 처부숴라." 티모시 리어리(Timothy Leary)가 무아경의 정치학(*The Politics of Ecstasy*, 1968)에서 이를 표현한 것처럼, "우리가 좋아하는 개념들은 20억 년 쌓아 올린 홍수의 물결 속에 서 있다. 언어의 댐은 붕괴하고 있다. 언덕으로 가든지, 여러분의 지적인 기술을 그 급류에 흘려 보낼 준비를 하라." 그래서 우리는 다시금 지성의 거부를 보게 된다. 언어의 댐, 개념들, 지적인 기술? 이것들은 "새로운 사람"이 무시해야 할 것이다.

우리가 어디를 보든지, 이것은 우리가 직면하는 것이다. 비합리적인 경험과 부딪히게 된다. 우리는 이들 운동의 피상적인 차이점으로 혼란을 일으키지 않도록 주의해야 한다. 우리는 지금 그 운동들이 모두 똑같다고 말하는 것이 아니다. 물론 차이점들이 있다. 예를 들면 세속적 실존주의자들은 종교적 실존주의자들과는 다르다. 세속적 실존주의자들은 비관적이지만, 종교적 실존주의자들은 낙관적이다. 어떤 운동들은 진지하고 우리의 존경을 받아 마땅하다. 어떤 운동들은 기괴하다. 차이점이 있다. 그러나 "이 모든 운동들은 새로운 신비주의를 대표하고 있다!"

아주 재미있는 것은 이런 유의 신비주의가 가지고 있던 문제는 우리가 전반적인 인본주의 체계와 관계하여 살펴보았던 문제와 같은 것이라는 점이다. 무엇이 옳은지 누가 말해 줄 것인가?

사람이 사물을 판단할 수 있는 지성의 검증 메커니즘을 제거하는 순간, 모든 것이 "옳은 것"이 될 수도 있고 모든 것이 "그릇된 것"

이 될 수도 있다. 결국 어떤 것이나 모두 허용될 수 있다. 생활에서 간단한 예를 들어보자 : 만일 여러분이 어떤 도시에서 방향을 물어보고 있다면, 먼저 안내자가 알려 주는 방향을 듣고서 출발한다. 그 방향이 다음과 같다고 해 보자. "먼저 24번가라는 곳에서 오른쪽으로 돌아서, 케네디 드라이브라고 하는 왼편으로 돌아가라. 그리고 오른편으로 있는 큰 호수를 막 지나서 연주회장이 보일 때까지 공원으로 계속 가라." 이 방향표를 가지고 계속 가면서, "그래, 24번 가로군. 그래 케네디 드라이브군" 하면서 여러분은 이미 들었던 것을 점검하고 또 점검한다.

다른 말로 하면, 여러분은 그저 말만 들은 것이 아니다. 이 말이 외부 세계, 여러분이 A지점에서 B지점으로 가면서 그 안에서 활동하는 세계와 관계 있는지 살펴볼 수 있다. 이것이 바로 여러분의 지성의 본질적인 영역이다. 여러분은 들은 정보가 참된 것인지 아니면 그릇된 것인지 살펴보기 위하여 점검할 수 있다.

반면, 여러분이 방향을 묻는데 어떤 사람이 대답하기를, "B지점이 어딘지, 무엇을 하는 곳인지 모르겠군요. '연주회장'에 대해서는 말해 드릴 수 없군요. '연주회장'이 도대체 뭐죠? 우리는 그것이 '알 수 없는 것'이라고밖에 말할 수 없군요"라고 한다고 상상해 보자. "아무 데로나 가시오. 왜냐하면 이것이 그 길이니깐요"라는 말을 들으면 이는 얼마나 어처구니없는 일인가.

이 모든 입장 속에 숨어 있는 속임수는 무엇보다 먼저 (지성이 알 수 없으므로) 궁극적인 것, 즉 최종적인 실재에 대하여 말할 수 없지만, 그것을 발견할 수 있는 방향은 가리켜 줄 수 있다고 주장하는 것이다. 하지만, 우리는 이런 배경 속에서 우리가 받은 방향에 대하여 시간을 앞질러 결코 질문할 수 없다는 점을 주목해야 한다. 이것은 오직 눈가리개식의 체험, 맹목적인 "믿음의 도약"에만 타당한 방향이다.

우리는 "내가 어떻게 내가 경험하고 있는 것이 진리인지 혹은 신적인 것인지 알게 될 것인가?" 하고 물을 수 없다. 해답은 언제나 이런 식이다. "당신이 들을 수 있는 대답은 없으니, 그것은 언어와 범주를 넘어선 대답이기 때문이다. 그러나 이 길(혹은 저 길, 혹은 또 다른 길)을 좌우간 택하라."

 그러므로 현대인은 모든 방향에서 이런저런 체험의 헌신자들로부터 공격을 받고 있다. 대중 매체들은 문제를 복잡하게 할 뿐이다. 우리의 고도 기술 사회의 상업주의도 마찬가지이다. 이런 것들로부터 오는 조작의 위험이 압도하고 있다. 분명한 기준이 없기에, 대중매체와 기술 사회의 상업주의는 사람들의 지성과 태도를 통제하는 역사상 유례 없는 힘이 된다. 사실상 이제 서양 사회에는 분명한 기준이 없다. 그리고 기준의 모습은 있어도 엄청난 압력에 대항하여 나갈 동기는 충분하지 못한 경우가 다반사이다. 그러면 그 이유가 무엇인가? 적어도 부분적으로는 지식과 도덕에 대하여 기초가 불충분하기 때문이다.

 현대인이 "신비적"으로 되었다는 내용을 바로 위의 내용과 함께 생각하면, 곧 상황이 심각하다는 것을 깨닫게 된다. 왜냐하면 이 모든 신비적인 해결책은 결국 아무도 옳고 그름에 대하여 아무것도 말해 줄 수 없기 때문이다. 동양은 수천 년 동안 이 문제를 안고 있었다. 범신론적 체계 속에서는 아무리 종교적인 말들을 줄곧 한다 해도 궁극적으로 옳고 그름은 신, 즉 비인격적인 신 안에서는 똑같다. 그래서 우리는 선불교의 스승인 윤멘(Yun-Men)이 다음과 같이 말하는 것을 듣게 된다. "만일 여러분이 명백한 진리에 이르기를 바란다면, 옳고 그름에 신경을 쓰지 말라. 옳고 그름의 충돌이 마음의 병이다."

 이런 동양의 세계관이나 현재 서양의 세계관 위에서는 사회가 안정될 수 없다. 사회가 움직이지 못한다. 그래서 사람은 어떤 권위적인 정부 형태, 권력과 통치의 고삐를 쥐고 있는 한 사람의 독재자나 독재 집단으로 쏠리는 경향을 발견하게 된다. 그리고 자유,

우리가 서양에서 누렸던 그런 자유들은 사라진다.

그러면 우리는 출발점으로 되돌아온 것이다. 서양에서 나타나는 비인간성과 자유의 계속적인 상실은 "사람들"을 위한 여지를 주지 않는 어떤 세계관이 낳은 결과이다. 현대 인본주의적 유물론은 비인격적 체계이다. 동양도 다르지 않다. 둘 다 비인격성에서 출발하고 끝맺는다.

우리는 이들 세계관이 비인간성에 이르므로 탐탁하지 않다고 결론짓는 것이 아니라, 이 세계관들이 그릇되므로 탐탁하지 않다고 결론 내린 이유들을 살펴보았다. 이 세계관들은 우리가 우리 자신과 우리 상황에 대하여 가장 잘 알고 있는 것과 어울리지 않는다. 우리의 우주는 실제로 인격성을 담고 있는 우주이다. 우주도 이 인격성도 환상이 아니다. 우리는 이제 성경이 우주와 인류에 대하여 믿을 만한 정보원(情報源)이라고 주장하는 바를 살펴볼 것이다. 그러나 먼저 두 가지 중요한 서론적 논평을 해 두어야겠다.

진리를 드러냄

유명한 힌두교 작가이자 정치가인 사르베팔리 라다크리슈난(Sarvepalli Radhakrishnan)은 이렇게 썼다. "그리스 로마 세계에서 알지 못하는 신에게 세운 제단들은 신의 본질에 대한 사람의 무지를 표현한 것에 지나지 않는다. 이 제단들은 보이지 않는 것에 대한 사람의 추구에서 나타난 실패감을 상징한다. 신의 본질을 정의해 보라는 질문을 받았을 때 우파니샤드(Upanishad)의 선견자는 조용히 앉아 있었는데, 대답하라는 압력을 받자 절대자는 침묵이라고 주장했다."

반대로, 사도 바울은 아덴에 있는 알지 못하는 신에게 드린 제단을 다룬 문맥에서 이렇게 말했다. "……그런즉 너희가 알지 못하고 위하는 그것을 내가 너희에게 알게 하리라"(행 17 : 23). 그리고 또 아덴에서 그리 멀지 않은 곳에 있던 고린도인들에게 편지하면서, "기록된 바······눈으로 보지 못하고 귀로도 듣지 못하고 사람의 마음으로도 생각지 못하였다······오직 하나님이······우리에게 보이셨으니"(고전 2 : 9, 10)라고 했다. 이 주장은 모든 성경에 공통되는 것이다. 하나님께서는 우리가 흑암 속에서 하나님께로 비틀거리며 가는 것을 기다리지 않으셨고(이는 아무튼 불가능한 일일 것이다), 자기 자신을 우리에게 계시하셨다. 희랍어에서 계시를 가리키는 낱말은 "아포칼륍시스"(*apokalupsis*)인데, 이 말은 문자대로는 "베일을 벗김"이다. 그래서 하나님께서는 우리의 유한한 것과 죄 때문에 알 수 없었던 것을 우리에게 "드러내셨다."

유한하고 범죄한 사람들에게 주신 이러한 계시 혹은 드러냄은 기록된 말씀인 성경이다. 이것이 바로 모든 성경의 주장이다. 게다가 성경을 통하여, 우리는 삼위일체 가운데 제2위격의 삶과 가르침에 대하여 배우는데, 이 분은 역사의 어느 시점에서 사람이 되셨고, 그래서 신성을 가진 살아 있는 말씀이 되셨다. "그 안에는 신성의 모든 충만이 육체로 거하시고"(골 2 : 9).

이런 주장에서 모든 인본주의 체계의 딜레마는 한번에 극복된다. "무한하신" 하나님은 말씀하셨다. 우리가 살펴본 바와 같이, 진리를 정의하려 하지만 실패로 돌아갈 많은 유한한 시도들이 모두 필요 없는 것이다. 하나님께서는 사람에게 의사소통을 하셨다. 무한이 유한에게 의사소통하셨다. 덧붙여 말하면, 하나님께서는 우리가 이해할 수 있는 말로 의사소통을 하셨다. 먼저 사람이 언어를 사용할 수 있도록 하신 그 분은 언어로 사람에게 의사소통을 하셨던 것이다. 또한 하나님께서는 영적인 실재와 물질적인 실재에 대한, 하나님의 본질과 사람의 본질에 대한, 과거 역사 속에서 일어난 사건들과 미래에 일어날 사건들에 대한 진리를 알게 하셨다. 모든 인본주의적 사상 체계가 사물들에 대한 적절한 설명을 줄 수 없는 곳에서,

하나님의 말씀인 성경은 적절하게 설명한다.

또한 "명심해야 할 중요한 일은 성경의 해답을 맹목적으로 믿어야 하는 것이 아니라는 점"이다. 성경이 참되다는 것을 알 수 있는 정당하고 충분한 이유가 있다. 우리가 우리 자신과 우리를 둘러싼 우주에 대하여 가장 잘 알게 하는 것이 바로 그 열쇠이다.

예화를 바꾸어 보면, 페이지마다 인쇄된 부분의 2.5cm만 남고 못쓰게 된 책이 한 권 있다고 상상해 보자. 부분들을 모아 이 책의 이야기를 이해하는 것은 분명히 불가능할 것이고, 2.5cm 부분에 남아 있는 인쇄가 우연히 다 짜맞추어 질 것이라고 상상할 사람도 거의 없을 것이다. 하지만, 페이지마다 찢어진 부분들을 트렁크에서 발견하여 제자리에 붙여놓는다면, 이야기를 읽을 수 있고 이해하게 될 것이다.

기독교도 마찬가지다. 이 책에 남아 있는 찢어진 페이지는 우주와 우주의 형식 그리고 인간의 인간됨에 해당한다. 트렁크에서 발견한 페이지의 부분들은 성경에 해당하는데, 이 성경은 인간에게 향하신 하나님의 명제로 된 의사소통이다. 우주도 인격도 창조된 질서의 전체 의미에 대하여 해답을 줄 수 없다. 그러나 이 두 가지 모두는, 하나님의 인간에 대한 의사소통인 성경은 그 성경들이 주장하는 바 그대로라는 것을 알게 하는 증거로서 도움을 주기 때문에 중요하다. 문제는 하나님의 의사소통이 전에 우리가 가지고 있던 부분을 완성해 주고 설명해 주는가, 이 의사소통이 전에 (비록 설명은 없었지만) 관찰할 수 있던 것, 즉 우주의 존재와 우주의 형식 그리고 인간의 인간됨이 그저 뒤죽박죽으로 인쇄된 활자의 우연한 배열이 아니라는 것을 설명해 주는가 하는 점이다.

이 예화는 몇 가지 이유 때문에 중요하다. 첫째로, 이 예화는 그리스도인들은 인본주의자들이 하려는 것처럼 자기 자신으로부터 자율적으로 출발하지 않는다는 것이다. 하나님께서 그 페이지를 주시고, 따라서 하나님께서 그 해답을 주신다.

둘째로, 이 예화는 인간의 이성이 자리잡아야 할 데가 어딘지 알게 해준다. 과학자들이 우주 속에서 질서를 창조하지 못하고 그저 그 질서를 인정하듯이, 이성은 그 해답을 만들지 못하고 그저 그 진리를 인정할 뿐이다. 물론 이렇게 말한다고 해서, 이성이 필연적으로 해답을 받아들일 것이라는 뜻은 아니다. 사람마다 하나님의 진리를 받아들일 것을 선택해야 한다. 그러나 하나님의 진리는 분명하다. 개인은 자기(그리고 인류)가 자율적인 존재가 아니고, 만물의 중심이 아님을 인정해야 한다. 그리고 사람은 잘못인 것을 알고서 행한 적이 많으며, 그러므로 자기를 위하여 그리스도의 사역이 필요하다는 것을 인정해야 한다. 자율성의 위치로부터 내려앉기를 거부하는 자들은, 비록 그것이 진리임을 알 수 있는 정당하고 넉넉한 이유가 있다 해도 스스로는 그 진리를 받아들이지 못할 것이다.

인간의 인격적 기원

성경은 우주가 존재하고 형식을 가지고 있으며, 인격적인 창조주가 목적을 가지고 만들었으므로 의미가 있다는 것을 우리에게 말해 준다. 사실이 이러하므로, 우리는 인격적 존재로서 낯선 것이 아니고, 그 밖의 비인격적인 우주와 관계가 없다는 것을 안다. 우리는 하나님의 형상으로 지음받았으므로, 하나님과 관계를 맺고 있다. 다른 말로 하면 유한한 존재에 불과한 우리 자신과, 창조주시요 의미의 최종적인 원천으로서 우주 너머에 서 계신 무한하신 창조주 사이에 연속성이 있다는 것이다.

비인격적 기원+시간+우연이라는 진화론적 개념과는 달리, 성경은 하나님의 형상으로 지음받은 유한한 인격으로서, 하나님과 닮은 존재로서 인간의 기원을 설명한다. 그러므로 우리는 어떻게 사람이 인격성과 존엄성과 가치를 가질 수 있는지 안다. 우리의 독특함은 보장되어 있으며, 이 독특함은 유물론적인 체계 속에서는 불가능한 것이다. 만일 사람과 다른 유기 생명(동물이나 식물) 사이에 질적인 차이가 없다면, 왜 우리는 실험실의 쥐의 죽음보다도 인간의 죽음에 대하여 더 큰 관심을 가져야 하는가? 사람은 궁극적으로 고등한 것인가?

이것이 유물론적 체계의 논리적인 결말이지만, 사람들은 여전히 현실적으로는 실제적인 가치를 가지고 있다고 가정하곤 한다. 역사에 대한 우리의 탐구를 시작하던 곳으로 되돌아가면 줄곧 사람은 여전히 사람인 것을 우리는 발견한다. 어디로 방향을 돌리더라도, 피레네의 동굴로, 메소포타미아의 수메르인들에게로, 심지어 훨씬 이전인 네안데르탈인이 꽃잎 속에 죽은 자를 매장하는 때로 방향을 돌리더라도 아무런 차이가 없다. 사람은 어느 곳에서나 기술과 업적으로 독특한 존재였고 자기 자신을 독특한 존재로 보았다는 사실을 보여준다. 사람들은 독특했다. 그리고 오늘날에도 사람들은 독특하다. 잘못된 것은 이런 독특함을 설명하지 못하는 세계관이다. 모든 사람은 하나님의 형상으로 지음받았으므로 독특하다.

하지만, 성경은 사람이 흠이 있다고 우리에게 말해 준다. 우리는 우리 자신과 세계 도처에 있는 우리 사회 속에 흠이 있는 것을 안다. 사람들은 고귀하고 또 잔인하다. 사람은 고상한 도덕적 업적을 가지고 있고 또 심각한 도덕적 타락을 지니고 있다.

그러나 이것은 그저 수수께끼가 아니다. 그리고 이것은 "사람 안에 있는 동물성"이라는 말로 설명되는 것도 아니다. 성경은 사람의 독특함과 존엄성을 파멸시키지 않고서 어떻게 사람이 흠이 있게 되었는지를 설명한다. 사람은 악하며 또 악의 결과를 경험하는데, 이는 사람이 사람 아닌 자가 되었기 때문이 아니라, 사람이 타락하여 비정상적인 존재가 되었기 때문이다.

이것이 창세기 3장의 의미이다. 본래 창조 이후 어느 때에 (우리는 그 기간이 얼마나 되는지 모른다), 사람은 하나님께 반역했다. 인격으로서 하나님의 형상으로 지음받은 아담과 하와는 실제로 선택할 수 있었다. 그들은 참된 창조성을 가지고 있었는데, 소위 "기술" 분야뿐만 아니라 선택의 영역에서도 그러했다. 그리고 그들은 자기들의 참된 통합점(integration point)인 하나님으로부터 돌아서려고 이 선택을 내린 것이 아니라, 자기 자신을 자율적인 존재로 만들려고 선택을 했다. 이렇게 하여, 이들은 우주의 절대 도덕, 즉 하나님의 성품에 대항하여 행동하고 있었고, 그렇게 하여 악이 사람들 가운데 생겼다.

타락은 도덕적인 악뿐만 아니라 네 가지 비정상적인 상태도 가져왔다. 그 네 가지는 사람이 자기 자신과 분리됨, 사람이 다른 사람으로부터 분리됨, 인류가 자연으로부터 분리됨, 자연이 자연으로부터 분리됨이다. 이것은 창조 이후의 어느 때에 아담과 하와가 내린 선택의 결과이다. 이렇게 선택을 내리게 한 것은 원래 있던 결함이 아니었다. 하나님께서는 사람을 로봇으로 만드시지 않았다. 그래서 그들은 실제로 선택을 했다. 그러므로 악에 대한 책임은 사람에게 있는 것이지 하나님께 있는 것이 아니다.

성경을 무시하고 왜곡하는 사회에서는 이런 생각이 이상한 것이므로, 우리는 기독교가 구원자이신 그리스도의 말씀으로부터 시작한 것이 아님을 계속 지적해야 한다. 이 말씀은 후에 적절한 정황에서 나온다. 창세기 1:1은 "태초에 하나님이……창조하시니라"고 말한다. 기독교는 창조주이신 인격적이고 무한하신 하나님으로부터 시작한다. 창세기는 사람이 하나님의 형상으로 지음받은 것을 계속하여 보여주지만, 그 다음에는 사람이 타락했음을 우리에게 말해 준다. 세계를 비정상적으로 만든 것은 바로 사람의 반역이다. 그래서 우리가 하나님이 사람을 창조하신 때를 뒤돌아보면 단절된 선이 있다. 태초에 가까운 때에 균열이 있었는데, 이 균열은 타락이며, 하나님과 하나님의 말씀에 반대하여 가려는 선택이다.

이 일 다음에 따르는 것은 세상에 일어나는 모든 일이 다 "자연적인" 것이 아니라는 점이다. 철의 장막 양편의 현대 유물론적 사상과 달리, 기독교는 역사 속의 모든 것을 똑같이 "정상적인" 것으로 보지 않는다. 사람이 일으킨 비정상적 상태 때문에, 역사 속에 일어나는 모든 것이 마땅히 일어나야 했던 것은 아니다. 그러므로 역사가 만들어내는 모든 것이 일어났다고 하여 다 옳은 것은 아니며, 모든 개인적인 동기나 충동이 다 선한 것은 아니다. 그러므로 여기에 기독교와 거의 모든 철학의 뚜렷한 차이가 있는 것이다. 다른 철학은 대부분 현대의 비정상적인 상태라는 개념을 가지고 있지 않다. 그러므로 이 철학들은 지금 모든 것이 정상적이라고 주장한다. 사물들은 지금 언제나 그랬던 것처럼 존재한다는 것이다.

반대로, 그리스도인들은 사물들이 항상 이런 식으로 존재하는 것처럼 보지 않는다. 이 사실은 세상 속에서 악을 이해하는 데 엄청나게 중요하다. 그리스도인들은 사물들이 절대적으로 잘못되어 있다고 말할 수 있는데, 이 사물들은 인간 사회에 본래 있던 것이 아니기 때문이다. 이 사물들은 타락으로부터 나온 것이다. 이것들은 어떤 의미에서 "비정상적"이다. 이는 또한 우리가 하나님께 반대하지 않고서 잘못되고 잔인한 것에 반대할 수 있다는 것을 뜻하는데 하나님께서는 세계를 지금과 같이 만드시지 않았기 때문이다.

현재의 인류와 역사의 모습과, 인류와 역사가 지음받은 방식으로부터 과거에 될 수 있었던 모습, 그리고 되어야 했던 모습 사이의 균열을 이렇게 이해하니까, 우리는 삶에 대한 실제적이고 도덕적인 얼개를 가지게 된다. 이 얼개는 우리의 본성과 열망에 조화되는 것이다. 그래서 "위험—접근 금지"라고 쓰여진 절벽 끝의 표지판처럼 "삶의 규칙"이 있다. 이 표지판은 우리를 돕기 위하여 거기 있는 것이지 방해하려고 거기 있는 것이 아니다. 하나님께서 이 표지판들을 거기 두셨는데, 이는 하나님의 규칙에 따라 사는 것이 안전하고 성취가 있는 길이기 때문이다. 우리를 지으시고 우리에게 최선이 무엇인지 아시는 하나님은 우리에게 자신의 명령을 주신 그 하나님이시다. 우리가 이 명령을 어기면, 그것은 잘못된 것일 뿐만 아니라, 우리의 최선을 위하는 것도 아니다. 이것은 하나님의 형상으로 지음받은 독특한 인격으로서 성취하는 일을 위하는 것도 아니다.

형식 안에서 누리는 자유

우리는 이 요점을 대충 훑고 지나가서는 안 되는데, 이는 이 요점이 우리가 이 책의 세 장에서 대략 살펴본 문제들과 관련하여 엄청나게 중요한 것이기 때문이다. 우리는 무엇이 옳고 그른 것인지 알므로, 질서와 자유를 동시에 가질 수 있는 방법을 지니고 있다. 사회에서 질서는 얻지만 자유를 가지지 못하는 일은 상대적으로 쉽다. 오늘날 이런 사실을 보여주는 보기는 많다. 또 질서 없이 자유를 누리는 것도 쉽다. 우리가 살고 있는 서양 사회에도 이런 사실을 보여주는 보기들이 있다. 그러나 어떻게 우리는 그 둘을 함께 얻겠는가? 바로 이것이 문제이다.

성경은 질서와 동시에 자유를 제공하는 세계관을 제시한다. 하나님의 규칙은 주위를 둘러싸고 있는 담장과 같다. 우리는 혼란 상태에 빠지지 않으려면 그 담장 안에 머물러 있어야 한다. 그러나 담장 안에서 우리는 거의 무한하게 "다양한 자유의 가능성"을 가진다. 이 사실은 인간 생활의 모든 영역에 미친다.

이를 보여주는 좋은 보기는 과학의 추구이다. 기독교 세계관은 우리에게 과학을 위한 기초를 제공하지만, (우리가 하나님의 형상으로 지음받았으므로) 과학을 추구할 자유도 준다. 현대 과학의 탄생은 기독교 세계관에 상당히 빚을 졌다는 데에 일반적으로 동의한다. 성경은, 하나님께서 온갖 놀라운 방식으로 일관성 있게 우주를 만드셨으므로 우주가 질서 잡혀 있다고 말한다. 동시에 성경은 우리가 인격임을 말한다. 우리는 우리 주위에 있는 것이 무엇인지 알 수 있다. 주관은 객관을 알 수 있다.

모든 사람이 날마다 차를 운전하고 스토브를 사용하는 등 이렇게 살고 있으므로, 우리가 주위에 있는 것이 무엇인지 알 수 있다고 말하는 것이 좀더 분명하게 보일지 모르겠다. 우리는 우리 주변에 있는 단 하나의 세세한 것도 완전하게는 알 수 없지만, 여전히 정확한 지식은 가질 수 있다. 바로 이 점이 과학을 가능하게 하는 것이기도 하다. 그러나 유물론적 철학자에게는 이 점이 여전히 문제가 된다.

예를 들면, "고양이", "개", "유리", "손"과 같이 우리 입을 통하여 내뱉는 소리들이 외부 세계에 있는 대상들과 일치하는 이유가 무엇인가? 바로 이것이 현대 철학자들이 여전히 씨름하고 있는 문제이다. 그러나 기독교 세계관 안에서는 해답이 간단 명료하다. 맨 처음에 세계가 그렇게 지음받았다는 것이다. 우주를 만드신 인격적인 하나님에 대한 성경의 해답 없이도, 그리고 동시에 그 우주 안에서 이미 만들어진 것과 상관 관계가 있는 인격들에 대한 성경의 대답이 없이도 사람들은 여전히 대상들을 알 수 있다. "그러나 왜 자기들이 대상들을 아는지는 모른다."

창세기의 중요성

그래서 성경은 우주와 우주의 형식 그리고 인간의 인간됨을 이해하는 열쇠가 된다. 이 열쇠가 없으면 우리의 관찰은 균형을 잃어버린다. 우리는 우리가 바라보고 있는 것이 무엇인지 알지 못한다. 사정이 이렇다면 우리가 보고 있는 것에 대하여 내리는 우리의 결론은 대단히 잘못될 수 있다.

우리가 우리의 기원에 대하여 듣는 바가 없다면, 우리는 우리의 현재 역사에 대하여 이해할 수 없다. 그리고 세속 연구는 이런 일을 할 수 없다. 이는 역사와 과학의 연구가 적절하지 못하다거나 쓸모 없다는 말이 아니라, 세속 연구를 끝내더라도 가장 중요한 질문은 아무런 해답을 주지 못한 채로 방치한다는 말이다. 세속 연구는 많은 유형과 통계를 우리에게 말해 줄 수 있지만, 그 모든 것의 이유나 의미나 중요성은 말해 줄 수 없다. 20세기 사람들은 무엇이 존재하는 것은 알지만, 그 무엇이 도대체 어떤 것인지 말해 줄 수 있는 방법은 가지지 못한다.

바로 이 점에 있어서 창세기 처음 몇 장이 매우 중요하다는 것이다. 이 장들은 세속 역사가들이 확인할 수 없었던 그 무엇 이전에 나온 역사를 보여준다. 그리고 "인류의 현재 역사에 의미를 주는 것은 바로 이 세속 이전의 역사"이다.

어떤 사람들은 창세기 처음 몇 장의 역사를 "영화(靈化)시켜" 없애 버릴 수 있고, 이렇게 한다 해도 아무런 차이가 없다고 믿는데, 이는 잘못된 믿음이다. 이들은, 이 장들이 역사가 아니라 비유와 같은 것이라고 주장한다. 이런 사고 방식은 역사와 우주에 대하여 정보를 주는 사실적인 내용을 하찮게 본다. 이렇게 사실적인 내용을 하찮게 보는 자들은 때때로 이런 일을 하더라도 아무런 차이가 없다고 상상하곤 한다. 그러나 이 일은 모든 것을 바꾸어 버린다. 왜냐하면, 이 장들은 역사가들이 탐구를 통하여 알 수 있는 그(창조) 이후의 모든 역사가 가지고 있는 이유(의의와 의미)를 우리에게 말해 주기 때문이다. 이 장들은 우리에게 우리 자신의 개인적인 역사의 이유도 말해 준다.

이런 이유로 하여 우리는, 이런 의미에서 창세기의 처음 몇 장들이 다른 어떤 것보다 더 중요하다고 말할 수 있다. 이 장들은 모든 지식이 근거할 수 있는 토대가 된다. 그래서 우리는 이 장들로부터 우주의 창조 이전에 무한하고 인격적인 하나님께서 계셨고, 이 하나님께서 무(無)로부터 의도적으로 우주(시공간의 연속체)를 창조하셨다는 사실을 배운다. 창조는 분명히 어떤 원인을 가지고 있다.

무한하고 인격적인 하나님께서 그 원인이셨다. 하나님께서는 창조하기로 선택하셨고, 하나님께서는 창조하기로 작정하셨다. 그래서 "우주가 존재했다." 즉 우주가 생겨났다.

> 우리 주 하나님이여
> 영광과 존귀와 능력을 받으시는 것이 합당하오니
> 주께서 만물을 지으신지라
> 만물이 주의 뜻대로 있었고
> 또 지으심을 받았나이다.
>
> 요한계시록 4 : 11

이미 살펴본 바와 같이, 우리는 사람이 "하나님의 형상으로", 인격으로 지음받은 사실과, 시공간 속에서 일어난 타락이 있었던 사실에 대해서도 역시 배운다.

성경이 제공하는 모든 정보는 창세기의 처음 몇 장에서 제공하는 정보로부터 나온다. 만일 우리가 세계를 있는 그대로, 우리 자신을 있는 그대로 이해하려고 한다면, 이 장들에서 주는 역사의 흐름을 알아야 한다. 이 역사의 흐름을 제거해 보라. 그러면 역사의 흐름은 사라진다. 이 역사의 흐름을 제거해 보라. 그러면 그리스도의 죽으심도 역시 의미가 없다.

그래서 성경은 우리가 누구이며, 다른 사람들이 누구인지 말해준다. 성경은 어떻게 사람들이 다른 모든 사물과 다른지 우리에게 말해준다. 우리는 많은 현대 인간들처럼 사람이 동물과, 20세기 후반의 복잡한 기계들과 다른 점에 대하여 혼동해서는 안 된다. 그럴 때 사람들이 독특한 가치를 가지며, 어떻게 하여 우리 각자가 인격으로서 다른지를 알 수 있다.

게다가 우리는 모든 사람이 그와 같이 인간 아닌 것들과 구별되어야 하며, 그러므로 우리는 다른 사람을 큰 가치를 지닌 존재로 보아야 하는 것을 알 수 있다. 사람을 죽이는 사람은 그저 같은 생물학적 종(種)에 속하는 다른 구성원을 죽인 것이 아니라, 하나님의 형상과 모습으로 지음받은 엄청난 가치를 지닌 자를 죽인 것이다.

어떤 사람도, 그가 누구이든지 상관없이, 나그네든지 친구이든지 동료 신자든지 여전히 하나님을 대적하여 반역을 하는 자든지 그 어떤 사람이든지 "모두 하나님의 형상을 따라 지음을 받았던 사람"이다.

사람마다 큰 가치를 지니고 있는데 그것은 자기 만족이나 재산이나 권력이나 섹스 상태나 "사회의 선"이나 유전자 공급원의 유지와 같은 것 뒤에 숨은 동기 때문이 아니라, 그저 "하나님의 형상으로 지음받은 기원" 때문이다.

창세기로부터 흘러나온 이런 역사의 흐름은 우리 생활의 모든 측면에서 함축의미를 가지고 있다. 우리는 각자 이 역사의 흐름 안에 서 있다. 우리는 우리의 기원을 안다. 영국 여왕의 기원이나 필그림 파더즈(Pilgrim Fathers)의 기원보다 더 옛적의 혈통을 안다. 우리가 시공간적 실재의 흐름 속에서 우리 자신을 바라볼 때, 아담과 하와 안에서 우리의 기원을 발견하고, 하나님께서 모든 인류를 자기의 형상으로 창조하신 것을 안다.

제 5 장
역사와 진리

    앞 장에서 우리는 성경이 우리에게 우주와 그 형식 그리고 인간의 인간됨에 대한 설명을 준다는 사실을 알았다. 또는 이를 역으로 생각해 보면, 우리는 우주와 그 형식 그리고 인간의 인간됨이 성경의 진리에 대한 증거가 됨을 알게 되었다. 이 장에서는 세번째 증거를 살펴보자. 이 증거는 성경이 역사적 연구를 통한 검증에 대하여 개방성을 가진다는 점이다.
    기독교는 역사를 포함한다. 이 점만 이야기해도 이미 주목할 만한 것을 말한 셈이다. 바로 이 점이 유대-기독교 세계관을 거의 다른 모든 종교적 사상과 구분시켜 주기 때문이다. 유대-기독교 세계관은 역사 속에 뿌리박고 있다.
    성경은 어떻게 하나님께서 역사 속에서 사람과 의사소통을 하셨는지 우리에게 말해 준다. 예를 들어, 하나님께서는 어떤 시점, 어떤 지리적 장소에서 아브라함에게 자기를 계시하셨다. 하나님께서는 모세와 다윗과 이사야와 다니엘 등에게도 역시 그리하셨다. 이 사실이 품고 있는 의미는 우리에게 매우 중요하다. 하나님께서 성경으로 전달해 주신 진리는 인간사(人間事)의 흐름에 긴밀하게 얽혀 있어서, 역사적 연구로 어떤 역사적 세부 사건들을 확증할 수 있는 것이다.

이런 가능성이 있다는 것은 주목할 만한 것이다. 그 당시 다른 대륙으로부터 얻게 되는 정보와 비교해 보라. 우리는 아프리카나 남아메리카나 중국이나 러시아나 심지어 유럽에서 어떤 일이 일어났는지 거의 알지 못한다. 우리는 사원과 묘지, 숭배상(崇拜像), 용품 등의 아름다운 유물들을 알지만, 적어도 중동에서 재구성할 수 있는 역사와 비교할 때 이 유물들을 가지고 재구성할 수 있는 실제 "역사"는 그리 많지 않다.

우리는 그리스도 이전 2,500년 동안의 나일 강부터 유프라테스 강에 이르기까지 발견되는 자료들을 바라볼 때, 남아메리카나 아시아에서 발견된 것과는 전혀 다른 상황에 처하게 된다. 이집트와 앗시리아(개역성경, 앗수르)의 왕들은 자기들의 전공(戰功)을 기념하고, 여러 공적을 자세히 이야기하는 수천 가지의 기념물을 세웠다. 누주(Nuzu)와 마리(Mari), 아주 최근에는 에블라(Ebla)와 같은 곳에서 있는 그대로의 도서관들을 발견하였는데, 이 도서관들은 그 당시 역사적 사실들을 말해 주는 수십만 개의 본문들을 제공하고 있다. 성경이 자리잡고 있는 곳이 바로 이 지역이다. 그래서 성경이 우리에게 말해주는 것과 관계 있는 자료를 발견할 수 있다.

성경은 우리에게 역사에 대한 정보를 줄 목적을 가지고 있다. 그 역사는 정확한 것인가? 우리가 B.C. 2500－A.D. 100년 사이의 중동에 대하여 이해하려고 하면 할수록, 성경이 시간과 장소에 대한 간단한 일들에 대하여 말해 준 정보가 믿을 만한 것임을 더욱더 확신할 수 있다.[1]

---

[1] 라기스라는 성경에 나오는 도시의 위치는 예루살렘 남서쪽 약 30마일 지점이다. 이 도시는 구약에서 아주 많이 언급하는 곳이다. 높은 벽으로 둘러싸인 복잡한 도시와 이 도시에 유일한 입구인 정문을 상상해 보라. 우리는 이 도시를 세세하게 재구성한 고고학 연구로부터 라기스에 대하여 아주 많은 내용을 알 수 있다. 이 사실은 대영 박물관 앗시리아 부분 라기스 방에서 발견할 수 있다.

그리스도 이전 B.C. 8세기에 예술가들이 만든 라기스의 부조가 있는데, 이 부조는 고대 앗시리아의 니느웨 시에서 발견한 것이다. 이 그림에서 우리는 앗시리아의 왕 산헤립에게 복종하는 유대 거주민을 볼 수 있다. 이 그림에 나타나 있는 세세한 부분과 이 그림 위에 있는 앗시리아인의 글은 열왕기하가 우리에게 말해 주는 앗시리아의 면모를 보여준다.

> 히스기야 왕 십사 년에 앗수르 왕 산헤립이 올라와서 유다 모든 견고한 성읍들을 쳐서 취하매 유다 왕 히스기야가 라기스로 보내어 앗수르 왕에게 이르되 내가 범죄하였나이다 나를 떠나 돌아가소서 왕이 내게 지우시는 것을 내가 당하리이다 하였더니 앗수르 왕이 곧 은 삼백 달란트와 금 삼십 달란트를 정하여 유다 왕 히스기야로 내게 한지라 히스기야가 이에 여호와의 전과 왕궁 곳간에 있는 은을 다 주었고 또 그 때에 유다 왕 히스기야가 여호와의 전 문의 금과 자기가 모든 기둥에 입힌 금을 벗겨 모두 앗수르 왕에게 주었더라.
>
> 열왕기하 18 : 13-16

여기서 우리는 두 가지 일을 주목해야 할 것이다. 첫째로, 이것은 실제 상황(전쟁하는 양 진영에서 실제 사람들이 싸워 실제 도시를 실제로 점령한 사실)이며, 이 일은 B.C. 8세기가 될 즈음 역사의 특정한 연대에 일어났다. 두번째로, B.C. 701년에 생긴 이 사건의 두 가지 이야기(성경의 이야기와 니느웨에서 나온 앗시리아인의 이야기)가 모순되지 아니하고, 오히려 다른 내용을 확증해 준다는 것이다. 라기스 역사는 우리에게 그리 중요한 것은 아니지만, 성경을 조그마한 역사적 세부 사항에 이르기까지 어떻게 역사적으로 확증할 수 있고, 확증하게 되는지 설명해 준다.

금세기에 사해 사본 발견을 둘러싸고 있었던 훨씬 더 극적인 이야기가 있다. 사해 사본은 그 일부가 성경 본문과 관계 있는 것인데, 이 사본이 예루살렘에서 15마일 떨어진 쿰란 동굴에서 발견되었다.

구약성경은 대부분 원래 히브리어로 기록한 것이고 신약성경은 헬라어로 기록한 것이다. 많은 사람들은 이 문서의 원래 기록과 오늘날 번역 사이에 얼마나 세월이 지났는가의 문제로 혼란을 일으켰다. 어떻게 원본을 대로 복사하고서도 그 과정이 심하게 왜곡되지 않을 수 있단 말인가? 하지만 우리가 가지고 있는 본문이 참된 것이라고 다시 확신하게 하는 내용이 많이 있다.

신약성경의 경우, 전체 신약성경 사본(즉 시내 사본과 알렉산드리아 사본과 같이 책 형태로 된 사본으로 각각 4세기와 5세기경으로 연대를 추정함)이 있고, 또 수천 개의 단편들이 있으며, 이 단편들 가운데 어떤 것들은 2세기로 거슬러 연대 추정이 된다. 지금까지 알려진 것 가운데 가장 초기의 것은 영국 맨체스터 존 라일란즈 (John Rylands) 도서관에서 보관하고 있다. 이것은 작은 단편으로 한 면에는 요한복음 18 : 31-33, 뒷면에는 37-38절을 담고 있다. 하지만, 둘 다 연대가 이르고 (A.D. 125년경), 발견된 장소가 이집트여서 중요하다. 이 사실은 요한복음을 그렇게 초기에 이집트에서 알고 읽었다는 점을 보여 준다. 그리스도께서 죽으시고 부활하신 이후 초기 몇 세기로 추정되는 헬라어 신약성경 사본은 수천 개가 있다.

하지만 구약성경의 경우에는 한때 문제가 하나 있었다. 그리스도 그후 9세기 전으로 연대가 추정되는 히브리 구약성경 사본이 하나도 남아 있지 않았다. 그렇다고 하여 구약성경을 검토해 볼 수 있는 방법이 없다는 것은 아니다. 왜냐하면 시리아 역본이나 칠십인역(그리스도가 나시기 몇 세기 전에 일찍이 헬라어로 번역한 것)과 같이 남아 있는 다른 번역이 있기 때문이다. 하지만 기원 후 9세기 이전보다 더 이전 연대의 히브리어 구약성경 사본은 없었다. 왜냐하면 유대인들은 성경을 아주 거룩한 것으로 여겨서 구약성경 사본이 닳아버리면 없애버려 이 사본을 불경한 용도로 사용하지 않으려 한 것이 보통 관행이었기 때문이다.

그러던 중 1947년 아랍의 어느 베두인(Bedouin)이 쿰란에서 멀리 떨어지지 않은 곳에서 무엇을 발견했고, 이 발견물은 모든 것을 바꾸어 놓았다. 그는 양들을 찾으려고 동굴에 들어갔는데, 그 속에서 많은 두루마리를 담고 있는 토기 항아리를 발견했던 것이다(이 항아리는 이제 예루살렘 성경 보관소에 있다). 이 때로부터 적어도 그 근방에 있는 열 개의 다른 동굴에서 두루마리와 단편이 나왔다. 에스더서를 제외한 모든 구약성경 사본이 이런 유물 가운데서 (전부가 아니면 부분으로) 발견되었다. 가장 극적인 단일 조각 가운데 하나는 그리스도가 나시기 약 백 년 전으로 연대가 추정되는 이사야서였다. 이 책에 대하여 특별히 놀라운 것은 발견된 이 사본과 우리가 전에 가지고 있었고 천 년 전에 기록된 본문인 히브리 본문과 거의 차이가 없다는 것이다.

사본 문제에 있어서, 성경은 고대 문헌에 관한 한 독특하다. 성경을 이루고 있는 헬라어와 히브리어 본문에 대하여 우리가 가지고 있는 사본과 그 당시 조금이라도 다른 책이 남아 있지 않다는 점이다. 우리는 원본과 아주 일치하는 사본을 가지고 있다고 만족할 수 있다. 물론 복사하면서 더러 실수가 있었고, 모든 번역이 원어가 가지고 있는 어떤 내용을 놓칠 수 있다. 이는 필연적인 일이다. 그러나 우리 대부분이 프랑스어, 독일어, 중국어, 영어 등으로 된 번역본을 사용하고 있다고 하여, 원래 기록된 내용에 대하여 부적절한 생각을 가지게 되는 것은 아니다. 번역이 좋더라도 원어의 미묘한 어취를 더러 놓치기는 하지만, 본질적인 내용과 의사소통은 놓치지 않는다.

조금 전에 우리는 도성 라기스를 살펴보았다. 이스라엘 역사에서 라기스가 포위되고 앗수르 왕 산헤립에게 포로되었던 시점으로 되돌아가 보자. 그 당시 유다 왕은 히스기야였다.

아마도 당신은 어떻게 예수님께서 눈먼 사람을 고치시고, 그에게 가서 실로암 못에서 씻으라고 말씀하셨는지 기억할 것이다. 이곳은 거의 700년 전 히스기야가 알고 있던 그 장소였다. 성경의 흐름에 대하여 주목할 만한 일 가운데 하나는 수백 년 떨어진 역사적 사건이 같은 지리적 장소에서 일어났다는 것이며, 오늘날 같은 장소에 서 있는 우리는 우리 주변에서 역사의 흐름을 느낄 수 있다. 실로암 못과 관계 있는 핵심적인 고고학 발견은 이 못 뒤에 있는 수로이다.

1880년 어느 날, 조그마한 아랍 소년이 친구들과 함께 놀다가 그 못에 빠졌다. 그 소년은 기어 나오려다가, 약 너비 2피트, 높이 5피트 되는 작은 입구를 발견했다. 조사한 결과, 이것은 바위에 이르는 수로로 드러났다. 그러나 그것이 전부가 아니었다. 수로 다른 면에 글씨가 새겨진 돌(지금은 이스탄불에 있는 박물관에서 보관함)이 발견되었는데, 원래 이 수로를 어떻게 지었는지 말해 주는 것이었다. 고대 히브리어로 된 비문은 다음과 같다.

> 뚫는 일을 완전히 마쳤다. 이것은 구멍 뚫는 일에 대한 이야기이다. 각자 동료를 향하여 마주 보고 파들어 가 관통하기 전 3규빗(4¼피트)이 남았을 때 한 사람이 그의 동료를 부르는 소리가 들렸는데 이는 오른편과 왼편에 있는 바위에 구멍이 있었기 때문이다. 그리고 구멍을 완전히 뚫은 날, 그 수로에서 일꾼들은 동료를 만났고, 연장과 연장이 부딪쳤다. 그 다음에 샘에서 이 못까지 물이 흘렀는데 그 길이가 1,200규빗(약 600야드) 정도였다. 이 수로에서 일하던 사람들의 머리 위에 있는 암반의 두께는 100규빗이었다.

우리는 이것을 히스기야의 수로로 알고 있다. 성경은 우리에게, 어떻게 히스기야가 이 도시에 좀더 나은 물 공급을 하기 위하여 준비했는지 말해준다. "히스기야의 남은 사적과 그 모든 권력과 못과 수도를 만들어 물을 성중으로 인도하여 들인 일은 유다왕 역대지략에 기록되지 아니하였느냐"(왕하 20 : 20). 우리는 여기서 세 가지 확증을 접할 수 있다. 즉 성경의 이야기, 성경이 말하고 있는 수로, 고대 히브리어로 된 수로의 비문이다.

앗시리아 쪽에서 보더라도, 성경에서 언급하는 이 사건들을 좀더 확증해 주는 바가 있다. 대영 박물관에는 테일러 기둥이라고 하는 진흙 기둥이 있다(대영 박물관, Ref. 91032). 이것은 높이가 15인치일 따름이며, 니느웨에 있는 앗시리아 궁전에서 발견된 것이다. 이 특수한 기둥은 연대가 B.C. 691년경이며, 산헤립의 공적에 대하여 말해 준다. 이 기둥의 한 부분은 다음과 같이 기록되어 있다. "나의 명에를 지지 아니한 유대인 히스기야에 대해서는, 그의 강력한 성읍 도시 46개를 그 이웃의 작은 성읍처럼 포위하여……마치 새장에 가둔 새처럼 그를 붙들어 두어 왕성 예루살렘에 가두어버렸다. 나는 흙을 쌓아 그를 공격했다." 그러므로 히스기야의 수로에 대한 확증은 히브리 쪽에 세 가지 확증이 있고, 앗시리아 쪽에 이 놀랄 만한 확증이 있다.

또한 앗시리아인을 대적하여 올라온 이집트 왕 디르하가에 대하여 성경이 말해 주는 확증이 있다. 그가 실존 인물이라는 사실은 대영 박물관에 있는 스핑크스 램 (대영 박물관, Ref. B. B. 1779)이 확실히 입증해 준다. 램의 다리 사이에 있는 작은 상징물은 디르하가 왕의 모습이다. 성경에 따르면, 산헤립이 이집트 왕 디르하가가 싸우려고 올라온다는 소식을 듣고는, 이집트 왕이 주는 도움은 아무 쓸모없는 것 이라고 히스기야에게 말하라고 사신을 보냈다(왕하 19:9, 10; 사 37:9, 10).

산헤립이 팔레스타인에서 전쟁을 벌인 연대는 B.C. 701년이다. 종종 역사가들을 혼란스럽게 만들었던 일이 있는데 그것은 디르하가의 역할로, 이 디르하가는 B.C. 690년까지는 이집트와 에티오피아의 왕이 아니었기 때문이다. B.C. 701년 디르하 가는 동맹자인 바로 세비트쿠 편에 선 군주였을 따름이며, 이 세비트쿠는 디르하 가를 히스기야를 도울 원정군과 함께 보내 앗시리아의 진출을 막으려 했던 자이다. 그러나 열왕기와 이사야서의 이야기는 B.C. 701년으로 끝나지 않는다. 이 이야기는 B.C. 681년 산헤립이 죽는 때까지 곧장 이어진다. 이 때는 디르하가가 이집트와 에티오피아의 왕이 된 지 9년 후였다. 다른 말로 하면, B.C. 681년의 관점에서 볼 때 성경의 이야기는 B.C. 701년이 아닌 그 당시(즉 B.C. 681년)의 칭호로서 디르 하가를 언급한 것이다. 이런 일은 오늘날도 마찬가지이다. 오늘날도 어떤 사람의 개인사에서 이전의 일에 대하여 이야기할지라도 글을 쓰는 때의 그 사람의 칭호를 사용하는 것이다.

이런 사실들의 중요성을 모르고, 디르하가 비문의 어떤 부분을 잘못 해석하게 된 어떤 구약 학자들은 열왕기와 이사야서에 있는 역사적 오류를 진단하려는 열정 속 에서 서로 걸림돌이 되어 넘어졌다. 그러나 고고학적인 확증이 보여주는 바와 같이, 이들은 아주 실수한 것이다. 이 고고학적 발견에 대하여 놀라운 점은 이 발견물들이 자주 일치된다는 점이다. 성경의 이야기가 참되다고 확증해 주는 것은 오직 한 가지 증거만이 아니라 여럿이다. 우리는 성경 이야기의 모든 세세한 사실에 대해 확증 하지는 못한다. 또 결코 확증할 수도 없는 일이다. 우리는 발견된 많은 증거에 입 각하여 그런 총체적인 확증을 할 필요도 없다. 모든 점에 대하여 확증하려고 하는 것은 성경을 편견에 사로잡힌 방식으로 다루는 것이 될 것인데 이는 간단히 말해 그것은 성경이기 때문이다. 그렇다고 그것이 종교 서적이라는 사실로 인하여 이 책이 역사를 다룰 때 사실과 다를 수 있다고 말하는 것은 아니다. 모든 고고학적 발견이 모두 히스기야의 생애를 둘러싼 이런 발견물처럼 서로 관련된 많은 다른 내용들이 일치하는 것은 아니지만, 모든 발견들은 놀라운 것이다. 예를 들어, 바빌론 (개역성경에는 바벨론임) 유적지에서 발견된 "식량 배급표"(ration tables)를 살 펴보라. 성경을 보면, 우리는 앗시리아인이 사마리아 북쪽 나라를 멸망시킨 후(B.C. 721년경), 남쪽 나라 유다는 거의 B.C. 586년까지 150년 동안 버텼다는 점을 알게 된다. 이 당시까지 고대 세계의 가장 거대한 군사 강대국 가운데 하나인 앗시리아는 남쪽에 이웃한 나라인 바빌론에게 패배했다. 이 때가 B.C. 609년이었다. 4년 후 바빌론 사령관 느부갓네살—그 후에는 대왕이 됨—이 서쪽으로 와서, 카르케미시(개역성경에는 갈그미스임) 이집트 왕 느고 2세를 격퇴했다. 이 승리의 결과로 느부갓네살은 유다를 주장했는데, 이 유다는 전에 이집트의 영향권에 속해 있었다. 이제 유다의 여호야김 왕은 바빌론 사람들에게 조공을 바쳤다. 성경에 따르면, 우리는 여호야김이 삼 년 후에 반란을 일으킨 것을 안다. "여호야김 시대에 바빌론 왕 느부갓네살이 올라오매 여호야김이 삼 년을 섬기다가 돌이켜 저를 배반하였더니"(왕하 24 : 1).

이 때의 정치적 배경은 바빌론 연대기(대영 박물관 Ref. 21946, B.C. 597년에서 594년에 이르는 사건 기록)로부터 이해할 수 있다. 이 연대기는 바빌론 궁정으로부터 생긴 중요한 사건들의 압축된 연대기적인 요약이었다. B.C. 601년에 이집트인들과 바빌론인들 사이에 결정적인 전쟁이 있었다. 이 전쟁으로 양편 모두 약해졌고, 여호야김은 바빌론 왕으로부터 독립을 선언할 기회를 얻었다. 여호야김의 독립, 좀더 정확하게 말하면 유다의 독립은 오래 가지 못했는데, 여호야김이 B.C. 598년에 죽어 그 왕위와 위기 상황을 그 아들 여호야긴에게 물려주게 되었던 것이다. 열왕기하는 이때 일어난 일을 다음과 같이 우리에게 말해 준다.

> 그 때에 바벨론 왕 느부갓네살의 신복들이 예루살렘에 올라와서 그 성을 에워싸니라……느부갓네살도 그 성에 이르니 유다 왕 여호야긴이 그 모친과 신복과 방백들과 내시들과 함께 바벨론 왕에게 나아가매 왕이 잡으니 때는 바벨론 왕 팔 년이라.
> 바벨론 왕이 또 여호야긴의 아자비 맛다니야로 대신하여 왕을 삼고 그 이름을 고쳐 시드기야라 하였더라.
> 열왕기하 24 : 10-12, 17

하지만 여호야긴의 이야기는 여기서 끝나지 않는다. 왕족은 느부갓네살의 궁정에 갇혔고, 성경은 이들이 다른 왕족 포로들처럼 왕이 주는 곡식과 기름을 배급받았다고 말한다.

> 유다 왕 여호야긴이 사로잡혀 간 지 삼십 칠 년, 곧 바벨론 왕 에윌므로닥의 즉위한 원년 십이월 이십칠일에 유다 왕 여호야긴을 옥에서 내어놓아 그 머리를 들게 하고 선히 말하고 그 위를 바벨론에 저와 함께 있는 모든 왕의 위보다 높이고, 그 죄수의 의복을 바꾸게 하고 그 일평생에 항상 왕의 앞에서 먹게 하였고 저의 쓸 것은 날마다 왕에게서 받는 정수가 있어서 종신토록 끊이지 아니하였더라.
> 열왕기하 25 : 27-30

성경에서 언급한 이런 할당량에 대한 기록은 바빌론 왕궁의 지하 저장실에서 발굴한 것으로도 얻지 못했던 것이다(동베를린의 슈타트리헤스〈StaatLiches〉 박물관, 포더라스 구역, Babylon 28122과 28126). 이것들은 "식량 배급표"로 알려져 있고, 그런 "배급표"를 받은 자들이 누구인지 기록한다. 이 기록표는 여호야긴의 이름을 언급했다.

우리는 또한 느부갓네살의 첫번째 원정 때에 바빌론이 유다에 진출한 것에 대한 확증을 가지고 있다. 라기스 유적 가운데서 많은 오스트라카(ostraca)가 발견되었다. 오스트라카는 사금파리라고 부르는 토기 조각으로, 잉크로 그 위에 쓰기 위하여 사용된 것이다(라기스 오스트라카는 예루살렘에 있는 팔레스타인 고고학 박물관에 있다). 이 짧은 편지들은 커가는 유다의 상황 속에서 긴장이 더해가는 것을 드러내며, 성경 예레미야서에 나타난 내용과 아주 일치한다. 오스트라콘 6번째 것에서, 군주들이 "우리의 손을 약하게 한다"(기록자를 낙담시킨다)고 비난을 받고 있는데, 이 표현은 성경에서 예레미야를 반대한 유다 군주들이 사용하던 그 표현이다. 신호로 봉화를 사용한 일은 오스트라콘 4번째 것과 예레미야 6 : 1에 나타나 있는데, 모두 같은 용어를 사용한다.

이 사건은 B.C. 600년경에 일어났다. 우리가 이미 히스기야 통치 동안 산헤립이 라기스를 포위한 것과 관련하여 살펴본 사건들은 B.C. 700년 경에 일어난 사건이었다.

이제 우리는 그리스도 나시기 전 9세기 중반, 즉 B.C. 850년대로 뛰어 넘어가 보자. 사람들은 대부분 이세벨에 대하여 들은 적이 있을 것이다. 그녀는 북쪽 이스라엘 아합 왕의 아내였다. 그녀의 사악함이 격언처럼 되어 우리는 어떤 사람을 일러 "이세벨"과 같다고 말한다. 그녀는 남편을 부추겨 나봇을 죽이게 했는데, 그 이유는 그저 아합이 나봇의 소유지 일부를 좋아하는데 나봇이 팔지 않는다고 했기 때문이었다. 성경을 보면, 또한 그녀는 모국의 숭배, 즉 두로의 바알 숭배를 이스라엘에 끌어들였다. 이로 인하여 선지자 엘리야가 반대하여 엘리야와 바알의 선지자들이 갈멜 산에서 유명한 충돌을 일으키게 되었다.

여기서 또한 성경이 말하고 있는 바에 대한 고고학적 확증을 발견하게 된다. 예를 들면, "아합의 남은 행적과 무릇 그 행한 일과 그 건축한 상아궁과 그 건축한 모든 성은 이스라엘 왕 역대지략에 기록되지 아니하였느냐"(왕상 22 : 39).

오랜 시간이 걸렸음에 틀림없는 사건에 대하여 성경은 아주 간략하게 언급한다. 아마도 수십 년이 걸렸을 건축 계획이 바로 그것이다. 수도 사마리아에서 나온 고고학적 발굴물들은 왕궁 건물의 이전의 광채가 어떠했는지 보여준다. "상아궁"의 잔재들이 발견되어 비상한 관심을 끌었다(예루살렘 팔레스타인 고고학 박물관). 이것은 벽들과 가구들이 찬란한 장식 효과를 주는 상감 형식으로 채색된 상아 세공물로 장식되어 있는 보석 누각이었던 것으로 보인다. 이 가운데 수많은 단편들이 발견되었는데 이것은 아모스 선지자가 게시한 비난 내용과도 아주 일치한다.

(내가) 겨울궁과 여름궁을 치리니 상아궁들이 파멸되며 큰 궁들이 결
딴나리라 이는 여호와의 말씀이니라.

아모스 3 : 15

    아합 시대를 증명해 주는 다른 고고학적 확증들도 있다. 하솔과 므깃도에서 나온 발굴물들은 아합이 만든 요새들의 범위가 어떤지 그 증거를 제공한다. 특별히 므깃도에서 아합이 만든 것은 매우 광범위해서 전에 솔로몬 시대의 것으로 보이는 죽잇달은 마굿간까지 이르렀다.
    정치적인 면에서 아합은 정북쪽(오늘날 시리아) 아람 사람들로부터 오는 위협에 대처해야 했다. 열왕기상 20 : 1에는 아합의 수도인 사마리아를 포위한 시리아의 왕으로 벤하닷이 언급되어 있다. 벤하닷의 존재는 어떤 석비(stela, 글자가 새겨진 돌비석)가 입증해 주는데, 이 석비를 발굴해 보니 그 이름이 있었다(시리아 아렙포 〈Aleppo〉 박물관, 멜카르트 스텔라). 또 이는 성경에 있는 자세한 역사가 옳다는 것을 보여준다.
    또 앗시리아의 힘으로 인하여 전체 중동에 생긴 위협을 살펴보라. B.C. 853년, 앗시리아의 왕 살만에셀 3세가 유프라테스 강 유역으로부터 서쪽에 이르렀지만, 카르카르 전투 지역에서 그 지역 모든 국가들의 동맹군에게 꼼짝 없이 격퇴되고 말았다. 살만에셀의 기록은 이 동맹에 대하여 자세한 내용을 말해준다. 이 기록에서 그는 아합을 포함시켰는데, 그의 말에 따르면, 아합은 병거 2,000승과 보병 10,000명을 이 전쟁에 투입했다는 것을 우리는 알게 된다. 하지만, 아합이 죽은 후에 사마리아는 더 이상 통제권을 유지할 힘이 없게 되었고, 모압이 메사 왕의 통치를 받으며 독립을 선언했다. 이는 열왕기하 3 : 4, 5이 다음과 같이 분명히 말해준다. "모압 왕 메사는 양을 치는 자라 새끼 양 십만의 털과 수양 십만의 털을 이스라엘 왕에게 바치더니 아합이 죽은 후에 모압 왕이 이스라엘 왕을 배반한지라." 지금은 루브르에 있는 유명한 모압 사람(메사)의 돌에 비문이 있는데, 이 비문은 메사가 실존 인물이며 그가 이스라엘의 멍에를 벗는 데 성공했음을 입증해 준다. 이것은 검은 현무암 석비로 높이가 122cm, 너비가 61cm, 두께가 몇 cm 정도 되는 것이다.
    아합의 계보는 오래 가지 못했고, 예후라는 사람이 잔인하게 그 계보를 전복시켰다. 대영 박물관 앗시리아 관을 향하여 걷다가 보게 되는 첫번째 전시물 가운데 하나가 유명한 검은 오벨리스크이다. 이것은 높이 183cm로, 앗시리아의 수도 니느웨 근처인 니므롯(칼라)에서 발견된 것이다. 이것은 어떻게 살만에셀 3세가 예후로 하여금 자기 권위에 복종하여 조공을 내도록 강요하는지를 서술해 준다. 여기에 예후 혹은 그 사신이 앗시리아 왕 앞에 무릎 꿇고 있는 모습을 나타낸 초상이 있다. 이 비문은 예후의 복종에 대하여 다음과 같이 말한다. "오므리의 아들 예후의 조공. 나는 그로부터 은과 금과 금접시, 뾰족한 바닥을 한 금물병, 금컵, 금물통, 왕홀, 잘 익은 과일을 받았다."

앗시리아의 기록들은 예후를 오므리의 아들로 기록하는데, 이는 예후가 문자 그대로 그의 아들이었기 때문이 아니라, 전에 오므리 집안이 차지한 권좌에 예후가 있었기 때문이었다. 이 사건은 B.C. 841년에 일어났다.

이것들을 다 모아 놓고 보면, 이 고고학적 기록들은 성경에서 기록하는 사람들과 사건들이 역사적으로 있었던 것임을 보여 줄 뿐만 아니라, 관련 세부 사항이 아주 정확한 것을 보여준다.

만일 우리가 또 백년을 거슬러 올라가면, 다윗의 아들 솔로몬에 이른다. 그가 죽고 나서 유다 왕국은 시민 반란의 결과 두 쪽으로 나누어진다. 여로보암을 왕으로 삼은 북쪽 이스라엘과 솔로몬의 아들인 르호보암이 다스리는 남쪽 유다이다. 성경 열왕기와 역대기에서 우리는 르호보암의 통치 기간이 어떻게 되었는지를 읽어 보게 된다. "애굽 왕 시삭이 올라와서 예루살렘을 치고"(왕상 14 : 25 ; 대하 12 : 2). 그리고 어떻게 시삭이 르호보암의 유능한 아버지 솔로몬이 모은 재물을 르호보암으로부터 빼앗아 갔는지도 읽게 된다. 고고학은 놀랄 만한 정도로 이 사건이 실제로 일어난 것임을 확증해 준다.

시삭은 르호보암만 정복한 것이 아니라 여로보암도 정복했다. 이것에 대한 증거는 먼저 시삭이 세우고, 이스라엘의 한 성읍인 므깃도에서 발견된 승전 기념물에 있던 한 단편에서 나온다. 그래서 이집트 왕의 군대는 북쪽으로 휩쓸고 가서 유대의 두 왕을 정복했고, 그 다음에는 승전 기념물을 그 결과로 세웠다. 하솔, 게셀, 므깃도와 같은 성읍에는 파괴의 흔적들도 역시 발견된다. 이 사실은 역대하에 기록된 내용을 확증해 준다.

> ……시삭이 유다의 견고한 성읍을 취하고 예루살렘에 이르니 때에 유다 방백들이 시삭을 인하여 예루살렘에 모였는지라.
> 선지자 스마야가 르호보암과 방백들에게 나아와 가로되 "여호와의 말씀이 너희가 나를 버렸으므로 나도 너희를 버려 시삭의 손에 붙였노라 하셨다" 한지라.
> 이에 이스라엘 방백들과 왕이 스스로 겸비하여 가로되 "여호와는 의로우시다" 하매,
> 여호와께서 저희의 스스로 겸비함을 보신지라 여호와의 말씀이 스마야에게 임하여 가라사대 "저희가 스스로 겸비하였으니 내가 멸하지 아니하고 대강 구원하여 나의 노를 시삭의 손으로 예루살렘에 쏟지 아니하리라 그러나 저희가 시삭의 종이 되어 나를 섬기는 것과 열국을 섬기는 것이 어떠한지 알게 되리라" 하셨더라.
> 애굽 왕 시삭이 올라와서 예루살렘을 치고 여호와의 전 보물과 왕궁의 보물을 몰수히 빼앗고 솔로몬의 만든 금방패도 빼앗은지라.
> 역대하 12 : 4-9

이집트에 있는 카르낙(Karnak) 신전에 있는 시삭의 주랑(柱梁) 위에 새겨져 있는 위대한 승리의 장면은 이를 좀더 분명하게 확증해 준다. 왕의 모습은 조금 흐릿하지만, 그의 이름이 분명하게 기록되어 있고, 그는 히브리 포로를 암몬 신 앞에서 능멸하고 있는 모습을 하고 있다. 그리고 이스라엘과 유다의 정복 성읍의 이름을 상징적으로 나열한다. 사람들은 솔로몬을 엄청난 재산을 가진 자로 기억한다. 성경은 우리에게 다음과 같이 말한다.

> 솔로몬의 세입금의 중수가 육백육십육 금 달란트요 그 외에 또 상고와 무역하는 객상과 아라비아 왕들과 나라의 방백들에게서도 가져온지라 솔로몬 왕이 쳐서 늘인 금으로 큰 방패 이백을 만들었으니 매 방패에 든 금이 육백 세겔이며 또 쳐서 늘인 금으로 작은 방패 삼백을 만들었으니 매 방패에 든 금이 삼 마네라 왕이 이것들을 레바논 나무 궁에 두었더라.
>
> 열왕기상 10 : 14-17

성경이 말하고 있는 이 재산에 대하여 사람들은 이의를 제기해 왔다. 확실히 어떤 사람은, 이 수치는 과장이라고 말했다. 하지만, 발굴물들은 그 당시 왕들이 소유하고 나누어 주었던 엄청난 양의 값진 금속이 실제로 있던 것임을 확증했다. 예를 들어, 시삭의 아들 오소르콘 1세(오소르콘 1세의 작은 상은 뉴욕 브루클린 박물관에 있다)는 르호보암의 수도에서 가지고 온 약탈물로부터 전리품을 얻었다고 주장한 자로, 보고에 따르면 이 사람은 고작 통치 처음 4년 동안에 그의 신 암몬에게 총 470톤의 값진 금속, 금, 은을 바쳤다고 한다. 물론 이것은 한 해에 약 20톤의 금에 해당하는 솔로몬의 666달란트보다 훨씬 많은 것이다. 우리는 또한 솔로몬의 금이 오빌에서 온 것이라고 성경이 언급한 것에 대하여 확증을 가지고 있다. 오빌의 위치는 아직 알려지지 않았지만, 솔로몬 시대보다 조금 후로 연대를 추정하는 오스트라콘(ostracon)은 실제로 금 30세겔이 벧호론을 위하여 오빌로부터 왔다고 언급한다.

이야기를 계속해 보자. 우리는 B.C. 1000년으로 거슬러 가 겨우 몇 사건에서 이렇게 밝히는 것을 멈추었다. 우리가 이렇게 하여 생겨나기를 바랐던 것은 성경 본문이 역사적으로 믿을 만하다고 하는 느낌이다. 성경이 역사적 사건을 언급할 때, 다른 문화와 다른 시대의 다른 장소에 있던 역사가들이 탐구한 것과 같은 종류의 "역사"에 대하여 말하고 있다는 것이다. 이것은 어떤 사건과 어떤 인물과 어떤 장소가 고고학적 발견으로 확증된다고 하는 사실로 입증된다. 물론 모든 사건과 인물과 장소가 확증된 것은 아니지만, 지난 100년 동안 고고학적 발견의 조류가 성경 역사에 대한 유치한 회의론의 가능성을 일소해 버렸다는 것이다. 그리고 특별히 놀라운 것은, 이 조류가 B.C. 1000년 이전의 시기에까지 미친다는 것이다. B.C. 2500년부터 B.C. 1000년까지 이르는 세월에 대한 우리의 지식은 때때로 전체 도

모세와 여호수아

시내 산은 성경의 가장 중요한 장소 가운데 하나이다. 히브리 백성들은 애굽에서 도피한 직후 이곳에 이르렀다. 여기서 하나님께서는 모세를 통하여 그들에게 말씀하시며, 새로 형성된 나라로서 그들의 생활이 어떠해야 할지 지시를 내리시고, 그들과 언약을 맺으셨다.[2]

서관과 지금까지 알려지지 아니한 사람들과 언어의 발굴을 통하여 엄청나게 늘어나고 있다.

예를 들어 성경의 초기 부분에서 언급한 힛타이트(헷) 족속이 비평 학자로부터 허구라고 취급을 받았을 때가 있었다. 그 후로 1906년 이후 보그하즈 코이(Boghaz Koi, 보그하즈 쾨이⟨Boghaz - köy⟩)에서 발견물이 나왔는데 이것은 헷족속이 실존 인물이라는 확실성과 그들의 서고에서 나온 수많은 세부 자료도 우리에게 제공했던 것이다.

[2] 구약 역사에서 모세 시대에 대하여 두 가지 일을 언급해야겠다.

첫째로, 이 시대와 관계 있는 고고학적 증거를 살펴보라. 참으로, 이 증거는 우리가 아합이나 예후나 여호야김의 존재와 관계하여 살펴보았던 것처럼 그렇게 분명하지는 않다. 모세가 갈대 숲에서 건짐을 받아 자기 어머니가 만든 방수 바구니로부터 꺼내졌다고 언급하는 비문은 없다. 그러나 그렇다고 하여 어떤 비평가들이 넌지시 보여주었던 것처럼 출애굽기가 허구라는 뜻은 아니다. 어떤 사람들은 이 이야기는 후대 왕조의 유대인들이 이상적으로 역사를 거꾸로 읽은 것에 불과하다고 말한다. 우리가 이로부터 500년 이후로 연대를 추정하는 열왕기와 역대기를 역사로 다루어야 했던 것처럼, 이들이 부르는 대로 이 "모세의 책들"을 역사로 취급해서는 안 되는 이유가 없다.

이집트 왕들의 건축 계획에 대하여는 증거가 충분하고, 이 증거는 출애굽기와 아주 일치한다. 벽돌 만드는 장소가 있다(예를 들어, 레크미르의 테반 무덤 100개). 그 당시 양가죽과 파피루스는 반드시 채워야 할 생산 목표에 대하여 언급하고 있다. 어떤 것은 사람들이 "매일 벽돌 할당량을 만드는 것"으로 언급하는 만족할 만한 공식 보고서에 대하여 말하고 있다(대영 박물관, Papyrus Anastasi III vso, p. 3. 파리 루브르에 있는 루브르 가죽 두루마리도 벽돌과 "십장"에 대하여 언급한다). 실제로 발견된 벽돌은 애굽인들이 말하는 것과 같이, 진흙과 섞어야 했던 지푸라기의 흔적을 보여준다. 이 벽돌과 지푸라기의 문제는 어떤 낙담한 관리가 "내 지역에는 벽돌이나 지푸라기를 만드는 사람이 없다"고 불평한 기록이 더욱 확증해 준다.

역사와 진리 217

이스라엘에게 획기적이었던 이 순간에 대하여 짚고 넘어가야 할 것은 성경이 역사에 대하여 강조한다는 점이다. 모세는 거듭거듭

우리는 오늘날 발견물을 통하여 이집트 코스모폴리탄 사회의 어느 계층에서도 셈족이 발견되는 것을 알게 된다(뉴욕 브루클린 박물관, 35.1446번 브루클린 파피루스). 그러므로 요셉이 바로 궁정에서 그렇게 중요한 인물이 된 것이 전혀 이상하지 않다.

출애굽기 1 : 11에서 언급한 비돔(Pithom)과 라암셋(Raamses, Rameses)의 국고성은 이집트 비문에 잘 알려져 있는 것이다. 라암셋은 실제로 동부 삼각주 수도인 피-람셋(Pi-Ramses : 고센 근처)이었고, 이스라엘 백성들은 이곳 나일 삼각주의 동쪽에 살고 있었다. 여기는 비옥한 땅이 있는 곳으로, 이스라엘 백성은 이곳에서 풍부한 농업 경험을 했을 것이다. 그래서, 이스라엘 백성이 광야에 있을 때 모세의 율법을 받았다 해도, 모세의 율법에 나타나 있는 농업에 대한 언급이 그들에게 낯선 것은 아니었을 것이다. 확실히 어떤 비평가들이 말하는 것처럼, 이런 농업 관계 규정이 유대인들이 가나안에 정착했던 후대의 체험을 가지고 과거를 기록한 표시라고 말할 이유는 전혀 없다.

시내 산에서 만들어진 언약 형태는 그 당시 다른 민족들이 가지고 있던 언약 형태와 놀랄 만큼 비슷하다("언약과 조약 당사자들"에 대해서는 C. F. A. Schaeffer, 파리 루브르 박물관의 우가리티카 3, 루브르 소장 함무라비 법전, 이스탄불 고고학 박물관에 소장된 터키 보그하즈 코이(힛타이트)에서 나온 조약 서판을 보라). 시내 산의 언약 형태는 그 당시 언약들과 닮았지만, B.C. 10세기 후대에 만들어진 것은 아니다. 그래서 그리스도 나신 후 1세기에 기록된 서신의 형태(도입부와 인사말 형식)가 신약 시대 사도의 서신에 반영되어 있듯이, 그리스도 나시기 전 2천년대의 언약 형태가 시내 산 사건에 반영되어 있다고 하여 전혀 놀랄 일은 아니다. 하나님께서는 언제나 그 시대의 문화 속에서 그 사람들에게 말씀하셨다. 그렇다고 하나님의 의사소통이 그 문화에 제한된다는 말은 아니다. 이것은 그 시대에 적절한 형태로 주시는 하나님의 의사소통이다.

모세오경은, 오랫동안의 광야 체류 후에 모세가 이스라엘 백성을 사해 동편으로 데리고 갔다고 우리에게 말해 준다. 거기서 그들은 호전적인 모압 나라를 만났다. 우리는 이 모압 나라가 실제 있었던 것을 입증하는 직접적인 증거를 가지고 있다. 그러나 반대로 비평 학자들은 이 당시 모압의 존재를 부인했다. 룩소르(알 우크소르) 신전의 전장 풍경에서 이 증거를 발견할 수 있다. 이 사실은 라암셋 2세가 바토라에서 모압 나라를 눌러 이긴 것을 언급한다(이집트 룩소르 신전).

또한 B.C. 13세기 말엽에 서팔레스타인(가나안)에 이스라엘 백성이 분명히 있었던 것을 바로 메렌프타(라암셋 2세의 아들이며 후계자)의 승리 석비가 입증해 주는데, 이 석비는 메렌프타가 리비아를 눌러 승리한 것을 언급한다(카이로 박물관,

시내 산에서 무슨 일이 일어났는지 백성에게 기억나게 한다.

> 너희가 가까이 나아와서 산 아래 서니 그 산에 불이 붙어 화염이 충천하고 유암과 구름과 흑암이 덮였는데 여호와께서 화염 중에서 너희에게 말씀하시되 음성뿐이므로 너희가 그 말소리만 듣고 형상은 보지 못하였느니라.
> 신명기 4 : 11, 12

모세는 그때 살아 있던 사람들이 실제로 하나님이 말씀으로 직접 전달하신 것을 들었음을 강조한다. 그들은 또한 일어났던 일의 목격자였다. 그들은 구름과 불타는 산을 보았다. 그들은 보고 들었다. 또한 그들은 바로 전에 출애굽하면서 함께 일어났던 주목할 만한 사건들의 목격자였다. "너희가 여호와의 행하신 이 모든 큰 일을 목도하였느니라"(신 11 : 7). 그러므로 모세는 그들이 생전에 친히 보고 들은 것을 기초로 삼아 그들로 하여금 현재 만나는 적이나 장차 만날 적을 두려워하지 말라고 말한다.

> 그들을 두려워 말고 네 하나님 여호와께서 바로와 온 애굽에 행하신 것을 잘 기억하되 네 하나님 여호와께서 너를 인도하여 내실 때에 네가 목도한 큰 시험과 이적과 기사와 강한 손과 편 팔을 기억하라 그와 같이 네 하나님 여호와께서 네가 두려워하는 모든 민족에게 행하실 것이요.
> 신명기 7 : 18, 19

이스라엘 석비 34025번). 이 석비에서 메렌프타는 전에 아스칼론, 기제, 예놈 그리고 이스라엘을 대항하여 가나안에서 승리를 거둔 것을 언급한다. 그러므로 이스라엘 민족이 아무리 늦어도 거의 B.C. 1220년 시기까지 존재했다는 사실은 의심할 수 없다. 이 말은 이스라엘이 더 일찍이 존재했을 수는 없다는 말이 아니라, 이 연대보다 후대에 있었을 수가 없다는 것이다.

같은 기초에서 모세는 또한 그들로 하여금 하나님을 순종하라고 권면한다. "오직 너는 스스로 삼가며 네 마음을 힘써 지키라 두렵건대 네가 그 목도한 일을 잊어버릴까 하노라"(신 4 : 9).

그래서 이 백성이 하나님을 신뢰하고 의지하는 것과 하나님을 순종하는 것은 역사적이고 관찰할 수 있는 진리에 똑같이 뿌리를 박고 있다. 그러므로 역사적 기록은 사실에 대한 연구에 속한다. 역사적 기록들은 검증의 대상이 될 수 있을 뿐만 아니라 반증의 대상도 될 수 있다. 하나님과 그 백성의 관계는 그 백성들의 머리 속에 있는 내적인 체험에 근거를 둔 것이 아니라, 보고 들은 실재에 근거를 둔 것이다. 그들은 신앙의 도약 때문이 아니라 하나님께서 역사 속에서 실제로 활동하시므로 하나님을 순종하라고 부르심을 입은 것이다. 왜냐하면 하나님께서는 살아계신 하나님이시기 때문이다. 사람이 살고 있는 우주는 자연 원인의 "닫힌" 체계가 아니다. 우주는 하나님의 창조물이며, 하나님께 대하여 "열려" 있다. 하나님께서는 역사 속으로 들어와 활동하셨다. 즉 볼 수 있는 역사 속으로 들어와 활동하셨다.

성경에 따른 "종교적 진리"는 사람들이 일상 생활에서 기초로 삼아 활동하는 그런 진리를 담고 있다. 만일 어떤 것이 참되다 할 때, 그 반대는 참될 수 없다. 예를 들어 어떤 역사 시점에서 이스라엘 민족이 애굽의 바로 아래서 종 되었다는 말과 이스라엘 민족이 애굽 종이 아니었다는 말이 동시에 참될 수는 없다. 이와 같이, 예수께서 죽은 자 가운데서 살아나셨으면, 그의 몸은 예루살렘 근방에 묻힌 곳에서 발견할 수 없는 것이 될 것이다.

이것이 바로 성경의 진리관이다. 어떤 것이 참되면 그 반대는 참되지 않다. 어떤 사람들이 넌지시 보여주듯이 이런 진리 개념은 그리스에서 출발한 것이 아님을 이해해야 한다. 하나님께서 사람의 지성을 그렇게 만드셨으므로 우리가 이 지성에 근거하여 활동하는 것이다. 이 개념을 거부하는 자라고 할지라도 실제로는 이 개념에 근거를 두고 행한다. 만일 어떤 사람이 모든 진리는 상대적인 것이라고 말한다면, 그 사람은 이 말(진리는 상대적이라는 말)이 참되다고 절대적으로 말하고 있는 것이다. 일상 생활의 필연적인 사실들은 상대주의적 사상이 거짓임을 입증해 준다.

성경적 관점으로 보자면, 모든 진리는 결국 무한하고 인격적이신 하나님께서 존재하지 않으신다는 것과는 반대로 존재하신다는 사실에 근거를 두고 있다. 이 말은 하나님께서 객관적으로 존재하신다는 뜻이다. 하나님께서는 사람들이 "하나님은 계신다"고 말하든지 말하지 않든지 상관없이 존재하신다는 것이다. 성경은 또한 하나님께서 인격적이심을 가르쳐 준다. 그러므로 이 말은 "하나님께서 존재하지 않으신다"는 명제와 "하나님께서는 인격이 아니시다"는 명제가 모두 거짓이라는 뜻이다.

히브리(그리고 성경)의 진리관에 대하여 세 가지 점을 강조해야겠다.

1. 히브리(그리고 성경)의 견해로는, 진리는 궁극적으로 하나님의 존재와 성품 그리고 하나님께서 창조와 계시로 우리에게 말씀하신 것에 근거를 두고 있다. 사람들은 유한하므로, 실재는 인간의 이성으로 다 설명할 수 없다. 인간은 한계가 있으므로 계시를 통해서만 많은 것을 알 수 있다(성경의 진리는 풍부하고 온전하다. 그래서 성경이 가르치는 것은 말로 표현할 수 있고 논의할 수 있는 것이지만, 성경은 아주 균형 있게 사물들을 보여 주므로 성경의 전체 가르침이 증거 본문으로 인용한 한 진술보다 더 풍부한 때가 종종 있다).

2. 성경의 진리관은 그리스의 진리관보다 저급한 견해가 아니고 훨씬 고상한 견해이다. 유대-기독교 세계관은 그리스 세계관만큼 균형 잡힌 체계이지만, 그저 추상적으로 추론할 수 있는 철학 체계는 아니다. 유대-기독교 세계관은 분명한 세계관이다. 즉 우리의 경험을 의미 있게 하는 것이다. 그러나 단순한 세계관 이상의 것이

다. 이는 "역사와 관련된 세계관"이다. 그러므로 핵심적인 점에서 이 세계관은 만지고 볼 수 있는 것을 통하여 확증할 수 있다.

  3. 이것은 전인(全人)을 포함한 진리관이다. 이 진리관은 향유할 수 있는 것이며, 반대와 거부를 무릅쓰고 지지해야 할 것이다. 이 진리관은 선택과 헌신을 요구한다. 그 이유는 무엇인가? 이 진리관이 객관적으로 참되기 때문이다. 이것은 하나님과 우리 모두에게 진리이다. 그래서 히브리(그리고 성경)의 진리관은 현대 상대주의적(변증법적, 혹은 실존주의적) 진리 개념과 같지 아니하고 전적으로 반대되는 것이다.

  우리가 성경을 성경의 주장에 따라 이해하려면 이 유대-기독교 진리관 안에서 해야 한다. 모세는 참으로 역사적인 사건을, 미래에 대한 이스라엘의 확신과 순종을 떠받치는 기초로 호소했다. 그는 하나님이 하신 일을 생각나게 하는 사물들을 후세대에게 전수해 줄 수 있었다. 그래서 사람들은 그 사물들을 보고 기억할 수 있었다. 예를 들면, 모세는 두 돌비에 새겨진 십계명을 언약궤 속에 보존하였다. 그것처럼 그는 (광야 여행 동안 하나님이 주신 음식인) 만나 항아리와 형제 아론의 지팡이(이 지팡이는 전에 애굽에서 사용하던 것이며 후에는 하나님의 권능과 임재를 나타내는 표가 되었다)를 그들에게 주었다. 이 물건들은 침묵을 지키는 진리의 증인으로 남아 있었다. 이 물건들은 역사 속에서 모든 세대가 유대 성막 안에서 관찰할 수 있는 것이었다.

  유대인의 지도자로 모세를 따랐던 여호수아 시대에, 우리는 모세의 글 속에서 나타난 것과 같은 역사적 증거에 대한 같은 강조점을 발견한다. "여호수아가 또 요단 가운데 곧 언약궤를 맨 제사장들의 발이 선 곳에 돌 열둘을 세웠더니 오늘까지 거기 있더라"(수 4 : 9). 하나님께서는 추상적인 세력이나 이념이 아니시다. 하나님에 대한 사람의 체험은 그저 사람의 머리 안에 머무르는 것이 아니다. 하나님께서는 역사 속에서 활동하신다. 그리고 모세 시대에 하나님께서는 여러 가지 물건들을, 하나님이 하신 일을 기억나게 하는 사물들로 보전할 것을 명하셨던 것처럼 여호수아 시대에도 같은 일을 하셨다.

하나님께서는 잠시 요단 강을 마르게 하셔서 유대인들이 건널 수 있게 하셨다. 이 사실에 대한 기념으로—그래서 후세대가 관찰할 수 있도록—열두 돌로 된 두 기둥을 각각 만들었다. 첫번째 기둥은 사람들이 실제로 건너가고 있는 동안 요단 강 바닥에 만들었다. 수세기 동안 요단 강 물이 얕아지면 이 돌들을 볼 수 있었을 것이다. 두번째 기둥은 유대인들이 건너면서 강에서 들어올린 바위를 길갈에 있는 진영의 마른 땅에 세운 것이다. "여호수아가 그 요단에서 가져온 열두 돌을 길갈에 세우고"(수 4 : 20).[3]

---

[3] 다시 한번 구약 역사로 거슬러가 보자.

앞에서 살펴본 주에서 우리는 B.C. 100년경으로 연대를 추정할 수 있는 사해 사본을 살펴보았다. 그 다음에는 후대 왕조 시대로 거슬러가서 먼저 B.C. 701년에 산헤립이 예루살렘에서 히스기야를 포위한 것과, B.C. 600년경 유다의 마지막 세월들을 살펴보았다. 그 다음에 우리는 B.C. 850년, 즉 아합과 이세벨, 상아궁, 검은 오벨리스크, 모압의 돌 등으로 거슬러가 보았다. 그 다음에는 B.C. 950년경, 솔로몬과 그의 아들 르호보암, 이집트의 바로, 시삭의 원정으로 거슬러가 보았다.

이렇게 하니 우리 마음속에는 바벨론에서 나온 식량 배급표와 같은 언뜻 흐릿해 보이는 세부 사항까지 포함한 성경 본문의 역사적인 신빙성에 대하여 생생한 인상이 새겨졌다. 다른 말로 하면 우리는, 성경이 우리에게 실재의 본질과 일치하는 놀라운 세계관을 주고, 철학자들이 수세기 동안 줄곧 물어왔던 기본 문제에 해답을 줄 뿐만 아니라, 성경이 역사적 차원에서도 전적으로 믿을 만하다는 것을 알았다.

전(前) 주에서 모세와 여호수아, 출애굽, 가나안 정착 시대로 거슬러가 살펴보았다. 이제 우리는 좀더 과거로, 즉 모세보다 500년 이전으로 돌아가 아브라함 시대로 거슬러가고자 한다. 우리는 이제 성경의 처음 부분에 가까운 창세기 12장까지 거슬러와 있다.

이야기가 신화와 전설의 공상 세계로 사라져 버리고 있는 것은 아닌가? 결코 그렇지 않다. 왜냐하면 우리는 창세기 12장이 오늘날의 역사 시점(약 B.C. 2000년이나 좀더 이후) 이전의 사건을 다룬다고 해도, 아브람/아브라함이 "갈대아 우르"를 떠났을 때(창 11 : 31) 문명 세계는 이미 오래 되었을 뿐만 아니라 과거에 속하는 것이었다는 것을 기억해야 한다.

우르는 50년 전에 발굴된 곳이다. 예를 들어 대영 박물관에서는 우르에서 나온

아브라함과 이삭

아브라함의 생애에 대한 성경 이야기도 역시 역사 사실을 실제

왕 묘실의 찬란한 유물들을 볼 수 있다. 이 묘실 안에는 B.C. 2500년경에 우르에서 죽은 어떤 여왕의 머리에 여전히 둘러 있었을 금관이 있다. 또한 고고학적 유물로부터 그 당시 거리와 건물들이 틀림없이 어떠했을 것인가를 재구성할 수 있었다.

우르처럼, 족장(아브라함, 이삭, 야곱)의 세계를 둘러싼 나머지 사실들도 틀림없이 존재했던 현실이었다. 아브라함이 먼저 나온 하란이란 곳은 이미 발견된 장소이다. 그래서 이때부터 세겜도 오늘날 여전히 서 있는 가나안 돌벽과 신전과 함께 발견되었다.

> 아브람이 그 아내 사래와 조카 롯과 하란에서 모은 모든 소유와 얻은 사람들을 이끌고 가나안 땅으로 가려고 떠나서 마침내 가나안 땅에 들어갔더라 아브람이 그 땅을 통과하여 세겜 땅 모레 상수리 나무에 이르니 그 때에 가나안 사람이 그 땅에 거하였더라 여호와께서 아브람에게 나타나 가라사대 내가 이 땅을 네 자손에게 주리라 하신지라 그가 자기에게 나타나신 여호와를 위하여 그곳에 단을 쌓고 거기서 벧엘 동편 산으로 옮겨 장막을 치니 서는 벧엘이요 동은 아이라 그가 그곳에서 여호와를 위하여 단을 쌓고 여호와의 이름을 부르더니 점점 남방(네겝)으로 옮겨 갔더라.
>
> 창세기 12 : 5-9

하란과 세겜은 우리에게 친숙한 이름이 아니지만, 네겝은 우리 모두가 오늘날 신문 기사에서 자주 읽는 이름이다.

이제 우리는 현대 고고학 발견에서 가장 괄목할 만한 것 가운데 하나인 에블라로 방향을 돌려야겠다. 1974, 75년 시리아 아렙포의 남쪽 44마일 떨어진 지점에 꽤 넓은 언덕을 파들어 가던 이탈리아 고고학 탐사대는 우연히 우리가 이미 언급한 방대한 도서관 가운데 또 하나를 만났다. 궁전의 작은 방에서 갑자기 수천 개의 서판과 단편들이 쏟아져 나왔고, 그다지 멀지 않은 다른 방에서 14,000개가 더 나왔다. 이것들은 차곡차곡 쌓여 있었는데, B.C. 2250년경 궁궐이 파괴될 때 나무 선반이 불타서 내려 앉았던 것이다.

이 서판은 어떤 비밀을 드러내었는가? 필요 없이 반복하는 것처럼 추호도 보이고 싶지 않지만, 에블라가 우리로 성경을 믿게 하는 일을 더 어렵게 하는 것이 아니라 정반대로 성경을 더욱 믿을 만하게 하는 고대 과거의 또 다른 발견물이라고 서슴없이 말할 수 있다. 그리고 이 서판들의 연대는 아브라함 시대 아주 이전으로

사건으로 강조하고 있다. 이 내용은 아브라함이 자기 아들 이삭을 "희생제사"로 드리던 이야기에 특별히 명백하게 나타나 있고 또

거슬러가는 것을 기억하라. 이 발견이 품고 있는 뜻은 이 세기가 바뀔 때까지도 다 드러나지 않을 것이다. 그런 어마어마하게 많은 서판의 번역과 출판은 두고두고 시간이 걸릴 것이다. 이제 에블라로부터 얻은 정보가 성경에 직접 관계되는 것이 아님을 알아야 한다. 지금까지 발견된 것에 따르면 성경에서 언급하고 있는 인물을 가리키고 있는 것은 전혀 없다. 물론 예를 들어 이스마엘, 이스라엘 등과 같이 비슷한 이름은 많다. 므깃도, 하솔, 라기스와 같은 성경의 장소 이름들도 언급하고 있다. 하지만 분명한 것은 비평 학자들이 전에 오래되었다는 이유로 허구라고 보았던 성경에 나오지 아니하는 인물들이 이제 역사적 등장 인물임이 아주 분명하다는 점이다.

예를 들어, 앗시리아 왕 투디야(거의 B.C. 2500년경)는 B.C. 1000년 경에 만든 앗시리아 왕 목록에 기록되어 이미 알려진 인물이었다. 그의 이름은 이 목록 처음 부분에 나타나 있었지만, 많은 학자들은 그의 존재가 "자유로운 창조물, 혹은 왜곡"이라고 부정했다. 사실상 그는 아주 분명히 실재하는 인물이었고, 이제는 에블라 기록으로 보아 에블라 왕과 조약을 맺었던 인물로 알려져 있다. 그래서 앗시리아 왕 목록의 처음 부분에 나오는 계보의 전통은 참된 것으로 입증되었다. 이 목록은 앗시리아의 지배자였던 초창기 실존 인물들의 기억을 1500년 이상 동안 충실하게 보존하고 있다. 우리가 이 사실로부터 배워야 할 점은, 우리가 창세기 7장에 있는 계보나 족장 이야기와 같은 비슷한 자료를 구약에서 발견할 때, 학자들이 자주 그러는 것처럼 이 자료들을 바로 거부하지 말아야 한다는 것이다. 우리는 이 고대 문화가 오늘날 우리처럼 자기들의 역사를 기록할 수 있었다는 점을 기억해야 한다.

에블라 발견에서 가장 중요한 측면은 분명히 그들의 언어이다. 이 언어는 히브리어, 가나안어, 우가리트어, 아람어, 모압어와 관계 있는 고대 서방 셈계 언어였던 것으로 드러났다. 그래서 우리는 처음으로 2500년 이상 걸친 서방 셈계 언어의 전체 "전통"을 가지게 되었다. 이는 전에는 바빌론어와 앗시리아어가 속해 있었던 이집트어와 아카드어만 타당하다고 인정하던 때였다.

그러므로 아주 최근에 이르기까지 이 사실이 뜻하는 바는, 학자들이 구약 히브리 성경에 나타나 있던 많은 단어들이 자기들 말대로 "후대"의 것이라고 주장할 수 있었다는 것이다. 이들이 이렇게 함으로 뜻한 바는, 이 단어들이 본문에서 말하고 있는 시기보다 훨씬 후대 저자가 쓴 것임을 가리키고 있다는 것이다. 이는 마치 우리 가운데 한 사람이 "자동차와 컴퓨터"와 같은 현대 단어를 사용하여 16세기 책을 기록한다고 주장하는 것과 같을 것이다. 예를 들어 모세오경의 경우에, 이것은 학자들이 성경이 말하고 있는 것처럼 이 책들의 저자는 모세가 아니라 거의 1000년

중요하다.

성경은 이 사건을 분명한 얼개 속에 둔다. 예를 들면 우리는 하나님께서 아브라함을 이끄셔서 이삭을 특정한 산인 모리아 산으로 데려오라고 하셨고, 이곳은 아브라함과 이삭이 있던 곳에서 삼일 여행길이라는 기사를 접하게 된다. 이곳은 중요한 곳이며 그저 우연히 기록한 세부 사항이 아니다. 이곳은 많은 세월이 지난 후 솔로몬이 성전을 세운 장소였다. 그리고 신약성경은 예수께서 이 장소로부터 그리 멀지 않은 곳에서 돌아가신 것을 우리에게 말해 준다.

이 내용들 가운데 어느 하나 우연적인 것은 없다. 세례 요한이 말하는 것처럼 예수께서는 하나님의 약속하신 어린 양으로 죽으셨다. 예수님은 세상의 죄를 없이 하려고 죽으셨다. 그렇게 하여 예수님은 거의 2,000년 전에 이삭의 "거의 희생제사라 할 수 있는 제사"에 미리 그려져 있는 내용을 성취하신 것이다. 그리고 예수님은 성막과 성전과 관련된 모든 희생제사의 성취이시다. 하나님께서는 "이삭의 희생제사"로, 죄로부터 사람을 건지는 것은 동물이 아니라 어떤 인격이심을 가리키고 계셨다.

우리는 이 사실로 인하여 왜 성경의 다른 곳에서는 하나님께서 미워하시는 것이라고 우리에게 말하는 것, 즉 인간 희생제사가 하나님께서 아브라함에게 하신 약속을 아브라함이 믿은 것에 대한 가장 탁월한 시험으로 사용되었는지 이해하는 데 도움을 받는다. 이는 하나님께서 이삭이 죽기를(물론 이삭은 죽지 않았다) 바라셨기 때문이 아니라, 하나님께서 친히 희생제물을 준비하시고 희생제물은 동물이 아니라 특별한 인격임을 분명하게 나타내시기를 바라셨기 때문이었다.

이후 익명의 서기관이라고 넌지시 보여주게 되도록 영향을 받은 주장이었다. 에블라의 발견물들은 이 단어들 가운데 많은 것이 후대의 것이 아니라 아주 초기의 것임을 보여주었다. 여기에 오직 관련 학자들의 철학적 편견을 반영할 뿐인 "과학적" 접근이라는 주장의 허상을 보여주는 또 하나의 보기가 있는 것이다.

특별히 하나님께서 아브라함에게 "믿음의 도약"을 요구하지 않으시고, 모세의 시대에도 이스라엘 백성에게 믿음의 도약을 요구하지 않으신 것을 주목해 보자. 아브라함은 이미 하나님이 실제로 존재하시는 것과 하나님이 믿을 만한 분이시라는 많은 증거를 받았다. 하나님께서는 이 이전에도 거듭 그에게 이렇게 말씀하셨다.

여호와께서 아브람에게 이르시되 너는 너의 본토 친척, 아비 집을 떠나 내가 네게 지시할 땅으로 가라

"내가 너로 큰 민족을 이루고
네게 복을 주어
네 이름을 창대케 하리니
너는 복의 근원이 될지라
너를 축복하는 자에게는 내가 복을 내리고
너를 저주하는 자에게는 내가 저주하리니
땅의 모든 족속이
너를 인하여 복을 얻을 것이니라."

창세기 12 : 1-3

또 아브라함이 가나안에 들어갔을 때 다음과 같이 말씀하셨다. "롯이 아브람을 떠난 후에 여호와께서 아브람에게 이르시되 너는 눈을 들어 너 있는 곳에서 동서남북을 바라보라 보이는 땅을 내가 너와 네 자손에게 주리니 영원히 이르리라"(창 13 : 14, 15).

하나님께서는 아브라함에게 새 나라와 새 자손을 주시겠다고 약속하셨다. 하지만 그 아들과 후사는 어디 있었는가? 아브라함은 나이가 많았고, 후사를 세우려는 뜻에서 먼저 다메섹 출신의 엘리에셀이라는 종을 택했다. 다음은 아브라함이 적합한 후사를 얻는 체험을 기록한 창세기의 핵심 구절이다.

여호와의 말씀이 그에게 임하여 가라사대 "그 사람은 너의 후사가 아니라 네 몸에서 날 자가 네 후사가 되리라" 하시고 그를 이끌고 밖으로 나가 가라사대 "하늘을 우러러 뭇별을 셀 수 있나 보라" 또 그에게 이르시되 "네 자손이 이와 같으리라."

아브람이 여호와를 믿으니, 여호와께서 이를 그의 의로 여기시고.

창세기 15 : 4-6

아브람의 구십구 세 때에 여호와께서 아브람에게 나타나서 그에게 이르시되 "나는 전능한 하나님이라 너는 내 앞에서 행하여 완전하라 내가 내 언약을 나와 너 사이에 세워 너로 심히 번성케 하리라" 하시니,

아브람이 엎드린대 하나님이 또 그에게 일러 가라사대 "내가 너와 내 언약을 세우니 너는 열국의 아비가 될지라 이제 후로는 네 이름을 아브람이라 하지 아니하고 아브라함이라 하리니 이는 내가 너로 열국의 아비가 되게 함이니라."

창세기 17 : 1-6

여호와께서 마므레 상수리 수풀 근처에서 아브라함에게 나타나시니라 오정 즈음에 그가 장막 문에 앉았다가 눈을 들어본즉 사람 셋이 맞은편에 섰는지라 그가 그들을 보자 곧 장막문에서 달려나가 영접하며 몸을 땅에 굽혀 가로되

"내 주여, 내가 주께 은혜를 입었사오면 원컨대 종을 떠나 지나가지 마옵시고……."

그들이 아브라함에게 이르되 "네 아내 사라가 어디 있느냐?"

대답하되 "장막에 있나이다."

그가 가라사대 "기한이 이를 때에 내가 정녕 네게로 돌아오리니 네 아내 사라에게 아들이 있으리라" 하시니, 사라가 그 뒤 장막문에서 들었더라 아브라함과 사라가 나이 많아 늙었고 사라의 경수는 끊어졌는지라 사라가 속으로 웃고 이르되 "내가 노쇠하였고, 내 주인도 늙었으니 내게 어찌 낙이 있으리요?"

여호와께서 아브라함에게 이르시되 "사라가 왜 웃으며 이르기를 내가 늙었거늘 어떻게 아들을 낳으리요 하느냐 여호와께 능치 못한 일이 있겠느냐 기한이 이를 때에 내가 네게로 돌아오리니 사라에게 아들이 있으리라."

창세기 18 : 1-3, 9-14

그래서 이 놀라운 방법으로 아브라함은 하나님이 말씀하신 것처럼 후사를 가지게 되었다. 아브라함은 또한 하나님께서 조카 롯을 소돔과 고모라에서 놀랍게 구원하신 것을 보았다.

그러므로 아브라함은 많은 계시와 사건을 통하여 하나님께서 실제로 계시고 미쁘시다는 사실이 확실하다고 믿게 되었다. 그는 하나님의 말씀을 들었고, 하나님과 이야기를 나누었고, 하나님으로부터 명제로 된 계시를 받았다. 그는 하나님께서 (사라가 늙었지만) 아들에 대한 약속을 지키시고, 롯의 구출에 대한 약속도 지키시는 것을 보았다. 우리가 다음에 나오는 이삭의 "희생제사" 이야기를 읽을 때에 이런 사실들을 꼭 기억해야 한다. 아브라함은 하나님께서 실제로 계시고 미쁘신 분임을 알았다.

그 일 후에 하나님이 아브라함을 시험하시려고 그를 부르시되 "아브라함아" 하시니,

그가 가로되 "내가 여기 있나이다."

여호와께서 가라사대 "네 아들, 네 사랑하는 독자 이삭을 데리고 모리아 땅으로 가서 내가 네게 지시하는 한 산

거기서 그를 번제로 드리라."

　아브라함이 아침에 일찍이 일어나 나귀에 안장을 지우고 두 사환과 그 아들 이삭을 데리고 번제에 쓸 나무를 쪼개어 가지고 떠나 하나님의 자기에게 지시하시는 곳으로 가더니 제 삼일에 아브라함이 눈을 들어 그곳을 멀리 바라본지라 이에 아브라함이 사환에게 이르되, "너희는 나귀와 함께 여기서 기다리라 내가 아이와 함께 저기 가서 경배하고 (우리가) 너희에게로 돌아오리라" 하고,

　아브라함이 이에 번제 나무를 취하여 그 아들 이삭에게 지우고 자기는 불과 칼을 손에 들고 두 사람이 동행하더니 이삭이 그 아비 아브라함에게 말하여 가로되 "내 아버지여" 하니,

　그가 가로되 "내 아들아 내가 여기 있노라."

　이삭이 가로되 "불과 나무는 있거니와 번제할 어린 양은 어디 있나이까?"

　아브라함이 가로되 "아들아, 번제할 어린 양은 하나님이 자기를 위하여 친히 준비하시리라" 하고 두 사람이 함께 나아가서 하나님이 그에게 지시하신 곳에 이른지라 이에 아브라함이 그곳에 단을 쌓고 나무를 벌여 놓고 그 아들 이삭을 결박하여 단 나무 위에 놓고 손을 내밀어 칼을 잡고 그 아들을 잡으려 하더니 여호와의 사자가 하늘에서부터 그를 불러 가라사대 "아브라함아, 아브라함아" 하시는지라.

　아브라함이 가로되 "내가 여기 있나이다" 하매,

　사자가 가라사대 "그 아이에게 네 손을 대지 말라 아무 일도 그에게 하지 말라 네가 네 아들 네 독자라도 내게 아끼지 아니하였으니 내가 이제야 네가 하나님을 경외하는 줄을 아노라."

　아브라함이 눈을 들어 살펴본즉 한 수양이 뒤에 있는데

뿔이 수풀에 걸렸는지라 아브라함이 가서 그 수양을 가져다가 아들을 대신하여 번제로 드렸더라 아브라함이 그 땅 이름을 여호와이레라 하였으므로 오늘까지 사람들이 이르기를 "여호와의 산에서 준비되리라" 하더라.

창세기 22 : 1-14

아브라함은 맹목적인 믿음의 도약을 요구받지 않았고, 성경은 아브라함이 하나님을 순종하지 않는다면, 아브라함으로서는 불합리하게 거역하는 것이 될 것이었다고 가르쳐 준다. 아브라함은 이미 하나님이 믿을 만하신 분이라는 충분한 증거를 가지고 있었다. 그러므로 그는 그 종들에게 참된 확신으로 "……(우리가) 너희에게로 돌아오리라"(창 22 : 5)고 말했다.

이렇게 말한다 하여 이 말이, 그가 매우 사랑하는 아들과 함께 그곳에 서 있을 때 인간 아버지로서 겪게 되는 어려움을 무시하는 것은 아니다. 또 이는 하나님께서 멈추게 하실 때까지 아브라함이 그 아들의 희생제사를 드리려고 할 때 하나님께 나타낸 심오한 순종을 무시하는 것도 아니다. 그러나 아브라함의 믿음이 이성에 반대되는 것이라는 생각은 이전에 지나갔던 일들을 모두 지나쳐버리는 처사이다.

고린도의 바울

신구약성경은 믿음은 이성에 반대되는 것이 아니라는 점을 강조한다. 모든 성경은 성경이 기록하고 있는 역사를 실제 역사로 보아야 한다는 사실을 명확하게 한다. 그리스에 있던 바울 사도를 생각해 보라. 바울은 고린도를 방문하여 그곳에서 일년 반 동안 머물렀다.

아굴라라 하는 본도에서 난 유대인 하나를 만나니 글라
우디오가 모든 유대인을 명하여 로마에서 떠나라 한 고로
그가 그 아내 브리스길라와 함께 이달리야로부터 새로 온
지라. 바울이 그들에게 가매 업이 같으므로 함께 거하여
일을 하니 그 업은 장막을 만드는 것이더라 안식일마다
바울이 회당에서 강론하고 유대인과 헬라인을 권면하니
라……일 년 육 개월을 유하며 그들 가운데서 하나님의
말씀을 가르치니라.

사도행전 18 : 2-4, 11

이제 앗수르와 바빌론과 애굽의 큰 세력들을 뒤로 멀리 둔 시대
이다. 알렉산더 대왕이 나타났다가 사라진 때이기도 하다. 지중해
세계는 아직 희랍어를 두루 사용하고 있었지만, 이제 통치하는 나
라는 로마이며, 그 황제는 글라우디오이다. 이것이 본문의 상황이다.
우리는 지금 역사의 실제 시기에 있으며, 우리가 이 성경에서 읽은
사람들은 우리와 같이 실제로 존재하는 사람이다.[4]

---

[4] 자유주의 학자들이 보편적으로 취하는 한 가지 가정이 있는데, 그것은
복음서가 신학적인 동기를 가지고 쓴 것이므로(사실 그렇다), 역사적으로 정확한
것일 수 없다는 점이다. 다른 말로 해서, (누가복음과 사도행전을 썼을 때) 누가는
그리스도의 신성을 확신했으므로, 이런 확신은 더 이상 역사적 이야기로 믿을 만한
것이 아닌 내용에까지 그의 작품에 영향을 미쳤다는 것이다. 한 저술이 역사적이
면서 신학적일 수 없다는 이런 가정은 잘못된 것이다.

유명한 고전 고고학자 윌리엄 램지(William Ramsay)경의 체험이 이를 아주 잘
설명한다. 그는 소아시아에서 개척자로서 탐사를 시작했을 때, 그 당시 튀빙겐 학
파가 일반적으로 취한 견해, 즉 사도행전은 바울의 생애에 일어난 사건보다 아주
뒤에 기록되었고, 따라서 역사적으로 정확하지 않다는 견해를 받아들였다. 하지만,
여행을 하고 발견하면서 그에게는 점점 전적으로 다른 전경이 마음속에 강력하게
떠올랐고, 사도행전은 검토할 수 있는 많은 세부 사항으로 보아 아주 정확한 것이
라고 확신하게 되었다.

더욱 재미있는 것은, 오늘날 "자유주의" 현대 학파들이 램지의 발견과 그와 같은
다른 발견들을 대하는 방식이다. 독일 학자 베르너 큄멜(Werner G. Kümmel)은

고린도에 관한 재미있는 일이 아주 많다. 사도행전 18 : 2에 보면 바울이 이곳에서 한 유대인 부부, 브리스길라와 아굴라를 만났는데, 이들은 최근에 이달리야에서 온 사람들이었다. 바울은 이들과 함께 유하며, 사실상 그들의 장막 만드는 일을 도와주어 생계를 꾸려갔다. 사도행전에 의거하여 우리가 아는 바로는, 브리스길라와 아굴라는 이달리야를 떠나야 했는데 그것은 글라우디오가 모든 유대인들은 로마를 떠나라고 명령했기 때문이라는 것이다.

꼭 짚고 넘어가야 할 것은, 사도행전은 바울이 고린도에서 전도하고 심문받고 구출되는 이야기를 하는 중에 로마 황제 글라우디오와 그가 유대인에 반대하여 내린 칙령에 대해 진술하고 있다는 점이다. 바로 이것이 우리가 구약에서 두루 익숙하게 된 그 세계관이라는 것을 즉시로 알게 된다. 또 이것은 실제로 일어난 역사이다.

로마의 전기 작가 수에토니우스(Suetonius)는 유대인 추방에 대하여 좀더 많은 것을 말해 주며, 또 다른 자료에 따르면 이 사건은

신약 : 신약 문제 조사의 역사(*The New Testament : The History of the Investigations of Its Problems*)에서 램지를 전혀 언급하지 않았다. 이로 인하여 영국과 미국 학자들로부터 거센 항의를 받게 되었고, 큄멜은 그 다음 판에서 대답했다. 그의 대답은 시사적인 것이었다. 그가 램지를 자기 작품에서 빠뜨린 것은 그의 신중한 의도였고 그 이유는 "램지의 변증적 고고학 분석(다른 말로 하면, 긍정적인 방식으로 고고학을 신약에 관련시킴)은 신약 연구에 대하여 방법론적으로 본질적인 진보를 전혀 드러내지 않았기" 때문이라고 분명히 밝혔다. 이것은 아주 놀라운 단언이다. 이런 말들은 많은 자유주의 학풍이 가지고 있는 철학적 가정들을 드러낸다.

현대의 고전 학자인 셔윈화이트(A. N. Sherwin-White)는 사도행전에 대하여 다음과 같이 말한다. "사도행전에 대하여 그 역사성을 확증하는 것은 엄청나게 많다……심지어 세세한 문제까지 이런 기본적인 역사성을 거부하려는 시도는 이제 명백히 불합리한 것으로 보인다. 로마 역사가들은 오랫동안 이를 당연한 것으로 여겼다."

그러므로 우리는 신약성경을 살펴볼 때, 우리가 살펴보고 있는 것이 과연 무엇인지 기억해야 한다. 신약성경 기자들은 자기들이 객관적으로 참된 사건들에 대한 이야기를 말하고 있음을 지나칠 정도로 아주 분명하게 밝힌다.

A.D. 49년으로 연대를 추정할 수 있다. 사도행전은 바울이 고린도에 있을 때 그곳의 관원이 갈리오였음을 우리에게 말해준다. 갈리오는 유명한 사람으로, 로마의 탁월한 철학자이며 작가로 후에 장차 황제가 될 네로의 가정 교사였던 세네카의 형제였다. 세네카는 자기 형제 갈리오에 대하여 글을 썼고, 그 편지 가운데 몇몇이 오늘날까지 보존되어 내려온다. 예를 들면, 세네카는 갈리오가 고린도에서 직무한 때를 언급했다. 이 사실은 (고린도 지협을 가로질러 있는) 델피(Delphi)에서 나온 비명(碑銘)의 몇몇 파편이 입증해 주는 바이기도 하다. 이 비명은 갈리오가 관원으로 있던 연대를 알려주는데, 그 연대는 A.D. 51년 여름에서 A.D. 52년 여름까지이다. 또한 이 비명은 "아가야의 총독"(남부 그리스인)이라는 그의 칭호를 제공하고 있는데, 이 칭호는 사도행전 18:12에서 그에 대하여 사용한 칭호와 정확하게 같은 것이다.

여기에 성경 안팎으로 자연스럽고 쉬이 흐르는 수많은 역사적 흐름이 있다. 고고학도 고린도에서 관저를 확인해 냈으며, 우리는 바울이 갈리오 앞에 나타났을 법한 그 장소를 알 수 있다.[5]

---

[5] 사도행전은 비시디아 안디옥에서 출발하여 로마에서 끝마치는 바울의 여행 이야기를 꽤 많이 담고 있다. 이 기록은 적어도 부분적으로는 사건의 목격자들에 대한 기록이 분명하다. 하지만 이것은 처음부터 줄곧 꼼꼼한 역사가의 기록이다. 사도행전의 이야기는 전도 여행 이전에 다메섹 길 위에서 일어났던 바울의 유명한 회심과, 오순절날과 예수께서 결국 제자들을 떠나셔서 아버지와 함께 계시려고 승천하신 때를 담고 있다.

그러나 우리는, 이 이야기는 이미 진술되고 있었던 것이었음을 기억해야 하는데, 이는 사도행전이 같은 저자인 누가가 쓴, (예수님의 탄생 때로 거슬러가는) 누가복음 이후 이어지는 이야기의 두번째 부분임이 아주 분명하기 때문이다.

이때에 가이사 아구스도가 영을 내려 천하로 다 호적하라 하였으니 이 호적은 구레뇨가 수리아 총독 되었을 때에 첫번 한 것이라 모든 사람이 호적하러 각각 고향으로 돌아가매 요셉도 다윗의 집 족속인 고로 갈릴리 나사렛 동네에서 유대를 향하여 베들레헴이라 하는 다윗의 동네로 그 정혼한 마리아와 함께 호적하러 올라가니 마리아가 이미 잉태

부활과 역사

그 다음에 우리는 바울이 고린도 교회에 편지를 쓴 것을 발견한다. 이 편지에서 바울은 자기가 로마 제국에서 전하고 가르친 것이 무엇인지 제시한다.

> 되었더라 거기 있을 그 때에 해산할 날이 차서 맏아들을 낳아 강보로 싸서 구유에 뉘었으니 이는 사관에 있을 곳이 없음이러라.
> 누가복음 2 : 1-7

누가는 누가복음을 여는 첫 문장에서, 이 글을 쓰는 이유를 다음과 같이 말한다.

> 우리 중에 이루어진 사실에 대하여 처음부터 말씀의 목격자 되고 일꾼 된 자들의 전하여 준 그대로 내력을 저술하려고 붓을 든 사람이 많은지라 그 모든 일을 근원부터 자세히 미루어 살핀 나도 데오빌로 각하에게 차례대로 써 보내는 것이 좋은 줄 알았노니 이는 각하로 그 배운 바의 확실함을 알게 하려 함이로라.
> 누가복음 1 : 1-4

그러므로 우리는 누가복음과 사도행전에서 충분히 역사라고 주장하는 무엇, 데오빌로(혹은 어떤 사람이라도)가 읽고서 믿을 수 있는 무엇을 보게 된다. 이것은 "신화와 동화"의 언어가 아니며, 고고학적 발견도 이 점을 확증하는 데 도움을 준다.

예를 들어, 누가가 글을 쓰면서 관리들의 칭호를 언급한 것은 일관성 있게 정확하다는 사실은 이제 다 알고 있는 바이다. 이것은 그 당시로 미루어 보아 간단한 일이 아니었는데, 장소마다 같은 장소라도 시간마다 칭호들이 달랐기 때문이다. 고린도와 구브로에서는 "총독"(proconsul)이었고, 에베소에서는 아시아 관원(asiarch)이었고, 데살로니가에서는 읍장(politarch)이었고, 말타에서는 프로토스(protos), 즉 제일 높은 사람이었다. 누가는 팔레스타인으로 돌아가 헤롯 안디바스를 갈릴리의 분봉왕이라고 정확한 칭호를 붙일 정도로 주의깊었다. 그리고 다른 예들도 많다. 세부 사항들이 정확하다.

본디오 빌라도를 유다의 로마 총독으로 언급한 것은 최근에 가이사랴에서 발견된 비문이 확증해 준 바로, 이 가이사랴는 로마 제국의 이 지방 수도였다. 성경을 읽었던 사람들이 2,000년 동안 빌라도를 실존 인물로 잘 알고 있었지만, 이제 그의 총독직은 성경 밖에서 분명하게 입증되었다.

역사와 진리 235

　형제들아 내가 너희에게 전한 복음을 너희로 알게 하노니 이는 너희가 받은 것이요 또 그 가운데 선 것이라 너희가 만일 나의 전한 그 말을 굳게 지키고 헛되이 믿지 아니하였으면 이로 말미암아 구원을 얻으리라.
　내가 받은 것을 먼저 너희에게 전하였노니 이는 성경대로 그리스도께서 우리 죄를 위하여 죽으시고 장사 지낸 바 되었다가 성경대로 사흘 만에 다시 살아나사 게바에게 보이시고 후에 열두 제자에게와 그 후에 오백여 형제에게 일시에 보이셨나니 그 중에 지금까지 태반이나 살아 있고 어떤 이는 잠들었으며 그 후에 야고보에게 보이셨으며 그 후에 모든 사도에게와 맨 나중에 만삭되지 못하여 난 자 같은 내게도 보이셨느니라
　나는 사도 중에 지극히 작은 자라 내가 하나님의 교회를 핍박하였으므로 사도라 칭함을 받기에 감당치 못할 자로라 그러나 나의 나된 것은 하나님의 은혜로 된 것이니 내게 주신 그의 은혜가 헛되지 아니하여 내가 모든 사도보다 더 많이 수고하였으나 내가 아니요 오직 나와 함께 하신 하나님의 은혜로라 그러므로 내나 저희나 이같이 전파하매 너희도 이같이 믿었느니라.
　그리스도께서 죽은 자 가운데서 다시 살아나셨다 전파되었거늘 너희 중에서 어떤 이들은 어찌하여 죽은 자 가운데서 부활이 없다 하느냐 만일 죽은 자의 부활이 없으면 그리스도도 다시 살지 못하셨으리라 그리스도께서 만일 다시 살지 못하셨으면 우리의 전파하는 것도 헛것이요 또 너희 믿음도 헛것이며 또 우리가 하나님의 거짓 증인으로 발견되리니 우리가 하나님이 그리스도를 다시 살리셨다고 증거하였음이라 만일 죽은 자가 다시 사는 것이 없으면 하나님이 그리스도를 다시 살리시지 아니하셨으리라 만일 죽은 자가 다시 사는 것이 없으면 그리스도도 다시 사신

것이 없었을 터이요 그리스도께서 다시 사신 것이 없으면 너희의 믿음도 헛되고 너희가 여전히 죄 가운데 있을 것이요 또한 그리스도 안에서 잠자는 자도 망하였으리니 만일 그리스도 안에서 우리의 바라는 것이 다만 이생뿐이면 모든 사람 가운데 우리가 더욱 불쌍한 자리라.

그러나 이제 그리스도께서 죽은 자 가운데서 다시 살아 잠자는 자들의 첫열매가 되셨도다 사망이 사람으로 말미암았으니 죽은 자의 부활도 사람으로 말미암는도다 아담 안에서 모든 사람이 죽은 것같이 그리스도 안에서 모든 사람이 삶을 얻으리라 그러나 각각 자기 차례대로 되리니 먼저는 첫 열매인 그리스도요 다음에는 그리스도 강림하실 때에 그에게 붙은 자요 그 후에는 나중이니 저가 모든 정사와 모든 권세와 능력을 멸하시고 나라를 아버지 하나님께 바칠 때라.

고린도전서 15 : 1-24

고린도전서의 이 부분에서 바울은 명백하게 예수께서 무덤에서 다시 살아나셨고, 우리도 장차 그와 같이 다시 살아날 것을 단언한다. 예수의 몸은 전에 무덤에 놓였으나, 이제는 그곳에 있지 않다. 예수께서는 죽은 자 가운데서 다시 살아나셨다. 이는 제자들이 스스로 속는 그저 주관적인 체험이 아니었다. 예수께서는 죽은 자 가운데서 시공간의 사실로서 살아나셨고, 그 다음에 제자들에게 나타나셨다.

그러나 우리는 특별히 바울의 논증의 다른 면을 주목해야 한다. 바울은 "그리스도께서 만일 다시 살지 못하셨으면"이라고 말한다. 이것은 물론 바울이 믿는 바가 아니다. 왜냐하면 그는 예수께서 다시 살아나셨다는 것을 객관적 근거에서 알고 있기 때문이다. 즉 그는 예수님을 만났고, 예수께서 히브리어로 자기에게 말씀하시는 것을 들었던 것이다. 그리고 부활하신 그리스도를 목격한 다른 목격자들도 많이 있었다. 바울은 이렇게 말하고 있다. "자 우리에게 무슨 일이 일어나는지 알아보기 위하여 예수께서 부활하시지 않았다고 가정해 보자. 그럼 어떤 일이 일어나겠는가?" 바울은 곧바로 이렇게 대답한다. "만일 이 일이 일어나지 않았다면, 기독교적 관점에서 모든 것은 끝장났다. 우리는 '내일이면 우리는 죽을 터이니 먹고 마시자'고 말할지 모른다. 만일 그리스도께서 역사적 사실로서 죽은 자 가운데서 살아나지 않았다면, 우리에게는 구세주가 없다. 그러므로 우리는 '여전히 우리 죄 가운데' 있는 것이다. 그리고 우리는 하나님의 심판을 맞이하고 우리 죄에 대하여 형벌만 짊어질 것이다."

그가 말하고 있는 것은 오늘날 세계 도처에서 실존주의 사상의 영향을 받은 목사들이 하는 말과는 다르다. 그들은 이렇게 말한다. "예수께서 죽은 자 가운데서 살아나지 않았다 해도, 기독교는 끄떡없다." 그런 어떤 신학자는, 부활은 일어났지만 TV 방송사 직원들이 그날 아침 그 무덤을 방문했다 해도, 그 사건을 취재할 수 없었을 것이라고 말했다. 다른 말로 하면, 그리스도의 몸은 여전히 그곳에 있었다는 것이다. 그러나 이런 주장은 바울로서는 생각할 수 없는 일이다. 그리스도께서 객관적인 역사 사실로 죽은 자 가운데서 다시 살아나셨거나 그러지 않았거나이다. 만일 그리스도께서 다시 살아나지 않으셨다면, 기독교는 끝장난 것이다.

우리가 복음서에서 예수의 부활에 대한 실제 이야기를 고찰할 때, 우리는 똑같은 강조점을 발견한다. 예루살렘에 있는 무덤 동산은 예수께서 묻히셨던 바로 그 장소는 아닐지 모르나, 확실한 것은 그 장소에 가까운 어느 곳에 그와 아주 비슷한 무덤이 있었다는 것이다. 예수께서는 장사 지낸 지 삼 일 만에 죽은 자 가운데서 살아나셨다. 다음에 어떻게 요한복음이 이 사건을 기록하고 있는지 나타나 있다.

안식 후 첫날 이른 아침 아직 어두울 때에 막달라 마리아가 무덤에 와서 돌이 무덤에서 옮겨간 것을 보고……
시몬 베드로도 따라와서 무덤에 들어가 보니 세마포가 놓
였고 또 머리를 쌌던 수건은 세마포와 함께 놓이지 않고
딴 곳에 개켜 있더라.

요한복음 20 : 1, 6, 7

막달라 마리아와 베드로와 요한이 일상적인 관찰력으로 어떤 일을 관찰한 것을 주목해 보라. 그 돌은 굴려져 있었고, 묻을 때에 예수님을 감쌌던 세마포와 머리를 쌌던 수건이 여전히 텅 빈 무덤 속에 놓여 있었다는 것이다. 우리는 누가복음 24장에서, 예수께서 후에 모든 제자들이 함께 모일 때 그들에게 나타나신 것을 읽는다. 명백하게 그들은 약간 동요했는데 이는 자기들이 그리스도의 죽으심을 목격한 것과 예수께서 죽은 자 가운데서 살아나셨다는 것을 보았기 때문이었다.

이 말을 할 때에 예수께서 친히 그 가운데 서서 가라사대 "너희에게 평강이 있을지어다" 하시니,
저희가 놀라고 무서워하여 그 보는 것을 영으로 생각하는지라 예수께서 가라사대 "어찌하여 두려워하며 어찌하여 마음에 의심이 일어나느냐 내 손과 발을 보고 나인 줄 알라 또 나를 만져보라 영은 살과 뼈가 없으되 너희 보는 바와 같이 나는 있느니라."
이 말씀을 하시고 손과 발을 보이시나 저희가 너무 기쁘므로 오히려 믿지 못하고 기이히 여길 때에 이르시되 "여기 무슨 먹을 것이 있느냐" 하시니 이에 구운 생선 한 토막을 드리매 받으사 그 앞에서 잡수시더라.

누가복음 24 : 36-43

복음서에서는 그리스도의 부활을 검증할 수 있는 역사로 제시한

다. 이 부활은 과학에 적용될 수 있는 그런 준거틀 속에서 주어진 것이다. 그리스도께서 살아나셨을 때, 그리스도께서는 무덤에 자기 몸을 남겨두지 않으셨다. 부활은 일상적인 관찰의 대상이 되었다. 장사 지낸 옷이 있었다. 예수님께서 제자들에게 말씀하셨다. 예수님을 만질 수도 있었다. 예수님께서 그들 앞에서 잡수셨다.

도마와 부활하신 그리스도

아마 도마의 이야기를 담고 있는 기록이 가장 놀라운 사건일 것이다.

> 열두 제자 중에 하나인 디두모라 하는 도마는 예수 오셨을 때에 함께 있지 아니한지라 다른 제자들이 그에게 이르되 "우리가 주를 보았노라" 하니 도마가 가로되 "내가 그 손의 못자국을 보며 내 손가락을 그 못자국에 넣으며 내 손을 그 옆구리에 넣어 보지 않고는 믿지 아니하겠노라" 하니라.
> 여드레를 지나서 제자들이 다시 집안에 있을 때에 도마도 함께 있고, 문들이 닫혔는데, 예수께서 오사 가운데 서서 가라사대 "너희에게 평강이 있을지어다" 하시고 도마에게 이르시되 "네 손가락을 이리 내밀어 내 손을 보고 네 손을 내밀어 내 옆구리에 넣어 보라 그리하고 믿음 없는 자가 되지 말고 믿는 자가 되라."
> 도마가 대답하여 가로되 "나의 주시며 나의 하나님이시니이다."
> 예수께서 가라사대 "너는 나를 본 고로 믿느냐 보지 못하고 믿는 자들은 복되도다" 하시니라.
>
> 요한복음 20 : 24 - 29

족히 천년 이전에 모세가 "너희는 보고 너희는 들었다"고 말한 것처럼, 복음서들도 "너희가 보고 너희가 들었다"고 말하고 있다. 하나님께서 역사 속에서 일하셨고, 이 사실은 사람들이 관찰한 바이며, 일상 언어로 기술할 수 있는 것이었다.

만일 예수께서 살아 있지 않으시다면, 혹은 예수께서 죽은 자 가운데서 살아나지 않으셨다면, 기독교는 계속될 수 없다. 기독교는 그저 어떤 이념에 근거하여 살아 남을 수 없다. 원래 기독교는 객관적 진리에 관한 것이지 그저 종교적 체험에 관한 것이 아니기 때문이다. 구약과 신약은 모두 참되지 않은 것에 반대하여 진리라고 주장하고, 이 진리는 역사 속에 뿌리박고 있다. 우리는 오직 한 가지 소망을 가지고 있다. 그리고 이 소망은 하나님의 존재와 하나님의 말씀인 성경이 말하는 모든 영역이 믿을 만한 것이라는 사실을 참된 것으로 받아들여 헌신하는 것에 근거를 두고 있다.

알 수 있고, 기쁨으로 그 앞에 무릎 꿇을 수 있는 진리가 있다. 그 진리는 아주 사실적인 방법으로 그리스도의 육신 부활에서 그 절정에 달한 것이다. 만일 그 무덤이 비어 있지 않다면―그렇지 않았다면 카메라맨이 예수의 몸을 감쌌던 세마포와 머리를 쌌던 수건을 찍는 동시에 예수의 몸이 없는 것을 기록할 수 있었을 것이다―우리는 소망이 없다.

도마는 다른 제자들로부터 들은 증거에 기초하여 믿어야 했다. 그리고 이 증거는 아주 충분한 것이었다. 예수께서는 그에게 나타나셔서 "네 손가락을 이리 내밀어 내 손을 보고 네 손을 내밀어 내 옆구리에 넣어 보라 그리하고 믿음 없는 자가 되지 말고 믿는 자가 되라"고 말씀하시면서 그를 꾸짖으셨다. 도마가 "나의 주시며 나의 하나님이시니이다"고 말하자, 예수께서는 "너는 나를 본 고로 믿느냐 보지 못하고 믿는 자들은 복되도다"고 말씀하셨다.

예수께서 이렇게 말씀하신 것은, 믿는 것은 근거 없는 믿음의 맹목적인 도약이라고 말씀하시는 것인가? 정반대이다. 도마는 예수의 부활하신 몸을 보고 만질 것을 주장하였기 때문에, 우리는 좀 더 분명한 부활의 증거를 복음서에서 얻게 되었다. 그러나 예수께서는, 도마야 너는 이런 부가적인 증거 없이 믿어야 했다고 말씀하시고 있는데, 이는 그 전에 도마가 얻을 수 있었던 증거가 그 자체로 충분한 것이었기 때문이다. 다른 말로 하면, 도마는 이런 식으로 예수님을 보고 예수님의 말씀을 듣기 전에, 오늘날 우리와 같은 상황에 있었던 것이다. 그 당시 도마와 오늘날 우리는 모두 보고 들었으며, 부활하신 그리스도를 만질 기회를 가진 자들의 충분한 증거를 똑같이 가지고 있다. 사실상 이처럼 충분하고 확실한 증거에 비추어 볼 때 우리가 무릎 꿇지 않으면, 우리는 도마처럼 불순종하고 있는 것이다. 우리는 변명할 여지 없다.

요한복음은 도마에 대하여 말한 다음, 예수께서 또 다시 나타나신 사건으로 방향을 돌린다.

> 그 후에 예수께서 디베랴 바다에서 또 제자들에게 자기를 나타내셨으니 나타내신 일이 이러하니라 시몬 베드로와 디두모라 하는 도마와 갈릴리 가나 사람 나다나엘과 세베대의 아들들과 또 다른 제자 둘이 함께 있더니 시몬 베드로가 "나는 물고기 잡으러 가노라" 하매 저희가 "우리도 함께 가겠다" 하고 나가서 배에 올랐으나 이 밤에 아무것도 잡지 못하였더니 날이 새어갈 때에 예수께서 바닷가에 서셨으나 제자들이 예수신 줄 알지 못하는지라.
>
> 예수께서 이르시되 "애들아, 너희에게 고기가 있느냐?"
>
> 대답하되 "없나이다."
>
> 가라사대 "그물을 배 오른편에 던지라 그리하면 얻으리라" 하신대 이에 던졌더니 고기가 많아 그물을 들 수 없더라.
>
> 예수의 사랑하시는 그 제자가 베드로에게 이르되 "주시

라" 하니 시몬 베드로가 벗고 있다가 "주라" 하는 말을 듣고 겉옷을 두른 후에 바다로 뛰어내리더라 다른 제자들은 육지에서 상거가 불과 한 오십 간쯤 되므로 작은 배를 타고 고기 든 그물을 끌고 와서 육지에 올라보니 숯불이 있는데 그 위에 생선이 놓였고 떡도 있더라.

예수께서 가라사대 "지금 잡은 생선을 좀 가져오라" 하신대,

시몬 베드로가 올라가서 그물을 육지에 끌어올리니 가득히 찬 큰 고기가 일백쉰세 마리라 이같이 많으나 그물이 찢어지지 아니하였더라 예수께서 가라사대 "와서 조반을 먹으라" 하시니 제자들이 주신 줄 아는 고로 "당신이 누구냐?" 감히 묻는 자가 없더라 예수께서 가셔서 떡을 가져다가 저희에게 주시고 생선도 그와 같이 하시니라 이것은 예수께서 죽은 자 가운데서 살아나신 후에 세번째로 제자들에게 나타나신 것이라.

요한복음 21 : 1-14

부활하신 예수께서는 갈릴리 바닷가에 서 계셨다. 제자들이 그곳에 이르기 전에 예수께서는 이미 불을 준비하셔서 숯불에 그들이 먹을 생선을 굽고 계셨다. 이 불은 보고 느낄 수 있는 불이었다. 이 불은 생선을 구웠고 그 생선과 떡도 아침으로 먹을 수 있는 것이었다.

불이 꺼지자, 해변에는 재가 남았다. 제자들은 떡과 생선으로 배불렀다. 예수의 발자국이 해변가에 보이지 않았다고 가정할 이유는 도무지 없는 순간이다.

우리는 도마처럼 이렇게 대답해야 한다. "나의 주시며 나의 하나님이시니이다."

제 6 장
개인적인 대응과 사회 참여 방법

 4, 5, 6장과 1, 2, 3장의 관계는 직접적이고 광범위한 것이다. 오늘날 (낙태 요구로부터 영아 살해를 거쳐 안락사에 이르는 흐름을 포함한) 인간성 상실의 넘쳐나는 큰 물줄기 속에서 이런 조류를 막을 수 있는 유일한 대안은 사람의 절대적 독특함과 가치에 대한 확실성을 내세우는 것이다. 그리고 우리에게 이런 확실성을 주는 유일한 것은 사람이 하나님의 형상으로 지음받았다는 지식뿐이다. 달리 최종적인 방어막은 없다. 그리고 사람이 하나님의 형상으로 지음받았다는 것을 알게 되는 유일한 길은 성경과, 또 성경을 통하여 알게 되는 그리스도의 성육신을 통한 길이다.
 만일 사람이 하나님의 형상으로 지음받은 것이 아니라면, 비관적이고 현실주의적인 인본주의자가 옳다. 인류는 실로 침묵을 지키며 무의미한 우주의 매끈한 얼굴 위에 난 비정상적인 사마귀일 뿐이다. 이런 상황에서, 낙태와 영아 살해와 (경제적인 짐이 되는 정신적으로 이상한 범죄자, 심한 불구자나 노인들을 죽이는 일을 포함한) 안락사는 전적으로 필연적인 것이다. 사회가 어느 순간에 사회적 혹은 경제적 선(善)이라고 생각하는 것을 위하여 어떤 사람이라도 제거할 수 있다. 성경이 없다면, (오직 성경으로 우리에게 말씀하신) 그리스도 안에 있는 계시가 없다면 우리와 우리 아이들 사이에는 결국 이 시대의 괴물 같은 비인간성의 용납만 있을 뿐이다.

4, 5장에서 우리는 왜 우리가 성경이 진리라고 알 수 있는지 그 이유를 알았다. 우주의 존재와 우주의 형식, 그리고 인간의 인간됨은 성경이 진리라고 입증하고, 역사적 연구 또한 성경이 진리임을 입증한다. 성경은 우리에게 견고하고 확실한 기초를 주어서, 우리가 그 기초 위에서 비인간성의 측면을 막는 방향으로 행동할 수 있도록 한다. 하지만, 비인간적인 경향을 막는 해결책은 우리 각자로부터 시작한다. 이 해결책은 여러분으로부터, 나로부터, 우리 각자로부터 시작한다.

문제 해결을 향한 첫번째 발걸음

먼저, 기독교는 진리임을 인정해야 한다. 그렇다고 그저 사회를 바꾸고, 인간성 상실을 향하고 있는 우리 문화의 조류를 멈추게 하려고 기독교와 그리스도를 받아들이는 일은 없어야 한다.

불행하게도 사람들은 자기는 기독교의 진리와 그리스도의 주장을 거부하면서도, 다른 사람들이 기독교를 받아들여 사회의 그러한 조류를 막아 줄 것이라고 바라는 일이 있을 수 있다. 이들은, 어떤 기독교 부흥 운동이 사람의 행동에 영향을 주고 사람들의 정치적, 경제적 안락을 보호하여 그들로 개인적 평안과 풍요를 계속 지닐 수 있게 하는 데 유용하다고 생각한다. 성경의 기독교와 성경의 그리스도는 실로 그런 조류를 멈추게 할 것이지만, 만일 기독교는 참된 것이 아니고 다만 유용한 것일 따름이라고 생각하는 자들이 기독교를 조작할 양으로 사용하게 된다면, 그런 조류는 멈추어지지 않을 것이다.

이처럼 기독교를 공리주의적으로 사용하려는 것에 반대하여, 우리는 어떤 일을 하여야 하는가? 첫째로, 정당하고 충분한 이유가 있으므로 기독교는 참되다는 점을 우리는 알아야 한다. 그 다음으로 우리는 무한하고 인격적이신 우리의 창조주 앞에 유한한 피조물로서 개인적으로 무릎을 꿇어야 한다. 그 다음에 우리는 하나님 앞에서 우리가 개인적으로 가지고 있는 도덕적 죄책을 벗기 위하여 그리스도를 구주로 영접해야 한다. 우리는 창조주의 절대적인 성품으로 인하여 진실로 도덕적 죄책을 없애야 한다. 그리고 거듭거듭 우리는 잘못된 것이라고 아는 것을 고의로 행해 왔던 것이 사실이다.

하나님을 반역한 인류에게 하나님께서 한 가지 해결책을 약속하셨는데, 이 약속은 먼저 창세기 3장에 나타났다. 이 약속은 구약을 통하여 점점 분명하게 확대되었다. 어떤 메시아, 구주가 오시고 있었다. 그 분은 우리 죄로 인한 형벌을 짊어지셨다. 그리스도께서 오시기 700년 전에 이사야가 말한 바와 같다.

> 우리는 다 양 같아서 그릇 행하여
> 각기 제 길로 갔거늘
> 여호와께서는 우리 무리의 죄악을
> 그에게 담당시키셨도다.
> 이사야 53 : 6

그리고 그리스도께서 죽으시고 부활하신 하나님의 어린 양으로서 세우신 공로는 우리를 하나님과 화목시키는 데 충분하였으므로, 우리 자신의 "공로"를 덧붙일 필요가 전혀 없고, 우리는 다른 아무 것도 더함이 없이 오직 그리스도께서 하신 일로 생긴 무한한 가치로 말미암아 구원받는다는 소식을 들었다.

그리스도의 주 되심

그러나 우리는 그리스도를 구주로 영접할 때, 그리스도께서 우리의 구주이시면, 또한 모든 생활의 주도 되시는 사실을 인정하고 또 그 사실 위에서 행동해야 한다. 그리스도께서는 종교적인 일과 미술과 음악과 같은 문화적인 일에 주가 되실 뿐만 아니라, 우리의지적인 생활과 사업에서도 주가 되시고, 우리 문화 속에 나타난 인간성 멸시에 대하여 취해야 할 우리의 태도에서도 주가 되신다. 그리스도께서 주 되신 것을 인정하고, 생각하는 것과 정부와 정부의 법에 대하여 한 시민으로 행동하는 일을 포함하여 우리 자신을 모든 성경에서 가르치는 바에 복종시키는 일이 필요하다. 우리는 정부의 법률이 무엇인지 알아야 하고, 이 법률이 성경의 정의 개념과 인간관과 일치하지 않을 때에는 그 법률들을 바꾸는 데 도움을 주도록 책임있게 행동해야 한다. 성경적인 답변에 따라 살아야 하고 그저 탁상공론에 빠져 있어서는 안 된다.

우리는 생활의 모든 영역에서 그리스도의 주 되심을 인정하며 살아야 한다. 필요하다면 어떤 희생을 치르고서라도 그렇게 살아야 한다. 중국 그리스도인들이 값진 희생을 치르면서 주께 충성하는 것을 생각하면 가슴이 뭉클하다. 그러나 중국 그리스도인들의 일을 가슴 뭉클하게 생각했다 하여 자기 나라에서 그리스도의 주 되심을 인정하는 일을 하지 않아도 되는 것은 아니다.

그럼 여기서 제일 앞장서서 그리스도를 주로 인정하는 자는 누구인가? 낙태 시술을 하지 않으려 함으로써 병원에서 쫓겨나는 희생을 치른 의사, 회사의 비인간적인 관행을 따르지 않으려 하여 회사에서 승진되지 않는 회사원, 결정론에 기초를 두고서 사회학을 가르칠 수 없어 직위를 기꺼이 버리고자 하는 사회학 교수, 자유신학 혹은 "쓰레기 같은 기독교"의 지시를 따르기보다 교회를 떠나는 목사, 혹은 정신적 육체적 죽음이 매년 아들들과 손자들을 기다리며 다가오는 데도 회중들로 하여금 편안하게 지내라고 가르치기보다는 오늘날 사람들은 희생적인 행동을 취하라는 부르심을 입었다고 역설하며 성경을 가르치는 목사가 그런 자이다. 그런 예를 들자면 한도 끝도 없다.

그리스도의 주 되심에 충성을 다하는 것은 우리가 여전히 활용할 수 있는 헌법적 절차를 사용하는 것을 뜻한다. 우리는 자유로운 헌법적 관행을 누리고 살 수 있으나 그 범위는 점점 좁혀지는 섬과 같다. 세계에서 불과 얼마 되지 않는 나라만이 이 절차를 여전히 가지고 있다. 그리스도의 주 되심은 성경에서 표현한 원리에 기초를 두고서 이런 절차를 사용하여 말하고 행동하는 것을 뜻한다.

우리는 그리스도를 구주와 주님으로 모시고, 다른 사람들을 그리스도께로 이끌기 위하여 할 수 있는 대로 모든 일을 해야 한다. 그리고 동시에 우리는 권위주의 정부의 등장과 우리 사회에서 나타나는 인간성 상실을 없애버리기 위하여 모든 헌법적 절차를 사용해야 한다. 그러나 우리가 개인 생활에서 만나는 우리 주변의 사람들에게 인간미 있게 행동하지 않는다면, 사회에 나타나는 인간성 상실을 없애버리자고 말해봤자 소용이 없다. 우리는 3장 마지막에서 설명한 인간미 있는 대안들을 실천해야 한다. 비록 희생이 크다 해도 우리는 인간미 있게 행동해야 한다.

우리는 커가는 인간성 상실에 대하여 전쟁을 벌이는 데 여러분의 갖은 영향력을 다 사용해 주기를—여러분의 모든 생활 영역에서 여러분이 자유로이 사용할 수 있는 입법과 사회 참여와 다른 수단들을 개인적으로 공적으로, 개별적으로나 집단적으로 다 사용해 주기를—그리스도인 여러분들에게 간절히 바라는 바이다.

노인이나 젊은이나, 병자나 건강한 자나 상관없이 각 개인이 하나님의 형상으로 지음받았다는 사실에 근거하여 있는 모든 인간의 독특함과 고유한 존엄함이 없이는, 우리가 우리 세대의 인간성 상실에 저항할 때 계속 해나갈 충분한 토대로 삼을 것이 없다. 그래서 우리는 또다시 그리스도인들에게 이렇게 말하고자 한다. 여러분의 유일한 기초, 여러분이 설 수 있는 유일한 소망인 성경을 제아무리 뛰어난 수단일지라도 그 수단으로 약화시키지 않도록 하라. 성경은 모든 부분이 진리이고, 전체로 보면 구원의 진리를 가져다 주며, 우리의 일상 생활에서 일할 수 있도록 해주는, 도덕적으로 견고하게 설 수 있도록 하는 기초를 가져다 준다.

그래서 그리스도인이 된 우리는 한편으로 결정론과 사회 속에서 자행되는 개인 희생에 대항하여 싸우고, 다른 한편으로 사람들 개인 개인에게 사랑스러운 배려를 나타내야 한다. 그러면 세상은 우리가 이 땅의 참된 소금으로 있다는 것을 참으로 느끼게 될 것이다. 이 소금은 참된 보존제가 되어, 공리주의의 추악함 속에서 아름다운 배려를 나타내고, 또 우리를 둘러싼 악의 곪아가는 악성 종양을 제거하는 도움을 줄 것이다.

우리 앞에 놓인 도전

각 사람은 하나님의 형상으로 지음받은 결과로 양심을 가지고 있다. 본래부터 갖추어져 있던 이 감시자는 최근까지 유대-기독교적 전통을 가지고 있던 사회에서 자란 이점을 더불어 가지고서, 인간 생활이 값지다는 이해가 비록 무의식적일지는 모르나 주기적으로 겉으로 드러나게 한다. 이 예를 들자면, 최근 장애 성인들의 특수한 필요에 대한 열띤 관심을 들 수 있다. 그러나 이 기억은 유대-기독교적 기초가 없으면 영원히 계속되지 않을 것이다. 최근 역사를 보면, 우리는 양심이 심히 부패하고 마음대로 조작되어 오늘날 생각할 수 없는 것이 괄목할 속도로 변화하여 내일은 생각해 볼 수 있는 것이 되고 있다는 사실을 알게 된다.

인정하든지 않든지 상관없이 사람들은 특별하고 인간의 생명은 거룩한 것이다. 모든 생명은 고귀하고 그 자체로 값진 것이다. 우리들 인간에게뿐만 아니라 하나님께도 역시 마찬가지다. 모든 사람은 젊은이든지 늙은이든지, 병자든지 건강한 자든지, 아이든지 어른이든지, 태어난 자든지 태어나지 않은 자든지, 갈색 인종이든지 적색 인종이든지 황색 인종이든지 흑색 인종이든지 백색 인종이든지 상관없이 그 이익을 위하여 싸울 가치가 있는 존재이다.

만일 이 20세기 후반기에 기독교 공동체가 개인의 존엄성과 개인의 생존권을 위하여 — 각 개인은 독특한 가치가 없는 분자의 집합이 아닌 하나님의 형상으로 지음받은 존재로 취급받을 수 있다는 권리를 위하여 — 끈질기고 의견을 분명히 표현하는 태도를 취하지 않으면, 그리스도인으로서 우리는 이 세기에 우리 앞에 놓인 가장 커다란 도덕적 시험을 견뎌내지 못했음을 통감하지 않을 수 없다.

미래 세대는 뒤를 돌아볼 것이고, 많은 사람들은 오늘날 그리스도인들이 이런 엄청나게 중요한 문제들에 대하여 취해야 하는 여러 가지 인생 행보에 희생적인 태도를 취했는지 아닌지에 따라 그리스도를 믿든지 아니면 조롱하게 될 것이다. 만일 우리가 지금 여기서 태도를 취하지 않으면, 우리는 이 세대에서 세상의 소금이라고 결코 주장할 수 없다. 또 우리는 도덕적 가치와 개인의 존엄성을 보존하고 있지 않으며, 또 동료 인간들에 대하여 동정심을 보이고 있지 않는 처사이다.

미래 세대들이 돌아보고서 — 적어도 20세기가 비인간성의 큰 물결로 마감했다 해도 — (이 세대가) 일관성 있게 서서 개인의 가치를 위하여 어떤 희생이 따르더라도 미래 세대에 어떤 희망을 전달하고 있었다는 것을 기억하게 될 것인가? 아니면 우리 그리스도인들은 그저 시류를 따라 휩쓸려 가고 있는가? 그래서 우리의 도덕 가치들은 점점 갈팡질팡하게 되고, 우리의 무감각은 우리를 둘러싼 세상의 무감각을 반영하고 있고, 우리가 손 놓고 있는 것은 우리를 둘러싼 대중들의 무기력에 참여하고 있고, 우리의 지도력은 연약하게 되고 있는 것은 아닌가?

우리가 지금 손쓰지 않는 이 문제에 대하여 우리는 무엇을 할 수 있는가?

쇠하지 아니하는 성경을 기초로 삼아, 우리는 모든 개인은 하나님의 형상으로 지음받아 독특한 가치를 가지고 있다는 사실 위에서 개인 생활에서나 시민으로서 가르치고 행동해야 한다. 태중에 임신한 아이로부터 마지막 숨을 거두고 만 노인에 이르기까지 다 독특한 가치를 가지고 있다. 왜냐하면 죽음으로 생명이 끝나는 것이 아니며, 모든 사람은 구주이신 그리스도와 맺은 관계가 어떤가에 따라 영원히 어디선가……하나님과 함께 하지 아니하면 하나님으로부터 떨어져 살게 될 것이기 때문이다.

만일 우리가 오늘날 우리 나라와 세계에서 인류를 위하여 가슴 아파하고 동정심을 가지고 있다면, 사람들이 기독교의 진리를 보고서 그리스도를 구주로 모실 수 있도록 도울 수 있는 모든 일을 해야 한다. 그리고 우리는 어떤 형태로나 인간성 상실에 저항하여야 한다. 하나님의 생활을 바꾸어 버리시는 능력이 모든 개인에게 감동을 줄 수 있고, 그 다음에는 이렇게 감동을 받은 사람들이 성경에 나타난 절대 기준을 가지고 자기를 둘러싼 세계에 감동을 줄 책임을 가진다. 마지막으로 우리는 인간성 상실과 함께 인본주의의 물결이 문화적으로 병들게 할 뿐만 아니라 영적으로 병들게 하는 것과, 이 병은 성경과 그리스도 안에서 우리에게 주신 진리만이 고칠 수 있는 것임을 깨달아야 한다.

제 7 장
우리는 어떻게 도울 수 있는가

우리는 영향을 미칠 수 있다

우리가 첫번째로 알아야 할 것은, 우리가 우리 사회에 영향력을 미칠 수 있다는 것이다. 우리는 모든 인간 생명의 존엄함을 드러내기 위하여 가치와 법률들을 바꿀 수 있다. 종종 우리는 낙태 옹호 운동에서 사용하는 돈과 자원들을 보며(예컨대, 가족 계획 협회 〈Planned Parenthood〉는 매년 세비에서 7천만 달러를 받는다), 그들을 멈추게 할 수 있는 것이 없다고 확신하곤 한다. 실로 1973년 대법원이 로 대 웨이드 사건에 대하여 판결을 내리면서 미국에서 낙태를 입법화했을 때, 그들은 자기들을 멈추게 할 수 있는 것은 없다고 확신했다. 낙태는 합법적이며, 이 문제는 끝난 것이었다. 그러나 오늘날 낙태는 우리 시대에 가장 열띤 도덕 문제로 남아 있다. 국가 대중 매체가 낙태를 다루고, 이 문제로 국회의원들이 당선하기도 하고 낙선하기도 한다. 이렇게 된 것은 관심 있는 어떤 시민 단체가 시간과 정력을 쏟아 대법신문 편집인들에게 편지를 쓰고, 낙태의 극악무도함에 대하여 발언했다. 이들은 생명 옹호 후보자들을 주 입법부와 연방 입법부에 선출하려고 투표하고 열심히 뛰었다. 영향을 미치고 낙태 문제를 공개화한 것은 바로 개인이었다. 오늘날 우리는 낙태를 합법화했다. 그러나 이 법률들을 바꾸려는 목적을 향하여 긴 여정을 걸어왔고, 이는 전적으로 어떤 작은 집단이 인간 생명을 위하여 헌신하기로 결정했기 때문이다. 참으로 개인이 영향력을 미치고 있다.

바로 이 사실이 오늘날 우리가 시작할 출발점이다. 바로 여러분 개인부터 출발하자. 여러분 자신과 가정과 이웃들에게 낙태와 영아 살해와 안락사에 대하여 교육하라. 태어나지 않은 아이가 발육하는 것에 대한 사실들을 이들에게 말해 주라. 태어나지 않은 아이들에 대하여 필요한 의학적, 법률적 배려를 그들에게 설명해 주라. 여러분은 사람들이 이 문제에 대하여 얼마나 모르는지 놀라게 될 것이다. 종종 감정에 근거를 두고서 혹은 없는 것이나 마찬가지인 정보를 가지고 의견을 형성하는 일이 있다. 이 생명의 문제에 관한 모든 사실들을 여러분 자신과 다른 사람들에게 교육하려고 애쓰라. 이 사실들이 스스로 말하고 있다.

둘째로, 여러분 이웃과 공동체 속에서 낙태를 금하고 생명의 존엄함을 확증해 주는 프로그램을 발전시키는 일을 하라. 신문을 읽고, 지방 신문에 "편집자에게 보내는 편지" 운동을 시작하라. 아마도 여러분이 구독하는 신문은 낙태를 찬성하는 편견을 가지고 있을 것이다. 시간을 내 편집장을 만나 여러분의 관심사에 대하여 그와 이야기를 나누라. 그가 이용할 수 있는 생명 옹호에 대한 탁월한 자료들을 그에게 제공하라. 여러분이 신문에 제시된 내용의 "이면"을 알고 싶어한다는 것을 그가 알도록 하라.

학교에서 젊은이들―특히 10대들―에게 낙태와 영아 살해와 안락사에 대한 사실들을 교육하는 일을 해 보라. 가족 계획 협회는 전국 수천 개의 학교에서 낙태 옹호 선전을 하는 데 효과를 보았다. 워싱턴 주의 어떤 시민 단체는 이 지역의 고등학교에 대안 자료들을 모아 배포했다. 심리학자, 사회 사업 종사자, 교사, 부모들이 죄책감 없는 성행위와 낙태에 쉽게 접근하는 일을 반대하여 순결을 강조하는 교과 과정을 개발했다. 이것은 젊은이들에게 이런 문제를 교육하고, 우리가 우리 사회의 반생명적 태도에 젊은 세대를 희생시키지 않도록 보장하는 한 방법이다.

교회들은 생명 문제 교육에 대한 또 다른 기회를 제공할 수 있다. 이 문제를 논의할 수 있도록 성인 주일 학교를 준비해 보라. 특별 세미나와 주일 예배를 위한 강사를 초빙하라. 기독교 실천 협의회(The Christian Action Council)는 생명의 거룩함을 중심으로 한 특별 예배를 개발했는데, 이 프로그램은 "생명 존중" 특별 주일에 교회가 사용할 수 있는 것이다.

생명 옹호의 발언이 필요한 곳인 여러분의 공동체에서 생기는 특별한 사건, 세미나, 포럼 디스커션을 주의하여 보라. 최근 시카고에서 생명 문제를 중심으로 한 텔레비전 토크 쇼가 방영되었다. 많은 생명 옹호주의자들이 시간을 들여 이 텔레비전 녹화에 참여했다. 이 토크 쇼에서 토론이 벌어지고 있는 동안 그들이 한 질문들은 필사적으로 필요한 생명 문제에 대한 생명 지지 관점을 시청자들에게 심어 주었다. 이런 노력이 없었던들, 수천 명의 시청자들은 이 문제의 오직 한 가지 측면, 즉 반(反)생명적 측면만을 가지게 되었을 것이다. 작은 일이 영향을 미친다. 만일 여러분이 시간을 낸다면, 여러분의 지방 공동체에 영향을 미치게 될 것이다. 우리가 별도로 시간과 정력을 쏟아 다른 사람들을 교육하고 우리가 직면한 문제에 생명을 제공하는 해결책을 찾을 때, 인간 생명을 파멸하는 일을 막게 될 것이다.

정치 영역에서는 할 일이 훨씬 많다. 주(州)의 생존권 옹호 조직들은 유권자를 조직하여 생명 옹호 후보들의 선거를 위해 일하는 데 매우 효과를 거두었다. 국가 생존권 위원회(National Right to Life Committee)는 여러 공동체에서 생명 옹호 유권자를 알아내어 조직하는 데 도움을 주는 포괄적인 유권자 파악 프로그램을 개발했다. 여러분은 여기에 참여하여 여러분 공동체에서 생명 옹호 유권자들을 모집하는 데 도움을 줄 수 있다. 여러 주의 시민들은 주 차원에서 생명 옹호 입법을 입안하는 법을 배웠다. 이들은 법률가와 입법가들과 함께 일하면서 입법 과정을 배우고 자기의 주에서 생명을 보호하게 될 입법을 효과적으로 계획하고 장려할 수 있다.

국가적 차원에서는 이런 일을 훨씬 많이 하고 있다. 관심 있는 개인들이 일한 덕택으로 의회 생명 옹호 로비가 과거 십여 년간 점점 커지고 발전하고 있다. 지방의 생명 옹호주의자들은 유권자들이 자기 후보들을 의회에 보낼 수 있도록 도와주기 위하여 지역 책임자와 캠페인 활동가로 봉사해 왔다. 1980년대 선거들은 이런 관심 있는 시민들이 정치 영역에서 효과적으로 힘을 모아 일했을 때 어떤 일을 이루었는지를 보여주는 한 가지 보기일 따름이다.

그러나 한 친구가 말했던 것처럼, 생명 옹호주의자가 된다는 것은 낙태 반대자 이상이 된다는 뜻이다. 우리는 아이를 가지는 데 우리의 도움을 필요로 하는 수천 명의 임신부들을 무시할 수 없다. 우리 사회에 미혼모나 아이를 가지고자 선택한 십대 소녀들이 우리에게 용기와 힘을 보여주는 본보기가 된다. 이 소녀들은 수도 없이 "낙태시켜. 안 그러면 두고 보자"라고 말하는 부모들로부터 집에서 쫓겨나야 했다. 이들은 우리의 사랑과 배려와 실제적 도움이 필요하다. 여성 출산권 상조회(Birthright and Aid for Women)와 같은 단체들은 가정과 아기옷을 제공하고 함께 이야기를 나눌 친구를 소개한다. 기독교 실천 협의회는 지역 교회와 협력하여 긴급 출산소를 신설했다. 이 출산소는 여인들이 임신하고 출산하는 동안 필요한 보호와 인도를 제공한다. 낙태가 쉬운 대답이 되는 사회에서 이런 여인들은 우리의 특별한 도움이 필요한데, 자기들은 사랑을 받고 있고 그 아이들은 특수한 존재라고 다시금 확신할 수 있어야 한다.

특수한 아이가 있는 부모들도 역시 우리의 별도의 도움을 필요로 한다. 아마도 여러분의 교회 가정에 특수한 아이가 있을지 모르겠다. 교회 지체들이 아이와 공부하고 부모에게 몇 시간 아주 필요한 휴식을 주는 주 단위 계획을 짜는 것이 한 가지 계획이 될 수 있을 것이다. 이 아이의 생활에 참여하게 되는 일은 놀라운 일이며, 그 보상은 어떤 희생을 치르는 것보다 무한히 더 큰 것이 될 것이다.

이러한 일들은 우리가 사회에서 생명을 옹호하여 영향을 미칠 수 있는 몇 가지 방법들에 불과하다. 반드시 기억해야 할 일은 오늘날 우리는 자원을 이용할 수 있다는 점이다. 단체들과 개인들이 인간 생명을 보호하기 위하여 수년 동안 활동해 왔다. 이들 가운데 많은 사람들이 자기 생각에 대하여 글을 써 왔고, 여러분은 그 정보를 이용할 수 있다. 온갖 관심사에 대한 교육 팸플릿과, 이 문제를 전담하여 일하는 변호사들이 주는 법률적 조언과 긴급 출산소를 시작하는 데 대한 정보들은, 문의하는 사람들이 이용할 수 있는 것들이다. 우리 모두가 모든 생명의 문제들에 대하여 주의하고 교육받게 되는 일을 멈추게 할 것은 없다.

자주 사람들은 어떻게 도울 수 있는지 질문한다. 우리 사회에서 생명의 존엄함을 회복시키는 데 도움을 주는 방법은 한 가지만 있는 것이 아니다. 여러분의 시간과 상황과 자원에 따라 참여할 수 있는 방법은 많다. 낙태 시술소와 낙태 병원을 감시하고 고발하는 일은 사회가 살인을 무시하기 어렵게 하는 한 가지 좋은 방법이다. 문제의 여인들과 부모들에게 적극적인 대안을 제공하는 것도 중요하다. 그러나 무엇보다도, "우리는 결코 침묵해서는 안 된다"는 것이다. 요점은 모든 사람이 참여할 수 있다는 것과, 이와 같은 인간 생명의 파멸을 멈추게 하는 데는 우리 모두의 도움이 필요하다는 것이다. 관심을 가지고 정보를 얻으려고 시간을 들일 때, 자기가 영향을 미칠 수 있는 범위 내에서 이 정보를 활용하는 방법들을 찾게 될 것이다. 우리 모두가 모든 인간 생명의 존엄함을 보호하기 위하여 할 수 있는 방법은 끝없이 많다.

관련 정보

읽을 만한 책

Bajema, Clifford E. *Abortion and the Meaning of Personhood.* Grand Rapids, MI : Direction Books, 1974.

Brown, Harold O. J. *Death Before Birth.* Nashville, TN : Thomas Nelson, 1977.

Burtchaell, James. *Rachel Weeping and Other Essays on Abortion.* Fairway, KS : Andrews & McMeel, 1982.

Delahoyde, Melinda and Horan, Dennis, J., eds. *Infanticide and the Handicapped Newborn.* Provo, UT : Brigham Young University Press, 1982.

Hensley, Jeff Lane, ed. *The Zero People.* Ann Arbor, MI : Servant Books, 1983.

Hilgers, Thomas W., et al., eds. *New Perspectives on Human Abortion.* Frederick, MD : University Publications, 1981.

_____ and Horan, Dennis J., eds. *Abortion and Social Justice.* Thaxton, VA : Sunlife Books, 1982.

Horan, Dennis J., and Mall, David, eds. *Death, Dying & Euthanasia.* Frederick, MD : University Publications, 1977.

Koop, C. Everett. *The Right to Live ; the Right to Die.* Wheaton, IL : Tyndale House, 1976.

Noonan, John T., Jr. *A Private Choice : Abortion in America in the Seventies.* New York : Free Press, 1979.

Schaeffer, Francis A. *A Christian Manifesto.* Westchester, IL : Crossway Books, 1981.

Schaeffer, Franky. *A Time For Anger.* Westchester, IL : Crossway Books, 1982.

Sobran, Joseph. *Single Issues.* New York : Human Life Press, 1983.

기고문

Alexander, Leo. "Medical Science Under Dictatorship." *New England Journal of Medicine,* 241 (July 1949) : 39.

Campbell, A. G. M. and Duff, Raymond. "Moral and Ethical Dilemmas in the Special-Care Nursery." *New England Journal of Medicine,* 289 (October 1973) : 890. 신생아 간호실에서 영아 살해를 자행했던 두 의사가 쓴 글이다.

Fletcher, Joseph. "Ethics and Euthanasia." *American Journal of Nursing,* 73 (1973) : 670. 영아 살해와 안락사의 주도급 옹호자가 쓴 글이다.

●프란시스 쉐퍼 시리즈●

기독교 철학 및 문화관

제1권	거기 계시는 하나님	The God Who Is There
제2권	이성에서의 도피	Escape From Reason
제3권	거기 계시며 말씀하시는 하나님	He Is There and He Is Not Silent
제4권	다시 자유와 존엄으로	Back to Freedom and Dignity

기독교 성경관

제5권	창세기의 시공간성	Genesis in Space and Time
제6권	궁극적 모순은 없다	No Final Conflict
제7권	여호수아서와 성경 역사의 흐름	Joshua and the Flow of Biblical History
제8권	기초 성경공부	Basic Bible Studies
제9권	예술과 성경	Art and the Bible

기독교 영성관

제10권	쉐퍼의 명설교	No Little People
제11권	진정한 영적 생활	True Spirituality
제12권	초영성주의에 맞서는 그리스도인의 자세	The New Super-Spirituality
제13권	시대의 요구에 부응하는 기독교	Two Contents, Two Realities

기독교 교회관

제14권	20세기 말의 교회	The Church at the End of the Twentieth Century
제15권	오늘날의 교회의 사명	The Church Before the Watching World
제16권	그리스도인의 표지	The Mark of the Christian
제17권	개혁과 부흥	Death in The City
제18권	위기에 처한 복음주의	The Great Evangelical Disaster

기독교 사회관

제19권	환경오염과 인간의 죽음	Pollution and the Death of Man
제20권	그러면 우리는 어떻게 살 것인가?	How Should We Then Live?
제21권	낙태, 영아살해, 안락사에 대한 그리스도인의 자세	Whatever Happened to the Human Race?
제22권	기독교 선언	A Christian Manifesto

사명선언문

너희가 흠이 없고 순전하여……세상에서 그들 가운데 빛들로
나타내며 생명의 말씀을 밝혀 _ 빌 2:15-16

1. 생명을 담겠습니다
만드는 책에 주님 주신 생명을 담겠습니다.
그 책으로 복음을 선포하겠습니다.

2. 말씀을 밝히겠습니다
생명의 근본은 말씀입니다.
말씀을 밝혀 성도와 교회의 성장을 돕겠습니다.

3. 빛이 되겠습니다
시대와 영혼의 어두움을 밝혀 주님 앞으로 이끄는
빛이 되는 책을 만들겠습니다.

4. 순전히 행하겠습니다
책을 만들고 전하는 일과 경영하는 일에 부끄러움이 없는
정직함으로 행하겠습니다.

5. 끝까지 전파하겠습니다
모든 사람에게, 땅 끝까지, 주님 오시는 그날까지
복음을 전하는 사명을 다하겠습니다.

서점 안내

광화문점	서울시 종로구 새문안로 69 구세군회관 1층 02)737-2288 / 02)737-4623(F)
강남점	서울시 서초구 신반포로 177 반포쇼핑타운 3동 2층 02)595-1211 / 02)595-3549(F)
구로점	서울시 동작구 시흥대로 602, 3층 302호 02)858-8744 / 02)838-0653(F)
노원점	서울시 노원구 동일로 1366 삼봉빌딩 지하 1층 02)938-7979 / 02)3391-6169(F)
일산점	경기도 고양시 일산서구 중앙로 1391 레이크타운 지하 1층 031)916-8787 / 031)916-8788(F)
의정부점	경기도 의정부시 청사로47번길 12 성산타워 3층 031)845-0600 / 031)852-6930(F)
인터넷서점	www.lifebook.co.kr